KB272172

小學

슬기바다 04

소학

주희(朱熹) · 유청지(劉淸之) 엮음 | 윤호창 옮김

홍익출판사

·

·

·

『소학』을 펴내며

『소학』은 아직 머리 속이 백지상태에 가까운 아이들을 가르치던 책이다. 동아시아에서 유교체제가 오백 년 이상 지속될 수 있었던 것은 한 개인의 자각이 싹트자 마자 시작된 교육의 영향이 컸다. 인식 능력이 싹트자마자, 유교적 논리와 행위들을 일상생활에서 반복해 실천하도록 함으로써 유학을 부정할 수 없는 것으로 만들었던 것이다. 아마 서구로부터의 충격이 없었다면, 유교는 훨씬 오랫동안 동아시아 사회의 지배 이데올로기가 되었을 것이다. 그러나 근대 서구문화의 유입으로 유교체제가 무너지면서 다른 모든 것들과 함께 『소학』이란 책도 기억의 저편으로 사라져버렸다.

서양철학의 출발을 '진리가 너를 자유케 하리라'라는 성경 구절에서 찾아볼 수 있다면, 동양철학은 '덕이 너를 아름답게 하리라'는 장자의 말에서 단초를 발견할 수 있다. 확실히 동양인, 특히 유학자들은 추상적인 진리에 대해서는 크게 관심을 기울이진 않았다. 그들이 문제삼았던 것은 각박한 현실 속에서 어떻게 하면 좀더 완전한 인간, 구체적으로 말하자면 도덕적으로 완성된 성인이 되는가에 있었다. 다른 많은 유학서처럼, 『소학』역시 완전한 인간을 전제로 하면서 이를 위해 아이들이 갖춰야 할 기본적인 마음과 태도를 말하고 있다. 한편으로는 그들을 권면하면서, 다른 한편으로는 채찍질하면서. 그 채찍질의 엄혹함은 글 가운데 수없이 드러나는 당위적인 용어에서 쉽게 엿볼 수 있다.

오늘날 전통을 연구하는 사람에겐 해결하기 힘든 하나의 과제가 있다. 다름 아니라, 전통과 현대 사이에 놓여 있는 깊고도 넓은 틈이다. 『소학』도 예외는 아니다. 전통 속에 있는 봉건적, 가부장적 사고는 자유와 평등을 지향하는 오늘날의 이념과는 괴리가 깊으면서도 크다는 사실이 사람들을 당혹스럽게 한다. 『소학』을 편집하고 주석을 단 주희에게도 비슷한 고민이 없진 않았던 모양이다. 『소학』이 근거하고 있는 것은 『예기』란 책이고, 『예기』는 이미 천여 년 전 사람들의 예이자, 생활이었기 때문에 동시대인들에게 그 간격과 공백을 설명하는 일은 쉬운 작업이 아님을 스스로 고백하고 있다. 오늘날, 그 간격과 공백을 메우는 일은 몇 배나 몇십 배나 더 힘들다. 그래서 한 구석에 던져두고서 다시는 돌이켜보지 않는다.

물질과 욕망의 무한한 질주를 통해 자기보존을 하는 오늘날의 체제는 많은 것들을 파괴하고 잃어버렸다. 타인에 대한 배려, 공동체에 대한 애정은 물질에 대한 욕망에 반비례해 줄어들고, 인간 자체에 대한 왜소함과 풍요 속의 고독만을 증폭시켰다. 이 같은 의식의 파편화와 맞물려 공동체는 해체되고 가족은 급속하게 분해되어 버렸다. 여기서 소학이 가진 미덕과 존재이유를 엿볼 수 있다. 봉건적 공동체로 되돌아갈 수는 없다 하더라도, 물질과 이기적인 욕망으로 얼룩진 오늘날의 삶을 반성하고 새로운 미래를 열 단초를 제공하기 때문이다.

겨울 내내 『소학』을 들여다보면서 많은 생각거리도 얻었지만, 모든 것이 부족한 자신에 대한 부끄럼이 컸다. 서가에는 이미 다수의 소학 번역서가 꽂혀 있다. 숙종 20년에 간행된 『소학언해』부터 90년대의 번역본까지 다양한 스펙트럼으로 대중에게 선을 보였기에 부족한 재주로 아까운 종이만 낭비하지 않을까 하는 생각이 들었다. 하지만 역서들을 들춰본 결과, 한문을 체계적으로 익히지 못한 한글 세대에게는 익숙하지 않은 표현과 내용들이 있어 이를 보완할 필요성을 느꼈다. 그래서 한글세대들이 읽고 이해할 수 있도록 쉽게 풀어 쓰고, 각 편과 장마다 한글식 제목을 붙였다. 하지만 학문은 낮고 재주는 비천한 탓으로 여전히 불완전하고 불충분한 것들이 많이 있다. 독자들의 질책을 겸허하게 기다리겠다.

출판계의 전반적인 어려움에도 불구하고 동양학 총서를 꾸준히 발간하시는 이승용 사장님께 감사드리며, 아름답지 못한 글을 꼼꼼히 손봐 주신 편집부 여러분께 고마운 마음을 전한다.

봄이 깊어가는 사월 말일
옮긴이 윤호창이 삼가 적다

『소학』————————————————————————

古者小學教人以灑掃應對進退之節愛親

敬長（上聲）隆師親友之道皆所以為修身齊家

治國平天下之本（治平聲後几不　國者皆平聲）

【集解】小學小子所入之學也三代盛時入

生八歲皆入小學而受教焉灑謂播水於

地以浥塵掃謂運帚於地以去塵應謂唯

諾對謂答述節禮節也親父母也長尊長

也隆尊也親近也道則講習之方也此言

小學之教所以為他日大學修齊治平之

규장각 소장본 『소학제가집주』(小學諸家集註)

완전한 인간됨을 위한 동양의 도덕률, 『소학』

1. '소학'의 의미와 편찬배경

우선 소학이란 말에는 여러 가지 의미가 담겨 있다.

첫째는 고대의 학교를 지칭한다. 대학과 는 상대되는 교육기관으로 여덟 살 전후의 아동들이 입학해서 공부하던 곳이다. 학자 에 따라서 입학 연령과 학교의 위치 등을 다 양하게 고증하고 있지만, 처음 학문을 시작 하는 학생들을 교육시키는 초등교육기관에 소학이란 이름이 사용됐다.

고대 중국의 학교

둘째는 책 이름을 말한다. 앞에서 말한 소학에서 학생들을 가르치던 책 으로, 9경 또는 11경의 하나로 존중되던 책이었다. 그러나 진시황의 분 서 이후에 그 책의 존재는 사라지고 책의 일부분이라고 생각되는 것들이 단편적인 형태로 남아 전해졌다. 남송의 주희(朱熹)는 『예기』의 「곡례」(曲 禮), 「소의」(少儀), 「내칙」(內則) 같은 편들을 고대 소학의 일부분이라고 보 고, 이를 근거로 『소학』을 편찬했다.

셋째는 오늘날의 문자학을 소학이라고 했다. 개별적인 글자들의 음운, 자의, 음성 등을 연구해 본격적인 학문 연구의 기초자료로 삼는 것을 말하 는데, 중화민국 이전에는 이것을 소학이라 불렀다.

이처럼 소학이란 말에는 다양한 의미가 내포돼 있다. 이들 중 여기서 다

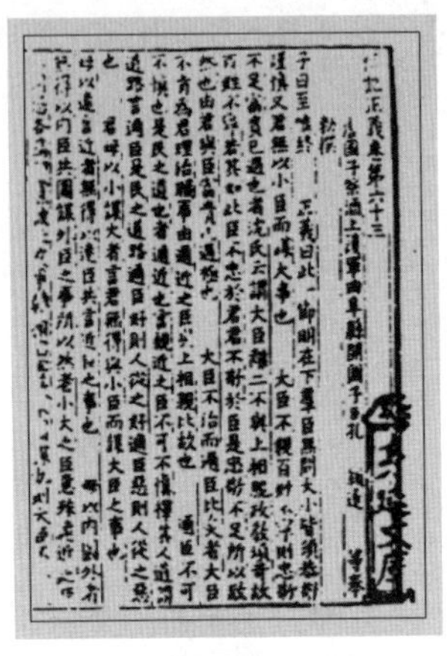

『소학』의 근간이 된 『예기』

루는 소학은 남송의 주희가 고대의 소학을 생각해 편찬한 두 번째 의미의 소학을 말한다.

송대 초기에는 다양한 학문적 경향이 혼재하고 있었으며, 성리학도 그중 일부분이었다. 하지만 점점 성리학이 주도권을 잡으면서 전국 각지에서 이를 위한 교육이 활발하게 일어나고 아동들을 위한 교재도 필요하게 됐다. 그래서 당시에는 명문귀족들의 『가훈』(家訓)이나 『동몽훈』(童蒙訓)같은 아동 교육서가 널리 유행했으며, 체계적인 아동 교육서의 필요성도 점점 커지게 되었다. 이러한 시대적 요구에 부응해 만든 것이 주희와 유청지(劉淸之)가 공동으로 편집한『소학』이다.

2. 소학의 작자와 편찬과정

번역된 『소학』을 보면 어떤 이는 작자를 주희라고 하고 있으며, 어떤 이는 유청지라고 말해 혼란스러움을 주고 있다. 하지만 소학은 주희나 유청지의 단독 편집이 아니라, 공동 작품으로 주희가 대체적인 책의 성격을 잡고, 유청지가 실제적인 편집작업을 했다.

주희(1130~1200)는 성리학을 집대성한 사람으로 자(字)는 원회(元晦), 중회(仲晦)이고, 호는 회암(晦庵), 회옹(晦翁)이다. 그는 북송오자라 불리는 주돈이, 소옹, 장재, 정호, 정이의 학설을 취합해 성리학의 체계를 구축한

인물로 널리 알려져 있지만, 아동교육에
대한 관심도 지대했다. 그는 30대 중반
에 『논어』 학습에 어려움을 느끼는 초학
자들을 위해 『논어훈몽구의』(論語訓蒙口
義)를 펴냈으며, 아동교육을 위해 『팔조
명신언행록』(八朝名臣言行錄) 등을 펴내
기도 했다. 하지만 아동교육에 대한 관심
은 그가 50대에 『소학』을 펴냄으로써 완
결되었다.

성리학의 집대성자 주희

유청지(1139~1195)는 송나라 임안(臨安) 출신으로 자는 자징(子澄)이
다. 지형주(知衡州), 원주지부(袁州知府) 등의 관직을 역임했으며 주희를
만난 뒤부터 본격적으로 성리학에 관심을 기울였다. 유청지는 일찍이 『훈
몽신서』(訓蒙新書)라든지, 『계자통록』(戒子通錄)같은 아동용 서적을 편찬
한 경험이 있었기 때문에 주희와 뜻을 같이해 훈몽서 편찬작업을 하기에
는 안성맞춤이었다.

주희와 유청지가 어떤 과정으로 소학을 편찬했는지는 확실하지 않다.
그러나 주희가 유청지에게 보낸 몇 통의 편지를 살펴보면 주희가 편제의
방향, 내용의 난이도, 참고할 경전이나 전적, 수록할 선현들의 언행 내지
고사에 대한 지침, 편찬 독촉, 내용에 대해 수정을 요구하거나 직접 수정
을 함으로써 이뤄졌다고 한다.[1]

하지만 조선후기의 완당(阮堂) 김정희(金正喜)는 「소학서제」(小學書題)

---

1. 『주자대전』(朱子大全), 권35, 「답유자징」(答劉子澄). 이 밖에도 주희가 유청지
   에게 보낸 편지를 보면 그가 소학 편집에 관여한 정도를 알 수 있다.

와 「소학제사」(小學題辭)만 썼을 뿐, 실제적인 작업에는 참여하지 않았다고 주장한다. 그는 후대의 학자들이 소학을 주희의 저작으로 보려는 것은 주희를 지나치게 존숭한 데서 빚어진 오류라고 주장한다.[2] 하지만 주희의 직계 제자인 북계(北溪) 진순(陳淳) 같은 학자는 실제적인 편집자는 주희라고 주저 없이 말한다. 이같은 상반된 입장은 편집과정의 불명료한 관계에 기인한다. 주희의 서간을 볼 때 편집기간은 대략 1183년에서 시작해서 1187년까지 적어도 4년 이상이 걸렸다. 책이 완성됐을 때 주희는 58세, 유청지는 49세였다.

3. 소학의 구조와 내용

주희는 『소학』을 구성하면서 서문과 통론에 해당하는 「소학서제」, 「소학제사」를 서두에 두어 책 편찬의 의의를 설명하고 있다. 「소학서제」는 왜 소학서를 짓게 됐는가에 대한 설명이며, 「소학제사」에서는 주희의 교육에 대한 입장이 소개돼 있다.

본문은 크게 내편과 외편으로 나눠져 있다. 내편은 다시 「교육의 길」[立敎], 「인간의 길」[明倫], 「수양의 길」[敬身], 「고대의 도」[稽古]로 나눠져 있으며, 외편은 「착한 행동」[善行]과 「아름다운 말」[嘉言]로 구성돼 있다. 소학은 내편의 내용을 「고대의 도」[稽古]와 「착한 행동」[善行]과 「아름다운 말」[嘉言]에서 다시 설명하고 입증하는 중층적인 구조로 돼 있다. 「교육의

---

2. 『완당선생전집』(阮堂先生全集) 「논소학서」(論小學書)에서 완당은 소학의 편집자가 유청지라고 밝히고 있다.

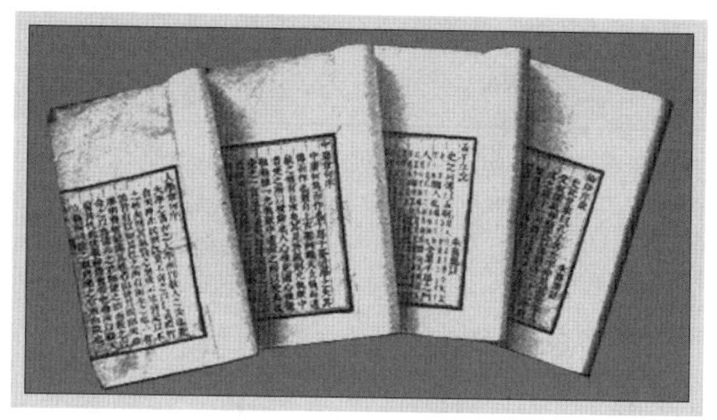

주희가 새롭게 주석한 사서

길」〔立敎〕에서는 교육의 기본원칙을, 「인간의 길」〔明倫〕에서는 인간이 갖춰야 할 다섯 가지 윤리를, 「수양의 길」〔敬身〕은 경건한 몸가짐의 중요성을 고대의 경전들을 통해 서술하고 있다. 「고대의 도」〔稽古〕는 한대 이전의 성현들의 행적을 통해 이 세 가지를 다시 검증하고 있으며, 「아름다운 말」〔嘉言〕과 「착한 행동」〔善行〕에서는 한대 이후 성현들의 행적을 통해 재검증하고 있다.

그리고 각 편의 모든 글은 기존 문헌에서 추출했다. 내편에 인용된 주요 문헌은 『예기』, 『논어』, 『맹자』가 전체 214장 중에 162장을 차지해 주희의 사서중심의 사고방식을 읽을 수 있다. 또한 행실을 소개한 외편은 전체 172장 중에 110장에서 송대 사대부의 행실을 모범사례로 제시하고 있으며, 특히 정호, 정이 형제, 장재, 사마광, 여씨의 『동몽훈』 등이 다수를 차지해 도학을 천명한 북송사대부에 대한 존경을 엿볼 수 있다.

각 편과 장의 내용을 좀더 구체적으로 분석해 보자.

내편의 첫번째인 「교육의 길」은 모두 13장으로 구성되어 있다. 이 편에서는 태교부터 시작해 가정교육 등 교육의 기본적인 방침을 중심적으로 서술하고 있다. 즉 교육에 대한 방침이 제대로 세워진 다음에 교육이 정상

성군으로 칭송되는 요임금(좌)과 순임금(우)

적으로 이뤄질 수 있다는 생각에 기초하고 있다.

「인간의 길」은 모두 108장으로 구성돼 있는데 다섯 가지 항목, 즉 부자유친, 군신유의, 부부유별, 장유유서, 붕우유신의 오륜으로 나누었으며, 마지막에 통론을 두어 전체 내용을 총괄적으로 다루고 있다. 그 내용은 『의례』, 『예기』, 『춘추』, 『논어』, 『맹자』 등 다양한 경전과 『전국책』, 『설원』 같은 전적에서 인륜에 관한 항목을 뽑아서 구성했다.

「수양의 길」은 모두 46장으로 경건한 마음가짐과 몸가짐에서 의복과 음식에 이르기까지 경건한 태도의 중요성을 서술하고 있다. 「교육의 길」과 「인간의 길」에서 교육의 기본적인 방향과 내용을 서술했다면 이 편에서는 그런 것들을 실천하기 위한 자세를 논했다.

「고대의 도」는 내용상 외편에 해당하지만 선현들을 존중한다는 의미에서 내편에 두었다. 모두 47장으로 『소학』의 3강령에 해당하는 「교육의 길」, 「인간의 길」, 「수양의 길」의 내용을 요순부터 공자에 이르기까지 유교 경전에 나오는 성현들의 행적을 통해 증명하고 있다.

외편의 「아름다운 말」과 「선한 행동」은 비슷한 형식으로 한대 이후 북송까지의 현인들의 행적을 통해 앞서 말한 『소학』의 3강령을 증명하고 있다. 「아름다운 말」은 모두 91장으로 구성되어 있으며, 현인들의 아름다운 말을 중심으로 '광입교', '광명륜', '광경신'으로 나누었다. 「선한 행동」은 모두 81장으로 선한 행실을 중심으로 '실입교', '실명륜', '실경신'으로 나누었다.

여기에서도 볼 수 있는 것처럼, 오륜이 중심적인 내용이 되며 실천방법으로 경을 중시하고 있다. 편집 초기에는 문장과 시도 고려됐지만 내용이 너무 번잡해지고 방대해진다는 이유로 제외했으며, 예(禮)·악(樂)·사(射)·어(御)·서(書)·수(數) 같은 육예의 교육적 가치와 효과를 인정했지만 어린아이들에게는 부적절하다고 판단

오륜을 가르쳤던 설

해 상세하게 다루지 않았다. 시문과 육예는 이런 방침으로 제외되거나 대략적으로 언급되고 있으며, 순임금이 설에게 가르치게 했다는 오륜을 중심으로 내용이 전개되고 있다.

이러한 구성은 유학의 원리에 충실하고 있다. 「고대의 도」를 한대 이전의 성현들을 존숭한다는 유교의 복고주의적 성향을 잘 드러내 주기 위해 내편에 둔 것만 봐도 알 수 있다. 또한 『소학』의 3강령을 중층적으로 구성해 유학이 말하고자 하는 교육, 윤리, 수양의 문제를 이중삼중의 촘촘한 그물망으로 엮어 놓고 있다. 이는 이론적 논리적 규명보다는 실천을 중시한 유학의 태도를 엿볼 수 있다. (각 장의 세부적인 구성에 대해서는 〈소학의 편제별 구조〉를 참조하기 바람)

4. 후대의 연구상황

『소학』은 주희와 유청지에 의해 편집된 다음 수많은 주석서들이 나왔다. 대표적인 주석서들은 다음과 같다.

『소학집주』(小學集註), 명(明), 진선(陳選) 지음.
『소학구두』(小學句讀), 명(明), 진선(陳選) 지음.
『소학집설』(小學集說), 명(明), 정유(程愈) 지음.
『소학집해』(小學集解), 청(淸), 장백행(張伯行) 지음.
『소학집해』(小學集解), 청(淸), 황징(黃澄) 지음.
『소학분절』(小學分節), 청(淸), 고웅징(高熊徵) 지음.
『소학집해』(小學集解), 청(淸), 장영수(蔣永修) 지음.
『소학찬주』(小學纂注), 청(淸), 고유(高愈) 지음.
『소학구두기』(小學句讀記), 청(淸), 왕건상(王建常) 지음.

우리 나라에도 여말선초에 소학이 도입된 이후에 많은 주석서들이 만들어졌다. 특히 이이(李珥)의 『소학집주』(小學集註)는 중국의 여러 주석서들을 참조하여 자신의 주석을 달았으며 이후 국내 번역서나 주석서의 표준이 됐다. 또 이양오(李養吾)의 『소학집주증해』(小學集註增解)는 이이의 『소학집주』를 다시 주석한 것으로 매우 광범위한 영역을 포괄한 뛰어난 저작이다. 이 밖에도 숙종 때 이덕성이 왕명으로 지은『소학』, 영조가 직접 지은『소학』, 후대의 정약용이 지은『소학지언』(小學指言) 등이 있다.

국역은 언해본을 비롯해 현대역에 이르기까지 다양하다. 하지만 국역은 대부분 이이의 『소학집주』를 따르고 있어 어느 정도 내용의 통일성을 가지고 있다. 많은 언해본과 국역서들이 있지만 대표적인 몇 가지를 소개하면 다음과 같다.

『소학언해』, 최숙생 지음, 1586년.
『소학언해』, 선조판(이산해 지음) / 영조판(영조언해)
『소학집주』, 김성원, 명문당, 1978.
『신역소학』, 이기석, 홍신문화사, 1982.
『소학집주』, 성백효, 전통문화연구회, 1996.

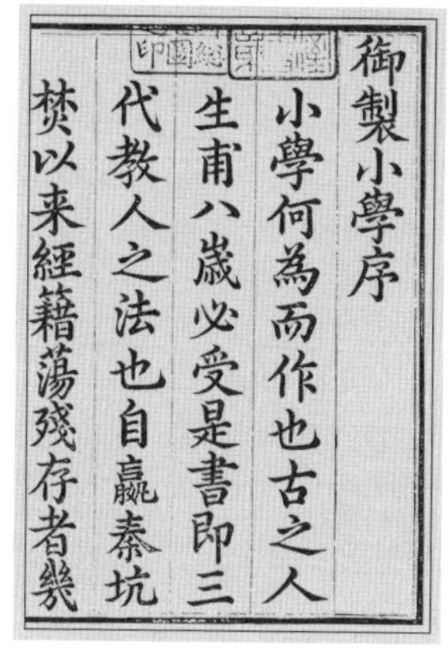

숙종 때 간행된 『소학』

<소학의 편제별 구조>

내편(214장)		
권 1 입교(13장)	입태잉지교(立胎孕之敎)	1장
	입보부지교(立保傅之敎)	2장
	입학교군정지교(立學敎君政之敎)	5장
	입사제지교(立師弟之敎)	5장
권 2 명륜(108장)	명부자지친(明父子之親)	39장
	명군신지의(明君臣之義)	20장
	명부부지별(明夫婦之別)	9장
	명장유지서(明長幼之序)	20장
	명붕우지서(明朋友之交)	11장
	통론(通論)	9장
권 3 경신(46장)	명심술지요(明心術之要)	9장
	명위의지칙(明威儀之則)	21장
	명의복지제(明衣服之制)	7장
	명음식지절(明飮食之節)	6장
권 4 계고(47장)	입교(立敎)	4장
	명륜(明倫)	31장
	경신(敬身)	9장
	통론(通論)	3장

<table>
<tr><td colspan="3" align="center">외편(172장)</td></tr>
<tr>
<td rowspan="3" align="center">권 5 가언(91장)</td>
<td>광입교(廣立敎)</td>
<td>14장</td>
</tr>
<tr><td>광명륜(廣明倫)</td><td>41장</td></tr>
<tr><td>광경신(廣敬身)</td><td>36장</td></tr>
<tr>
<td rowspan="3" align="center">권 6 선행(81장)</td>
<td>실입교(實立敎)</td>
<td>8장</td>
</tr>
<tr><td>실명륜(實明倫)</td><td>45장</td></tr>
<tr><td>실경신(實敬身)</td><td>28장</td></tr>
</table>

소학서제(小學書題)

옛날 소학에서는 물 뿌리고 쓸며, 응대하고 대답하며, 나아가고 물러가는 예절과 어버이를 사랑하고 어른을 공경하며, 스승을 존경하고 벗과 친하게 지내는 도리를 가르쳤다. 이것은 모두 '몸을 닦고 집안을 가지런히 하며, 나라를 다스리고 천하를 평안히 한다'는 『대학』의 가르침의 근본이 된다. 반드시 어릴 적에 배우고 익히도록 한 것은 배움은 지혜와 함께 자라고, 교화는 마음과 함께 이뤄지게 해서 그 배운 것과 실천이 서로 어그러져 감당하지 못하게 되는 근심을 없게 하고자 해서이다.

오늘날 옛날 소학에서 사용되던 책의 전부는 볼 수 없지만, 전해지는 문헌들 속에 뒤섞여 있는 내용은 아직도 많이 있다. 그러나 읽는 사람들은 때때로 단지 옛날과 지금은 시대적 기준이 다르다고 해서 이를 실천에 옮기지 않는다. 그러나 이들은 옛날이나 지금이나 다름이 없는 것은 당연히 처음부터 실행하지 않으면 안 된다는 것을 모르는 것이다.

이제 당시의 기록들을 약간 모아서 이 책을 만들었다. 어린아이들에게 주어서 배우고 익히는데 도움이 되게 하고자 하니, 풍속과 교화에 조금이라도 보탬이 되길 바란다.

순희 정미년 삼월 초하룻날 아침에 회암(晦菴)이 적다.

소학제사(小學題辭)

봄이 되면 만물이 소생하고, 여름이 되면 자라고, 가을이 되면 성숙하고, 겨울이 되면 거둬들이는 것은 하늘의 불변하는 법칙이며, 어질고, 의롭고, 예절바르고, 지혜로운 것은 변하지 않는 인간의 본성이다. 인간의 본성은 본래 선하지 않음이 없어서 그 본성의 네 가지 실마리인 측은지심(惻隱之心), 수오지심(羞惡之心), 시비지심(是非之心), 사양지심(辭讓之心)은 사물에 접할 때마다 드러난다.

어버이를 사랑하고 형을 공경하며, 임금에게 충성하고 어른에게 공손한 것은 바로 인간 본연의 성품이다. 이것은 본성에 자연스럽게 따르는 것일 뿐, 억지로 행하는 것이 아니다. 오직 성인만이 천성대로 하는 분이라 본성의 온전함이 넓고 넓은 하늘과 같고, 털끝만큼 보태지 않아도 모든 것이 지극히 선하다. 하지만 보통 사람들은 어리석고 물욕에 굴복 당해, 마침내 그 본성을 무너뜨리고 이를 회복할 줄 모른다. 성인이 이를 측은하게 여겨 학교를 세우고 스승을 두어서, 그 뿌리를 북돋우고 가지가 뻗어나가도록 했다.

소학의 가르침은 물 뿌리고 청소하며, 남의 말에 응대함이 예절과 맞으며, 집에 들어와서는 효도하고 나가서는 공손해 행실이 조금도 예의에 어그러짐이 없도록 하는 데에 있다. 이런 일들을 행하고도 남는 힘이 있으면 시를 외우고 책을 읽으며, 노래와 춤을 통해 음악을 배워 생각이 바른 도리에서 벗어나지 않도록 해야 한다.

사물의 이치를 연구해 뜻을 정성스럽게 하고, 마음을 바르게 해서 몸을 수양하는 것은 학문의 위대한 점이다. 하늘에서 받은 성품이 찬란하게 빛을 발해 마음이나 행동에 차이가 없게 돼 덕이 높게 쌓이고 널리 베풀어야만 원래 그 본성의 선함으로 돌아갈 수 있다. 옛날에 포기한 것은 인의예지의 본성이 부족했기 때문이 아니고, 지금 본성으로 돌아간 것은 본성에 남음이 있어 그런 것도 아니다. 본성은 원래 부족함도 남음도 없는 것이다.

융성했던 시대와는 멀어지고 성인은 가고 없기에 경서는 이지러지고 가르침의 법도도 해이해졌다. 그래서 어릴 때의 가르침이 바르지 않게 되고 자라서는 더욱 경박해지고 사치해진다. 마을에는 훌륭한 풍속이 사라지고 세상에는 훌륭한 인재가 드물기에 사람들은 이익과 욕심으로 어지럽게 서로 싸우며, 이단의 말들이 시끄럽게 서로를 공격한다.

그러나 다행히 이 본연의 성품은 하늘이 다하도록 없어지는 것이 아니기에 내가 옛날에 들은 것을 모아서 후학들을 깨우치고자 한다. 아아! 어린이들아! 공경하는 마음으로 이 책을 받아라. 내가 늙어서 노망든 말을 하는 것이 아니라, 이것이 바로 성인의 가르침이다.

제1편 교육의 길 [立敎]

이 편은 옛날의 교육 방법과 제도에 관해 서술하고 있으며
모두 13장으로 구성돼 있다.

자사 선생[1]이 말했다.

"하늘이 사람에게 부여해 준 것을 성이라 하고,
그 성을 따르는 것을 도라 하고 도를 실천해 나가는 것을
교라고 한다. 하늘의 밝은 명령을 본받고 성인이 만드신 법에 따라
이 책을 만들었다. 스승에게는 가르치는 이유를 알게 하고
제자들에게는 배워야 하는 이유를 알도록 하기 위해서이다."

(『후한서』「양진열전」)

---

1. 자사(子思)는 춘추전국시대의 사상가(기원전 483?~402)로 공자의 손자이다. 이름은 급(伋)이며 자사는 그의 자(字)이다. 노나라 목공(穆公)의 스승으로 있었으며, 23편의 책을 지었다고 알려졌지만 지금은 전해지지 않는다. 특히 『중용』(中庸)이 자사의 저작인지에 대해서는 학계에서도 논란이 많다.

1. 고대의 태교(胎教)

옛날에 여자가 임신을 했을 때는 옆으로 누워 자지 않았으며, 모서리에 앉지 않았으며, 한쪽 발에 기댄 채 비스듬히 서지도 않았다. 또한 야릇한 맛이 나는 것이나, 제대로 모양을 갖춰 썰지 않은 것은 먹지 않았다. 앉을 자리도 바르게 놓여 있지 않으면 앉지 않았다. 눈으로는 마음을 어지럽히는 색을 보지 않았으며, 귀로는 음란한 소리를 듣지 않았다. 밤이 되면 눈먼 장님에게 시를 외우게 하거나 올바른 일을 이야기하도록 했다. 이와 같이 하면 용모가 준수하고, 재주가 보통사람보다 뛰어난 아이를 낳는다고 했다. (『열녀전』[2])

2. 요람에서 무덤까지

아이를 낳으면 첩이나 키울 만한 사람 중에서 유모를 선택해야 한다. 선택할 때에는 반드시 성품이 너그럽고 인자하며, 온화하고 공손하며, 행동이 조심스럽고 말이 적은 사람을 구해 아이의 스승으로 삼아야 한다.

아이가 스스로 밥을 먹을 때가 되면 오른손을 사용하도록 가르치고, 말을 할 때가 되면 남자아이는 재빨리 대답하고 여자아이는 천천히 대답하

---

2. 한대의 유학자 유향(劉向)이 지었다. 요순시대 이후 부인들의 행적을 나열한 전기책으로, 모의(母儀), 현명(賢明), 인지(仁智), 정신(貞慎), 절의(節義), 변통(辯通), 얼폐(孼嬖)의 일곱 가지 항목으로 나누어져 있다. 고대 부인들의 선악미추를 나열한 다음, 후세에 모범으로 삼거나 경계의 대상으로 삼았다.

도록 가르친다. 그리고 남자아이의 허리띠는 가죽으로 만들고 여자아이의 허리띠는 실로 만든다.

아이가 여섯 살이 되면 숫자와 동서남북 방향을 가르치고, 일곱 살이 되면 남자아이와 여자아이가 함께 자리에 앉거나 음식을 먹지 않도록 한다. 여덟 살이 되면 문을 드나들거나, 자리에 앉거나, 음식을 먹을 때에 반드시 나이든 어른이 먼저 하도록 하여 겸손한 마음을 가지도록 가르친다. 아홉 살이 되면 날짜 헤아리는 것을 가르친다. 열 살이 되면 외부에 있는 스승을 찾아가 그곳에서 머물며 육서와 수[3]를 배운다. 이때 저고리나 바지는 비단으로 만들어 입히지 않으며, 초보적인 예절을 실천하도록 한다. 아침저녁으로 어린아이가 어른에게 갖춰야 할 예의를 배워야 하는데, 그 중에서 이해하기 쉽고 실천하기 쉬운 것을 청해서 익히도록 한다.

열세 살이 되면 음악을 배우고 시를 외우며, 작시[4]에 맞춰 춤을 춘다. 열다섯 살이 되면 상시[5]에 맞춰 춤을 추며, 활쏘기와 말타기를 배운다.

스무 살이 되면 성인식인 관례(冠禮)를 치르고 비로소 성인의 예[6]를 배

---

3. 육서(六書)는 한자의 여섯 가지 구성원리로 상형(象形), 회의(會意), 지사(指事), 형성(形聲), 전주(轉注), 가차(假借)를 말한다. 수는 여기서 구수(九數)를 말하는데, 구수는 수학의 아홉 가지 계산 방법이다.

4. 작시(勺詩)는 주(周)나라 무왕(武王)을 칭송한 노래인 『시경』 「주송」(周頌)의 '작'(酌)을 말한다. 여기서 작(勺)은 술을 따른다는 '작'(酌)을 의미한다.

5. 상시(象詩)는 『시경』 「주송」의 '무'(武)를 말한다. 작시와는 달리 병기를 사용하며 춤을 춘다. 무상(舞象)은 상시를 노래하면서 춤을 추는 것을 말한다.

6. 고대에 남자는 20세가 되면 일종의 성인식인 관례(冠禮)를 치른다. 관례를 치르고 나면 완전한 성인으로 인정되며, 또한 그 남자도 성인으로 갖춰야 할 예를 배워야 한다. 성인이 갖춰야 할 예는 길례(吉禮), 흉례(凶禮), 빈례(賓禮), 군례(軍禮), 가례(嘉禮)로 모두 다섯 가지다.

운다. 이 때가 돼야 가죽옷이나 비단옷을 입을 수 있으며, 문무의 악풍을 두루 갖춘 대하(大夏)에 맞춰 춤을 출 수 있다. 부모에게 효도하는 마음과 어른을 공경하는 마음을 더욱 독실하게 가지고 실천해야 하며, 많은 것들을 넓게 배워야 하지만 설익은 지식으로 남을 가르치려고 해서는 안 된다. 즉 지식과 덕을 마음속에 간직하며 쌓아가도록 해야지, 밖으로 드러내 보이려고 해서는 안 된다는 말이다.

서른 살이 되면 아내를 맞이하여 가정을 꾸미고 남자로서 해야 할 일을 해나가야 한다. 학문은 어떤 한계를 미리 설정하지 말고 폭넓게 해야 하며, 친구는 공손하게 대해야 하지만 그가 지향하는 뜻이 어디에 있는가를 살핀다. 마흔 살에 비로소 벼슬길에 올라 일에 대한 자신의 생각과 계책을 내놓는다. 하지만 나라의 정치가 도에 합치하면 정사에 종사하지만, 도에 합치하지 않으면 관직을 그만둔다. 쉰 살에 대부(大夫)가 되어 국가의 중대사를 맡아 일하고, 일흔 살에는 관직을 그만둔다.

여자는 열 살이 되면 밖으로 나다니지 않는다. 여선생은 여아에게 상냥한 말, 부드러운 낯빛 그리고 순종하는 태도를 가지도록 가르친다. 그리고 삼으로 길쌈을 하고 누에를 쳐서 실을 뽑아 비단, 명주 같은 옷감을 짜고 실을 땋는다. 이것을 가지고 여자들이 해야 할 일을 배워 의복을 장만하도록 한다. 또 제사에 참관해 예에 맞게 술과 초, 대그릇과 나무그릇 그리고 김치와 젓갈 등을 방안에 들여 제물(祭物)을 제사상에 올리는 것을 돕는다.

여자는 나이 열다섯 살이 되면 비녀를 꽂고, 스무 살에는 시집을 가지만 부모상과 같은 큰일이 있으면 삼 년 뒤, 스물세 살에 시집을 간다. 시집갈 때에 빙례[7]를 갖추어서 가면 처가 되지만, 예를 갖추지 않고 들어가면 첩

---

7. 빙례(聘禮)는 일반적으로 혼례를 의미한다. 결혼식을 치르기 전에 이루어지는

이 된다. (『예기』「내칙」)

3. 정직함이 재산

어린 자식들에게는 항상 속이지 않는 모습을 보여 주며, 바른 방향을 향해 서며, 귀를 기울여 비스듬한 자세로 듣지 않는다. (『예기』「곡례」)

4. 고대의 교육기관

옛날의 교육기관은 25가구가 사는 마을에는 '숙'이란 학교가 있었으며,[8] 오백 가구 가량이 모인 마을에는 '상'이란 학교가 있었으며, 이천 오백 가구 가량이 모인 마을에는 '서'란 학교가 있었으며, 한 나라의 수도에는 '학'이란 학교가 있었다. (『예기』「학기」)

여섯 가지 예, 즉 납채(納采), 문명(問名), 납길(納吉), 납징(納徵), 청기(請期), 친영(親迎)을 말한다.

8. 고대 행정구역상 25가구 정도 모인 마을을 여(閭), 1,500가구 정도의 마을을 당(黨), 2,500가구 정도의 마을을 주(州)라고 한다. 마을 앞에는 문을 두었고, 문 옆에는 숙이란 학교를 두어, 이곳에서 교육을 받도록 했다. 글자 그대로 해석하자면, '가에는 숙이란 학교가 있었다'로 해야 하지만, 의미상 '25가구 정도가 모인 여에는 숙이란 학교가 있었다'로 봐야 한다.

5. 오륜은 인간의 길

사람에게는 사람으로서 지켜야 할 도리가 있다. 배불리 먹고 따뜻하게 입고 편안하게 살면서 교육을 받지 않으면 짐승에 가까워진다. 성인이 이 것을 걱정했기 때문에 설[9]을 사도[10]로 임명해 인간이 지켜야 할 도리를 가 르쳤다. 아버지와 아들 사이에는 친애하는 마음이 있어야 하고, 임금과 신 하 사이에는 의리가 있어야 하고, 부부 사이에는 역할의 차이가 있어야 하 고, 어른과 아이 사이에는 순서가 있어야 하고, 친구간에는 믿음이 있어야 한다는 오륜이 그것이다. (『맹자』)

6. 조화와 질서는 교육의 본질

순임금이 설에게 명했다.

"백성들이 서로 친애하지 않고, 오륜이라는 다섯 가지 도리를 잘 실천 하지 않는다. 자네가 이제 사도가 되었으므로 백성들에게 이 다섯 가지 도 리를 정성을 다해 가르쳐 주되, 너그러운 마음을 가지고 해야 한다."

기(夔)에게도 명했다.

---

9. 설(契)은 고신씨(高辛氏)의 아들로 순임금 시절 사도가 되었다. 우임금을 도 와 홍수를 다스리는 데 공을 세워 상(商)에 봉해져 상, 즉 은(殷)나라의 시조 가 된다.

10. 사도(司徒)는 고대에 교육을 담당하던 벼슬 이름이다.

"너를 전악[11]으로 임명하니, 고관대작의 맏아들들을 가르쳐라. 그들의 성격을 곧으면서도 온화하고, 너그러우면서도 엄정하고, 강하면서도 포학함이 없으며, 대범하면서도 거만함이 없도록 해라. 시는 사람의 뜻을 말로 표현한 것이고, 노래는 가락을 붙여 길게 말하는 것이며, 소리는 길게 읊는 것이고, 음률은 읊는 소리를 조화시키는 것이다. 팔음[12]이 서로 조화를 이뤄 질서를 잃지 말아야 신과 사람이 화합할 수 있을 것이다."

7. 세 가지 덕과 여덟 가지 형벌

대사도[13]는 향[14]에서 세 가지 일을 모든 백성들에게 가르치고 그 중에서 현명하고 능력 있는 자를 귀빈으로 뽑아 나라에 천거하였다. 그 세 가지 일이란 다음과 같다.

첫째는 여섯 가지 덕목에 대한 것이다. 옳고 그름을 판단하는 능력, 어진 마음, 사리에 잘 통하는 성스러움, 과감한 결단력, 최선을 다하는 자세, 다른 부류와 조화하는 능력을 말한다.

둘째는 여섯 가지의 행실에 관한 내용이다. 부모에게 효도하는가, 형제 간에 우애가 있는가, 친족과 친한가, 외척과 화목한가, 친구에게 신의를

---

11. 전악(典樂)은 음악을 담당하는 벼슬 이름이다.

12. 팔음(八音)은 여덟 가지 음으로, 곧 금(金:쇠소리), 석(石:돌소리), 사(絲:현악), 죽(竹:관악), 포(匏:박소리), 토(土:질악기소리), 혁(革:북소리), 목(木:나무악기소리)을 말한다.

13. 대사도(大司徒)는 고관들의 우두머리를 말한다.

14. 향(鄕)은 12,500가구로 이루어진 지방행정구역을 말한다.

지키는가, 불우한 사람에 대해 연민의 정을 느끼고 도와주려고 하는가 하는 것이다.

셋째는 여섯 가지 기술적인 능력을 말한다. 즉 예절과 음악, 활쏘기와 말몰기, 글쓰기와 셈하기에 관한 것이다.

그리고 향에서는 여덟 가지의 형벌로 백성들의 행실을 바로잡았다. 첫째는 불효에 대한 형벌이며, 둘째는 친족과 화목하지 않는 것에 대한 형벌이며, 셋째는 외척과 화목하지 않는 것에 대한 형벌이며, 넷째는 윗사람을 공경하지 않는 것에 대한 형벌이며, 다섯째는 친구에 대한 믿음이 없는 것에 대한 형벌이며, 여섯째는 어려운 상황에 처한 사람을 구제하지 않는 것에 대한 형벌이며, 일곱째는 유언비어를 퍼뜨리는 것에 대한 형벌이며, 여덟째는 잘못된 생각으로 백성들을 어지럽히는 것에 대한 형벌이다. (『주례』)

8. 자연에 순응하는 교육

악정[15]이 네 가지 도를 숭상하고 네 가지 가르침을 실시해 선왕이 만든 시, 서, 예, 악에 따라 선비를 양성했다. 봄과 가을에는 예와 악을 가르치고, 여름과 겨울에는 시와 서를 가르쳤다. (『예기』「왕제」)

---

15. 악정(樂正)은 악관(樂官)의 우두머리를 말한다. 대악정(大樂正)과 소악정(小樂正)이 있으며 이를 통칭해 악정이라고 한다. 대악정은 대학(大學)을 관장하면서 악관의 우두머리가 되고, 소악장은 소학(小學)을 관장하면서 부악관이 된다.

9. 일상생활이 바로 공부

선생이 가르치면 제자는 이를 받아들여 온화하고 공손한 태도와 겸허한 마음을 가지고 선생에게서 배운 것을 극진하게 해야 한다. 그리고 선한 것을 보면 따르고 의로운 일을 들으면 실행해야 한다. 그리고 항상 온유하고 공경하는 마음을 가져야 하며, 힘을 믿고 교만해서는 안 된다. 지향하는 뜻을 허망하거나 사악한 데 두어서는 안 되며, 행실은 반드시 곧고 올발라야 한다. 밖에서 노니는 곳이나 거처하는 곳은 일정해야 하며 반드시 덕 있는 사람과 사귀도록 해야 한다.

또 얼굴빛이 안정돼 있으면 마음도 반드시 경건해지므로 아침에 일어나서 저녁에 잘 때까지 옷매무새와 띠를 항상 단정히 해야 한다. 아침저녁으로 배우고 익혀야 하며 조심하는 마음과 공경하는 태도를 지녀야 한다. 이러한 마음과 태도를 한결같이 유지하면서 조금도 나태해지지 않는 것을 '배움의 방법'이라고 한다. (『관자』「제자직」)

10. 여유가 있으면 학문을 닦아라

배우는 과정에 있는 제자들은 집에 들어가면 부모에게 효도하고 밖에 나오면 윗사람에게 공손해야 한다. 행동과 말이 조심스럽고 믿음이 있으며, 사람들을 널리 사랑하면서도 어진 사람을 가까이해야 한다. 이것들을 행하고도 여유가 있으면 학문을 닦아야 한다. (『논어』「학이」)

11. 시와 예 그리고 음악

시는 감정에 바탕을 두고 있으므로 시에서 선을 좋아하고 악을 싫어하는 마음을 불러일으키도록 해야 한다. 예절은 인간의 행동을 규제하므로 예에서 생활 규범을 세워나가야 한다. 인간의 감정을 순화시키는 음악에서 인격이나 학문을 완성시켜야 한다. (『논어』「태백」)

12. 예악과 몸

예절과 음악은 몸과 마음을 닦는 근본이므로 잠시라도 몸에서 떠나서는 안 된다. (『예기』「악기」)

13. 미인을 좋아하는 마음

자하[16]가 말했다.

현인을 존경하는 마음이 미인을 좋아하는 마음과 같고, 있는 힘을 다해 부모를 섬기며, 신명을 바쳐 임금을 섬기며, 벗을 사귈 적에 그가 하는 말에 믿음과 신용이 있는 사람이라면 비록 '학문을 한 적이 없다'라고 할지

---

16. 자하(子夏)는 공자의 제자로 성은 복(卜)이며, 이름은 상(商), 자하는 그의 자이다. 『논어』에서 자주 언급되는 제자들 중의 한 사람이며, 문학과 학문에 뛰어났다고 전해진다.

라도 나는 반드시 배운 사람이라고 인정할 것이다. (『논어』 「학이」)

제2편 인간의 길 [明倫]

이 편은 인륜, 즉 아버지와 아들, 임금과 신하, 부부, 어른과 아이,
친구 사이에 지켜야 할 도리에 관한 내용을 기술하고 있다.
모두 108장으로 「부모와 자식의 관계」〔明父子之親〕,
「임금과 신하의 관계」〔明君臣之義〕, 「남편과 아내의 관계」〔明夫婦之別〕,
「어른과 아이의 관계」〔明長幼之序〕, 「벗들과의 관계」〔明朋友之交〕의
다섯 항목으로 구성돼 있다.

맹자가 "상, 서, 학, 교라는 교육기관을 설치하여
그들을 가르친 것은 모두 인륜을 밝히기 위해서이다"라고 했다.
이에 성인의 말씀을 살펴보고 현인의 글을 평가해
이 「인간의 길」을 짓고 어린 선비들을 가르치고자 한다.

하나. 부모와 자식의 관계 [明父子之親]

공자의 제자인 자로는 집이 몹시 가난하여 백 리
밖에까지 가서 쌀을 져다가 부모를 섬겼다.

1. 아침 문안 인사

자식이 부모를 섬길 때에는 새벽에 첫닭이 울면 모두 세수와 양치질을 하며, 머리를 빗고 치포건을 쓰며, 비녀를 꽂고 상투를 한다. 다발머리의 위의 먼지를 털며, 관을 쓰고 갓끈을 매어 남은 끝을 드리운다. 현단복을 입고 무릎을 가리는 슬갑을 차고 띠를 매며, 홀을 꽂으며, 왼쪽과 오른쪽에 노리개를 찬다. 다음에 행전을 매고 신을 신고 신 끈을 맨다.[1]

며느리가 시부모를 섬길 때는 친정부모를 섬기듯이 한다. 첫닭이 울면 모두 세수하고 양치질을 하며, 머리를 빗고 치포건을 쓰며, 비녀를 꽂고 상투를 한다. 옷을 입고 띠를 매며, 왼쪽과 오른쪽에 노리개를 차며, 냄새가 나지 않도록 향이 들어 있는 주머니를 차고 신 끈을 맨다.

이와 같이 하고서 부모나 시부모가 계신 곳으로 문안인사를 간다. 계신 곳에 도착하면, 숨소리를 낮추고 말소리를 부드럽게 해서 입고 있는 옷이 더운지 찬지를 묻는다. 만약 부모가 아파하거나 가려워하면 조심스럽게 아프고 가려운 곳을 짚어 주고 긁어 준다. 부모가 출입할 때에는 앞서거니 뒤서거니 하면서 공손하게 부축한다.

부모에게 세숫물을 올릴 때는 어린 사람은 대야를 받들고, 나이 든 사람은 물을 받들어서 물을 부어 세수하기를 청한다. 세수를 마치면 수건을 드

---

1. 치포건(緇布巾)은 검은 비단으로 된 머리쓰개이며, 현단복(玄端服)은 위는 검은색이고 치마는 신분에 따라 빛깔이 다르며 사대부 이상의 선비들이 하는 정장이다. 홀(笏)은 공경사대부들이 관복을 입었을 때에 끼고 다니는 것으로 임금의 명을 받거나 보고할 때 여기에 내용을 기록해 두었다. 슬갑(膝甲)은 무릎을 보호하는 덮개이며, 행전(行纏)은 바지를 입을 때 정강이에 감아 무릎 아래에 매는 물건이다.

린다.

부모가 먹고 싶어하는 것을 묻고서 이를 마련해 공손하게 바치며, 얼굴빛을 부드럽게 해서 부모의 뜻을 받들며, 부모나 시부모가 반드시 음식을 맛본 다음에 물러나온다.

아직 관례를 치르지 않았거나 비녀를 꽂지 않은 남녀는 첫닭이 울면 모두 세수하고 양치질하며, 머리를 빗고 치포건을 쓴다. 다발머리 위의 먼지를 털고, 머리를 뿔 모양으로 꾸미고, 모두 향주머니를 찬다. 동이 틀 무렵에 아침 문안인사를 가서 어떤 음식을 먹었는지 물어본다. 만약 식사를 이미 했으면 물러나오고, 아직 먹지 않았으면 어른들을 도와 먹을 음식 준비를 살핀다. (『예기』「내칙」)

2. 이른 아침에 해야 할 일

모든 안팎의 사람들은 첫닭이 울면 모두 세수하고 양치질하고 옷을 입는다. 베개와 대자리를 걷고 방과 마루, 뜰에 물을 뿌리고 청소한 다음 자리를 펴놓는다. 그런 다음에 각자가 맡은 일을 한다. (『예기』「내칙」)

3. 잠자리와 식사 봉양법

부모나 시부모가 앉으려고 하면 앉을 자리를 가지고서 어느 방향으로 앉을 것인지를 묻는다. 그리고 누우려고 하면 나이가 많은 사람은 누울 자리를 가지고 어떤 쪽으로 발을 둘 것인지를 물으며, 나이가 적은 사람은 평상을 가지고 옆에 모시고 앉는다. 부모가 일어날 때에 모시는 사람은 안석(案席)을 들고, 돗자리와 대자리를 거둔다. 이불은 말아서 매달아 두고 베개는 광주리 속에 넣어 두며, 대자리는 걷어 보자기로 싸서 둔다.

부모나 시부모의 옷과 이불, 대자리와 돗자리 그리고 베개와 안석은 일정한 곳에 두어 함부로 옮기지 않으며, 지팡이와 신발은 소중하게 간수해 가까이하지 않는다. 대접과 밥그릇, 술잔, 물그릇과 같은 그릇은 부모가 먹다 남은 음식을 먹을 때가 아니면 감히 사용하지 않으며, 부모가 항상 즐겨 먹는 음식은 먹다 남은 것이 아니면 감히 먹지 않는다. (『예기』「내칙」)

4. 부모 앞에서의 금기

부모나 시부모가 있는 곳에서는, 부모나 시부모가 명하면 빨리 응답하고 공손하게 대답한다. 앞으로 나가거나 뒤로 물러서며 이리저리 돌아설 때는 조심하고 삼가며, 마루를 오르거나 내려가며 방문을 출입할 때는 몸을 굽히고 펴는 것을 법도에 맞게 해야 한다. 그리고 구역질, 트림, 재채기, 기침, 하품, 기지개 등을 해서는 안 되며, 한쪽 발로 비스듬히 서거나 다른 것에 몸을 기대지 않으며, 곁눈질해서 보지 말아야 한다. 또 감히 침을 뱉거나 코를 풀어서도 안 된다.

날씨가 추워도 옷을 껴입지 않고, 가려워도 가려운 곳을 긁지 않으며, 활쏘기나 글씨를 쓰는 경우가 아니면 상의를 벗어 팔을 드러내지 않는다. 그리고 물을 건널 때가 아니면 하의를 걷어올리지 않으며, 더러운 옷과 이불은 속이 보이지 않도록 한다.

부모의 가래침과 콧물은 남에게 보이지 않도록 하며, 관과 띠에 때가 묻

어 있으면 잿물을 타서 빨기를 청한다. 의복에 때가 끼어 있으면 잿물을
타서 빨기를 청하고, 의복이 터지거나 찢어졌으면 바늘에 실을 꿴 다음에
꿰매기를 청한다.

젊은 사람이 나이가 든 사람을 섬기거나, 신분이 낮은 사람이 높은 사람
을 섬길 때에는 모두 이 예절을 따라야 한다. (『예기』「내칙」)

5. 밖에서 돌아오면 얼굴을 보여라

대체로 자식으로서의 예법은 부모를 겨울에는 따뜻하게 하고 여름에는
시원하게 하며, 저녁에는 이부자리를 펴 주고 아침에는 안부를 살펴야 한
다. 밖에 외출할 때는 반드시 말을 하고 나가며 돌아와서는 반드시 부모를
뵈어야 한다. 밖에 다니는 곳은 반드시 일정한 곳이 있어야 하고, 배우는
것은 반드시 일정한 학업이 있어야 하고, 평상시에 자신이 늙었다는 말을
해서는 안 된다. (『예기』「곡례」)

6. 사랑하는 마음은 절로 드러난다

부모를 깊이 사랑하는 효자는 반드시 온화한 기운이 있다. 온화한 기운
이 있는 사람은 반드시 즐거워하는 기색이 있으며, 즐거운 기색이 있는 사
람은 반드시 유순한 용모를 가진다.

효자는 귀중한 옥을 잡은 듯이, 가득 찬 그릇을 받드는 듯이 정성스럽고
조심스런 태도를 가지며, 그것들을 감당하지 못할 것 같은, 떨어뜨려 잃어

버릴 것 같은 자세로 부모를 섬긴다. 엄숙하고 위엄이 있으며, 의젓하고 씩씩한 태도는 부모를 섬기는 모습이 아니다. (『예기』「제의」)

7. 높은 산과 깊은 물에는 가지 말라.

부모가 살아 있는 자식은 아랫목을 차지하지 않으며, 한가운데 자리에 앉지 않으며, 길 가운데로 다니지 않으며, 문 가운데에 서지 않는다. 부모를 위해 음식을 대접하거나 잔치를 베풀 때는 양을 제한하지 않으며, 제사 때는 시동[2]이 되지 않는다. 부모가 말하기 전에 부모의 뜻을 알아야 하며, 부모의 생각이 얼굴에 나타나기 전에 그 뜻을 보아야 한다. 또한 높은 곳에 올라가지 않으며, 깊은 물에 들어가지 않으며, 구차하게 남을 비방하거나 웃지 말아야 한다. (『예기』「곡례」)

8. 부모가 모르는 곳에 가지 말라

부모가 살아 계실 때는 먼 곳에 가지 않으며, 부득이하게 가야 될 경우에는 반드시 가는 곳을 말해 걱정하지 않도록 해야 한다. (『논어』「이인」)

---

2. 시동(尸童)은 제사 때 죽은 사람의 영혼이 의지할 자리에 대신 앉혀 놓던 어린 아이를 말한다.

9. 목숨을 건 일은 하지 말라

부모가 살아 계실 때는 벗에게 목숨 거는 일을 허락해서는 안 된다.
(『예기』「곡례」)

10. 몸은 부모의 유산

부모가 살아 계실 때는 자신의 몸을 자기 마음대로 하지 않으며, 자신의
재물도 자기 마음대로 처분하지 않는다. 이것은 백성들에게 높고 낮은 사
람이 있음을 보여 주는 것이다. 부모가 살아 계실 때는 수레나 말처럼 중
요한 것을 남에게 주어서는 안 된다. 이것은 백성들에게 감히 자기 마음대
로 하지 않음을 보여 주는 것이다. (『예기』「방기」)

11. 부모의 말이 최우선

효도하고 공경하는 아들이나 며느리는 부모나 시부모의 명을 거역하거
나 태만하게 처리하지 않는다. 만약 음식을 먹으라고 주면 좋아하지 않는
것이라도 반드시 맛본 다음에 다음 명을 기다린다. 옷을 입으라고 주면 좋
아하지 않는 것이라도 반드시 입고서 다음 명을 기다린다. 어떤 일을 시키
면서 자신이 하던 일은 다른 사람이 대신 하도록 하면 비록 원하지 않더라
도 우선은 받아들여 잠시 일을 시키다가 뒤에 다시 돌려 받는다.
(『예기』「내칙」)

12. 모든 것은 부모의 재산

아들과 며느리는 부모가 모르는 재물을 가질 수 없으며, 몰래 저축할 수가 없으며, 사사로운 목적으로 물건을 가질 수 없다. 또한 감히 남에게 사사롭게 빌려주거나 증여해 줄 수도 없다.

어떤 사람이 며느리에게 음식이나 의복, 비단이나 허리에 차는 수건 그리고 향기 나는 풀 따위를 주면, 며느리는 그것을 받아서 시부모에게 바쳐야 한다. 시부모가 그것을 받고서 새로운 물건을 받은 듯이 기뻐하며, 만약 받지 않고 돌려주면 사양한다. 사양해도 계속 간직하라고 하면 다시 물건을 받는 것처럼 해서 보관해 두었다가 시부모가 필요할 때를 기다린다. 며느리가 만약 친정의 형제들에게 주려고 하면, 반드시 전에 간직해 두었던 물건을 다시 청해서 허락받은 다음에 준다. (『예기』 「내칙」)

13. 부를 때는 지체없이 대답하라

아버지가 부를 때는 느리게 대답해서는 안 되며, 선생이 부를 때도 느리게 대답해서는 안 된다. 지체없이 빨리 대답하고 일어서야 한다. (『예기』 「곡례」)

14. 시선은 얼굴 위로 올라가지 않는다

덕과 지위가 높은 대인과 말할 때 처음에는 얼굴을 보고, 다음에는 가슴을 보고, 마지막에는 다시 얼굴을 보며, 자신의 바른 몸가짐을 고치지 말아야 한다. 자리에 같이 있는 사람들에 대해서도 이와 같이 해야 한다.

그러나 아버지 앞에 있을 경우에는 눈을 움직일 수 있지만, 시선이 얼굴 위로 올라가서는 안 되고 허리띠 아래로 내려가서는 안 된다. 만약 말을 하지 않고 서 있으면 발을 쳐다보고, 앉아 있으면 무릎을 쳐다보아야 한다. (『예기』 「사상견례」)

15. 부모가 부르면 밥도 뱉고 간다

아버지가 명령해 부르면 빨리 대답해야지, 천천히 대답해서는 안 된다. 손에 일감을 잡고 있으면 던져 버리고, 입에 음식을 씹고 있으면 뱉어 버리고 가야 한다. 갈 때는 뛰어가야 하며, 종종걸음으로 걸어가서는 안 된다. 부모가 늙으면 자식은 외출할 때에 가는 곳을 바꿔서는 안 되며, 돌아올 시간을 어겨서도 안 된다. 부모가 병들었을 때는 얼굴빛을 편하게 가지지 말아야 한다. 이것이 효자의 대체적인 예절이다.

아버지가 돌아가시고 나서 아버지의 책을 차마 읽지 못하는 것은 아버지의 손때가 남아 있기 때문이며, 어머니가 돌아가시고 나서 어머니가 쓰던 그릇을 차마 쓰지 못하는 것은 어머니의 입김이 남아 있기 때문이다. (『예기』 「옥조」)

16. 부모가 사랑하는 이를 사랑하라

부모가 계집종의 자식이나 서자, 서손을 매우 사랑했다면, 비록 부모가 돌아가신 뒤라도 죽을 때까지 공경하는 마음을 변함없이 가져야 한다.

아들에게 두 명의 첩이 있는데 부모가 한 사람을 좋아하고 자식이 다른 한 사람을 좋아한다면, 옷이나 음식에서 집안 일을 맡아보는 데까지 부모가 좋아하는 사람과 동등하게 대우해서는 안 된다. 이것은 부모가 돌아가신 뒤에도 변하지 말아야 한다. (『예기』「내칙」)

17. 부모가 싫어하면 내 보내라

아들은 자기 아내를 매우 사랑하더라도 부모가 좋아하지 않으면 내보내야 하고, 자기 아내를 좋아하지 않더라도 부모가 "이 사람은 나를 잘 섬기는구나"라고 말하면 아들은 부부의 도리를 행하며 죽을 때까지 변치 말아야 한다. (『예기』「내칙」)

18. 늙은 부모를 모시는 방법

효자가 늙은 부모를 봉양하는 방법은 부모의 마음을 즐겁게 하며, 부모의 뜻을 어기지 않으며, 부모의 귀와 눈을 즐겁게 해드리며, 부모의 잠자리와 계시는 곳을 편안하게 하며, 맛있는 음식으로 정성껏 받드는 것이다. 이 때문에 부모가 사랑하는 것을 자식도 사랑하고, 부모가 공경하는 것을 자식도 공경한다. 개나 말도 모두 이렇게 하는데, 하물며 사람은 말해서 무엇하겠는가! (『예기』「내칙」)

19. 맏며느리와 작은며느리

시아버지가 죽으면 시어머니는 집안 일을 맏며느리에게 물려준다. 그러나 맏며느리는 제사를 지내고 손님을 접대하는 등 매사를 반드시 시어머니에게 물어보고, 작은며느리는 맏며느리에게 물어보아야 한다.

시부모가 맏며느리에게 일을 시키면 태만하게 처리해서는 안 되며, 작은며느리에게 무례하게 시켜서도 안 된다. 시부모가 작은며느리에게 일을 시킨다고 해서 작은며느리는 맏며느리와 대등하게 행동할 수 없다. 작은며느리는 맏며느리와 어깨를 나란히 다닐 수 없으며, 나란히 서서 부모의 명령을 받거나 아랫사람에게 명령할 수 없으며, 나란히 함께 앉을 수 없다.

며느리들은 시부모가 자기의 방으로 가라고 명하지 않으면 감히 물러가지 않으며, 며느리에게 무슨 일이 있을 때는 크고 작은 일에 상관없이 반드시 시부모에게 알리고 지시받아야 한다. (『예기』「내칙」)

20. 종갓집에 부귀를 자랑하지 말라

작은 집의 적자나 서자들은 종갓집의 맏아들과 맏며느리를 공경한 태도로 섬겨야 한다. 비록 신분이 높고 부유하더라도, 부귀한 사람의 자세로 종갓집에 들어가서는 안 된다. 수레나 따르는 하인이 많더라도 바깥에 남겨 두고 간소한 차림으로 들어가야 한다. 자신의 높은 신분과 부유한 재산으로 부형과 종족들에게 위압감을 주어서는 안 된다. (『예기』「내칙」)

21. 간할 수는 있지만 거스를 수는 없다

부모가 자신을 사랑하면 기뻐하며 잊지 말고, 부모가 미워하면 두려워하고 원망하지 말아야 한다. 부모에게 잘못이 있으면 간곡하게 말하되, 결코 부모의 뜻을 거스르진 말아야 한다. (『예기』「제의」)

22. 부모의 잘못

부모에게 잘못이 있으면, 기운을 가라앉히고 얼굴빛을 온화하게 하고 목소리를 부드럽게 해서 말해야 한다. 만약 간곡히 말해도 받아들이지 않으면 더욱 공경하고 효도하는 마음으로 부모를 대하고 부모가 기뻐하면 다시 간곡히 말해야 한다. 부모가 기뻐하지 않는다고 해도 마을과 나라에 죄를 짓게 하기보다는 더욱 간절하고 은근하게 간해야 한다. 부모가 화를 내고 기뻐하지 않으면서 피가 흐르도록 매질을 한다해도, 미워하거나 원망해서는 안 되며 더욱 공경하고 효도하는 마음을 가져야 한다. (『예기』「내칙」)

23. 부모의 뜻

자식이 부모를 섬길 때에 세 번 간곡히 말해도 받아들이지 않으면, 울부짖으면서 부모의 뜻을 따른다. (『예기』「곡례」)

24. 부모의 병환

부모가 병에 걸리면 갓을 쓰는 사람은 머리를 빗지 않으며, 다닐 때 나는 듯이 활개를 치며 걷지 않으며, 말할 때 실없는 소리를 하지 않으며, 거문고나 비파를 연주하지 않는다. 고기를 먹더라도 입맛이 변할 정도로 배불리 먹지 않으며, 술을 마시더라도 얼굴빛이 변할 정도로 먹지 않는다. 또한 잇몸이 보일 정도로 크게 웃지 않으며, 화를 내더라도 소리쳐 남을 꾸짖지는 않는다. 병이 낳으면 예전처럼 한다. (『예기』「곡례」)

25. 자신이 먼저 약을 맛본다

임금이 병이 들어 약을 먹어야 한다면 신하가 먼저 그 약이 적당한지 맛보아야 하며, 부모가 병이 들어 약을 먹어야 한다면 자식이 먼저 맛보아야 한다. 또 삼대에 걸쳐 의사를 지낸 사람이 아니면 그에게 지은 약은 복용하지 말아야 한다. (『예기』「곡례」)

26. 삼 년 동안 바꾸지 않는다

부모가 살아 있을 때는 자식이 마음대로 행동할 수 없으므로 효자 여부를 판단하기 위해서는 그가 무엇을 생각하고 있는지를 봐야 한다. 부모가 죽고 난 다음에는 모든 일을 자기 마음대로 할 수 있으므로 그의 행동을 통해 효자 여부를 관찰할 수 있다. 만약 부모의 상을 치르는 삼년 동안 선친의 행적에 따라 일을 처리해 간다면 효자라고 말할 수 있다. (『논어』「학이」)

27. 부모의 영예로운 이름

부모가 비록 돌아가셨더라도 선한 일을 하려고 할 때는 부모에게 영예로운 이름이 돌아갈 것을 생각해 반드시 과단성 있게 결행해야 한다. 그러나 선하지 않은 일을 할 때는 부모에게 수치와 비난이 돌아갈 것을 생각해 반드시 결행하지 말아야 한다. (『예기』「내칙」)

28. 가을에 슬퍼지는 까닭

가을날, 서리와 이슬이 내린 다음에 군자가 그것을 밟으면 반드시 서글픈 마음이 생긴다. 그것은 날씨가 추워졌기 때문에 그런 것이 아니라, 돌아가신 부모를 그리워하는 마음이 일어나기 때문이다. 봄날, 비와 이슬이 대지를 적신 뒤 군자가 그것을 밟았을 때에 슬프고 놀라는 마음이 생기는 것은 부모의 모습을 금방 볼 듯하기 때문이다. (『예기』「제의」)

29. 부부가 함께 지내는 제사

제사라는 것은 반드시 부부가 직접 지내야 한다. 그렇게 해야 남편이 하는 일과 아내가 하는 일이 두루 갖추어지기 때문이다. 해야 할 일이 갖추어지면 제물이 마련됐다고 할 수 있다. (『예기』「제통」)

30. 제사의 원칙과 방편

군자가 제사를 지낼 때는 반드시 직접 지내야 하지만, 부득이한 일이 있을 때는 다른 사람을 시켜 지내게 해도 괜찮다. (『예기』「제통」)

31. 치재와 산재 그리고 제삿날

마음을 치재하고 몸을 산재해야 한다.[3] 재계하는 동안에는 부모가 생전에 거처하던 모습을 생각하며, 부모의 말씀과 웃음을 생각하며, 부모의 뜻을 생각하며, 부모가 좋아하고 즐기던 것을 생각한다. 재계한 지 삼일이 지나면 재계를 한 대상, 즉 부모를 보게 될 것이다.

---

3. 재(齋)는 어수선한 몸과 마음을 가지런히 한다는 뜻으로 산재(散在), 치재(致齋) 두 가지가 있다. 산재는 제사지내기 열흘 전부터 칠일 동안 행동이나 몸가짐을 조심스럽게 하는 것을 말하고, 치재는 산재를 끝내고 삼일 동안 생각을 차분히 가라앉히는 것을 말한다.

제삿날 사당에 들어가면 반드시 희미하게 신위(神位)에서 부모의 모습이 보일 것이며, 제례를 거행하거나 사당문을 나올 때에는 반드시 숙연히 움직이는 부모의 소리가 들릴 것이다. 문을 나와서 들으면 반드시 안타깝게 탄식하는 부모의 소리가 들릴 것이다.

이 때문에 선왕의 효도는 눈에서 부모의 얼굴빛을 잊지 않으며, 귀에 부모의 음성이 끊이지 않으며, 마음속으로는 부모의 마음과 뜻 그리고 좋아하고 하고자 하던 것을 잊지 않는다. 따라서 극진하게 사랑하면 신령이 존재하고, 지극하게 공경하면 모습이 나타난다. 신령이 존재하고 모습이 나타나는 것을 마음에서 잊지 말아야 하니, 어찌 경건하지 않을 수 있겠는가? (『예기』「제의」)

32. 제기는 팔지 않는다

군자는 비록 가난하게 살지라도 제기를 팔지 않으며, 비록 추위에 떨지라도 제복을 입지 않으며, 집을 짓기 위해 조상의 무덤가에 심은 나무를 베지 않는다. (『예기』「곡례」)

33. 제기는 빌리지 않는다

대부는 제기를 빌리지 않는다. 제기를 아직 갖추지 못했다면 사발이나 소반 같은 일상생활의 용품을 장만하지 않는다. (『예기』「왕제」)

34. 천자의 효와 백성의 효

몸과 머리카락과 살은 모두 부모에게서 물려받은 것이므로 이를 훼손하지 않는 것이 효의 시작이고, 몸을 세워 도를 행하고 후세에 자신의 이름을 떨쳐 세상에 부모를 드러나게 하는 것이 효의 마지막이다. 효는 부모를 섬기는 데서 시작해 임금 섬기는 것이 중간이 되고 자신이 훌륭한 인물이 되는 데서 끝을 맺는다.

부모를 사랑하는 자는 감히 남을 미워하지 않고, 부모를 공경하는 자는 감히 남에게 함부로 대하지 않는다. 사랑과 공경으로 부모를 극진하게 섬기면 백성들이 그 덕에 감화될 것이므로 천하의 본보기가 된다. 이것이 천자가 행하는 효이다.

윗자리에 있으면서도 아랫사람에게 교만하지 않으면 높은 자리에 있어도 위태롭게 되지 않으며, 스스로 예절을 지키고 법도를 따른다면 가득 차도 넘치지 않는다. 그런 뒤에 나라의 사직을 보존하고 백성들을 화평하게 할 수 있다. 이것이 제후의 효이다.

선왕의 법도에 맞는 옷이 아니면 입지 않고, 선왕의 법도에 맞는 말이 아니면 말하지 않으며, 선왕의 덕행이 아니면 행하지 않는다. 그런 뒤에야 종묘를 보존할 수 있는 것은 경대부의 효이다.

효도하는 마음으로 임금을 섬기면 충성스럽고, 공경하는 마음으로 윗사람을 섬기면 공손하게 된다. 충성스럽고 공손한 마음을 가지고 윗사람을 섬긴 뒤에야 조상에 대한 제사를 지낼 수 있는 것은 선비의 효이다.

하늘의 법칙과 땅이 주는 혜택을 이용하고, 몸을 조심하고 씀씀이를 절약해 부모를 봉양하는 것은 일반백성의 효이다. 그러므로 천자부터 일반백성들까지 효에는 끝이 없지만 재앙이 미치지 않는 사람은 없다. (『효경』)

35. 패덕과 패례

부모가 자식으로 대를 잇는 것보다 더 잘 이어 줄 수 있는 일은 없고, 임금과 부모가 몸소 가르쳐 주는 것보다 더 두터운 은혜는 없다. 그러므로 자신의 부모를 사랑하지 않고 다른 사람을 사랑하는 것을 '도리에 어긋난 덕'〔悖德〕이라 하고, 자신의 부모를 공경하지 않고 다른 사람을 공경하는 것을 '도리에 어긋난 예'〔悖禮〕라고 한다. (『효경』)

36. 부모를 모시는 다섯 가지 자세

효자는 부모를 다음과 같이 모신다. 평소에는 극진하게 공경하며, 음식을 봉양할 때는 부모가 즐겁게 먹을 수 있도록 최선을 다하며, 부모가 병이 들면 근심과 걱정으로 마음이 편한 날이 없다. 그리고 돌아가시면 비통한 마음으로 슬퍼하고, 제사를 지낼 때는 공경하고 엄숙한 마음으로 부모를 생각한다. 이 다섯 가지를 다한 뒤에야 부모를 섬긴다고 말할 수 있다.

부모를 섬기는 사람은 윗자리에 있으면서도 아랫사람에게 교만하지 않으며, 아랫사람으로 있을 때는 분란을 일으키지 않고, 동료와는 서로 다투지 않는다. 윗자리에 있으면서 거만하면 죽게 되며, 아랫사람이면서 분란을 일으키면 형벌을 받게 되며, 동료와 서로 다투면 결국 무기를 들고 싸우게 될 것이다. 이 세 가지를 없애지 않으면 날마다 진수성찬으로 부모를 봉양한다 해도 오히려 불효가 된다. (『효경』)

37. 다섯 가지 불효

세상에서 '불효'라고 말하는 것에는 다섯 가지가 있다. 일을 게을리 해서 부모를 봉양하지 않는 것이 첫번째이며, 바둑이나 장기를 탐닉하고 술을 좋아해 부모를 봉양하지 않는 것이 두 번째이며, 재물을 좋아하고 자신의 아내와 자식만을 사랑해 부모를 봉양하지 않는 것이 세 번째이며, 감각적인 욕망을 추구해 부모를 수치스럽게 하는 것이 네 번째이며, 힘을 믿고 싸움을 일삼아 부모를 위태롭게 하는 것이 다섯 번째이다. (『맹자』「이루하」)

38. 부모를 욕되게 하는 불효

몸은 부모가 남겨 준 것이다. 부모가 남겨 준 몸을 받들면서 감히 신중하지 않을 수 있겠는가? 평소의 몸가짐을 장중하게 가지지 않는 것도 불효이며 임금을 충성스럽게 섬기지 않는 것도 불효이다. 관직생활을 경건하게 하지 않는 것도 불효이며, 벗과 믿음을 가지고 사귀지 않는 것도 불효이며, 전쟁터에서 용감하게 싸우지 않는 것도 불효이다. 이 다섯 가지를 지키지 않으면 부모에게 재앙이 미칠 것이기에 신중하지 않을 수 없다. (『예기』「제의」)

39. 삼천 가지 형벌

다섯 가지 형벌[4]의 종류가 삼천 가지나 되지만 불효보다 더 큰 죄는 없다. (『효경』)

---

4. 다섯 가지 형벌이란 곧 묵형(墨刑), 의형(劓刑), 비형(剕刑), 궁형(宮刑), 대벽(大辟)을 말한다. 묵형은 몸에 상처를 내고 그곳에다 글자를 새기는 것이고, 의형은 코를 베는 형벌이다. 비형은 발을 베는 형벌이고 궁형은 생식기를 제거하는 형벌이고 대벽은 사형을 말한다. 『서경』 「여형」(呂刑)의 기록에 따르면 묵형과 의형이 각각 천 가지, 비형이 오백 가지, 궁형이 삼백 가지, 대벽에 속하는 죄가 이백 가지로 모두 삼천 가지라고 한다.

둘. 임금과 신하의 관계 [明君臣之義]

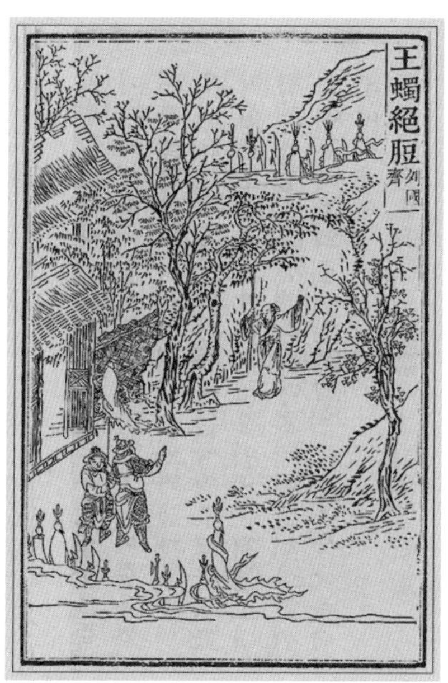

제나라의 왕촉은 자신의 나라가 연나라의 악의
에게 패망하자 악의의 회유에도 아랑곳하지 않
고 자결하였다.

40. 임금과의 만남

임금이 계신 곳에 갈 때에는 미리 몸과 마음을 가다듬고, 바깥채에서 거처하며 목욕한다. 사관이 상아홀[5]을 올리면 자신의 생각, 임금의 자문에 대한 대답, 그리고 임금의 명을 적는다. 관복을 입고 난 다음에는 용모와 의관, 패옥의 소리를 점검해 보고 곧장 나간다. (『예기』「옥조」)

41. 임금의 명

임금의 심부름꾼은 임금의 명령을 받은 뒤에는 하룻밤이라도 집에서 머뭇거려서는 안 된다. 임금의 명이 집에 도착하면 주인은 문밖으로 나가서 힘들여 보낸 임금의 글을 절하고서 받는다. 심부름꾼이 돌아가려고 하면 반드시 문밖에서 절하고 보낸다. 만약 임금이 있는 곳에 자신의 심부름꾼을 보낼 때에는 반드시 관복을 입고 명령하며, 그 심부름꾼이 돌아오면 반드시 대청마루를 내려가서 임금의 명을 받아야 한다. (『예기』「곡례」)

---

5. 홀(笏)은 관리가 조정에 나갈 때 조복에 갖춰 손에 드는 물건이다. 길이는 한 자, 넓이는 두 치 정도 되는 얇고 긴 물건이다. 관리의 신분에 따라 일품부터 사품까지는 상아, 오품 이하는 나무로 만들었는데 윗사람의 지시사항 등을 적는 데 사용했다.

42. 공자의 손님맞이

공자는 임금이 불러 손님 접대하는 일을 시킬 때는 공경하는 마음 때문
에 얼굴에는 긴장하는 빛이 감돌았으며, 발걸음을 제대로 옮겨놓지 못하
는 듯했다. 빈객으로 마주 서 있는 상대에게 인사〔揖〕를 할 때는 손을 좌우
로 움직였지만 옷은 앞뒤가 가지런해 흐트러짐이 없었으며, 빈객을 맞으
러 앞으로 달려나갈 때는 양 소매가 새 날개처럼 아름답게 펼쳐졌다. 예를
마치고 빈객이 물러나면 반드시 임금에게 "빈객이 만족해 뒤도 돌아보지
않고 갔습니다"라고 보고했다. (『논어』「향당」)

43. 궁궐에 들어간 공자

공자가 대궐문에 들어갈 때는 몸을 굽혔는데, 공경하는 마음 때문에 차
마 들어갈 수 없는 듯한 자세를 취했다. 서 있을 때는 문 한가운데에 서는
일이 없었으며, 다닐 때는 문지방을 밟는 일이 없었다. 궁궐에서 임금의
자리가 비어 있어도 그 앞을 지나갈 때 얼굴은 항상 긴장했으며, 발걸음은
떨어지지 않는 듯, 말은 제대로 나오지 않는 듯했다.

임금이 있는 정전(正殿)의 계단을 오를 때는 몸을 굽힌 듯 옷자락을 잡
고 올랐으며, 마치 숨을 쉬지 않는 듯 숨을 죽였다. 임금 앞에서 물러나와
층계를 한 계단 내려오면 기쁜 듯이 얼굴이 펴졌으며, 계단을 모두 내려
와서는 종종걸음으로 걸어갔는데, 마치 양 소매가 날개를 편 것처럼 아름
다웠다. 다시 제자리로 돌아오면 공손하고 삼가는 태도를 가졌다. (『논어』
「향당」)

44. 임금의 수레 하사

임금이 수레와 말을 하사하면 다음날 그것을 타고 가서 하사한 은혜에 대한 감사의 인사를 드려야 하며, 의복을 내려주면 다음날 입고 가서 감사의 인사를 드려야 한다. 임금의 명이 없으면 비록 수레나 의복이 있더라도 제멋대로 입거나 타지 않는다. (『예기』「옥조」)

45. 임금의 과일 하사

임금 앞에서 과일을 하사받았을 경우 씨가 있는 과일이라면 그 씨를 품속에 간직해야 한다. (『예기』「곡례」)

46. 임금과의 식사

임금을 모시고 식사를 할 때에 임금이 남는 음식을 내려주면 씻을 수 있는 그릇에 담긴 음식은 딴 그릇에 옮기지 않고, 씻을 수 없는 그릇에 담긴 음식은 모두 딴 그릇에 옮긴다. (『예기』「곡례」)

47. 임금의 음식 하사

임금이 음식을 하사하면 반드시 자리를 바르게 정돈하고서 먼저 맛보았다. 임금이 생고기를 하사하면 반드시 익혀서 조상에게 올리고, 임금이 살아 있는 것을 하사하면 반드시 길렀다. (『논어』「향당」)

48. 임금과의 식사

임금을 모시고 식사를 할 때 임금이 음식의 일부를 덜어 신에게 제사지내는 의식을 끝내면 공자는 독의 유무를 판단하기 위해 먼저 밥을 먹었다. (『논어』「향당」)

49. 임금의 문병

병중에 있을 때에 임금이 문병을 오면, 공자는 머리를 동쪽으로 하고 조복(朝服)을 몸 위에 덮고 그 위에다 띠를 걸쳤다. (『논어』「향당」)

50. 임금이 신하를 부르면

임금이 신하에게 불러오도록 명하면 공자는 수레에 멍에 얹기를 기다리지 않고 곧장 갔다. (『논어』「향당」)

51. 관직을 그만둔 뒤

공자는 벼슬을 그만둔 다음에도 매월 초하루에는 반드시 조복을 입고 조회에 나갔다. (『논어』「향당」)

52. 임금의 허물

군자가 임금을 섬길 때에 조정에 나가서는 임금을 보면 충성을 다할 것을 생각하고, 집에 돌아와서는 임금의 허물을 보충할 것을 생각한다. 그래서 임금의 훌륭한 점은 받들어 모시고 잘못된 점은 바로잡으려고 한다. 이런 생각 때문에 임금과 신하가 서로 친애할 수 있는 것이다. (『효경』)

53. 예(禮)와 충(忠)

임금은 예의로 신하를 부려야 하며 신하는 충성하는 마음으로 임금을 섬겨야 한다. (『논어』「팔일」)

54. 훌륭한 신하

훌륭한 신하는 올바른 도로써 임금을 섬기다가 그 도를 실현할 수 없다고 판단하면 관직을 그만두어야 한다. (『논어』「선진」)

55. 임금을 섬기는 도리

자로[6]가 임금을 섬기는 방법에 대해 묻자 공자는 "진실을 속여서는 안 된다. 임금의 얼굴이 변한다 해도 곧고 바른 말을 해야 한다"고 했다. (『논어』「헌문」)

56. 비천한 신하

비천한 필부와 함께 임금을 섬길 수 있겠는가? 그는 관직을 얻지 못했을 때 관직 얻을 것만을 걱정하고, 관직을 얻고 난 다음에는 잃어버릴까 걱정한다. 항상 관직 잃어버릴 것에 대해서만 걱정한다면 어떤 짓이라도 할 것이 없을 것이다. (『논어』「양화」)

57. 공경하는 신하와 해치는 신하

임금에게 실천하기 힘든 좋은 일을 권유해 할 수 있도록 돕는 것을 '공손함'〔恭〕이라고 하며, 진실한 도리를 말해 사악한 일을 미리 막는 것을 '경건함'〔敬〕이라고 하며, 우리 임금은 도를 행할 수 없다고 단정하는 것을

---

6. 자로(子路)는 공자의 제자이다. 성은 중(仲)이며 이름은 유(由)이고, 자로는 그의 자(字)이다. 노나라 태생으로 용기와 실천을 중시했지만 학문은 깊지 않았다. 『논어』에 자주 등장하는 인물이다.

'해침'[賊]이라고 한다. (『맹자』 「이루하」)

58. 떠날 수 있는 신하

직무를 맡고 있는 신하는 자신의 직무를 수행할 수 없으면 그 자리를 그만두어야 하고, 간언을 맡아보는 직책에 있는 신하는 그의 말이 받아들여지지 않으면 벼슬을 떠나야 한다. (『맹자』 「공손추하」)

59. 충신은 두 임금을 섬기지 않는다

충신은 두 임금을 섬기지 않고 열녀는 두 남편을 섬기지 않는다. (『사기』 「전단열전」)

셋. 남편과 아내의 관계 [明夫婦之別]

송나라의 어떤 여인은 악질에 걸린 남편을 끝내
저버리지 않았다.

60. 중매장이의 역할

남자와 여자 사이에 중매하는 사람이 왕래하지 않으면 서로 이름을 알지 못하며, 폐백을 받지 않으면 사귀지도 않고 친하게 지내지도 않는다. 그러므로 혼인하는 날과 달을 적어서 임금에게 알리고, 몸과 마음을 깨끗이 한 다음에 묘당(廟堂)의 조상에게 알리고, 술과 음식을 마련하여 마을 사람들과 벗들을 초대한다. 이렇게 하는 것은 남녀유별의 예를 소중하게 여기기 때문이다. 아내를 맞이할 때는 성(姓)이 같은 여자를 아내로 맞이하지 않는다. 그러므로 첩을 들일 때 그의 성을 알지 못하면 점을 친다.
(『예기』「곡례」)

61. 시집가는 딸에게 당부하는 말

아버지가 아들에게 초례(醮禮)[7]할 때에 '가서 너를 도울 아내를 맞이해 우리 종묘의 일을 받들도록 해라. 경건한 태도로 정성껏 아내를 인도해 네 어머니의 하던 일을 잇도록 해라. 너는 항상 떳떳하게 생각하고 행동하라'고 명하면 아들은 '예 그렇게 하겠습니다. 감당하지 못할까 두렵지만 감히 그 분부는 잊지 않겠습니다'라고 대답했다.

아버지가 딸을 시집보낼 때에는 '조심하고 공경해서 밤이나 낮이나 시

---

7. 초(醮)는 술을 따라 주기만 하고 받지는 않는 것을 말한다. 신부를 맞이하기 위해 떠나는 아들에게 술을 따라 주면서 신랑으로서 갖추어야 할 태도를 말해 주는 것을 초례(醮禮)라고 한다.

부모의 말을 어기지 말라'고 훈계했다. 어머니는 딸에게 옷고름을 매주고 수건을 채워 주면서 '힘쓰고 공경해서 밤이나 낮이나 집안 일에 어그러짐이 없도록 하라'고 훈계했다. 서모(庶母)가 문안에서 작은 주머니를 채워 주고 부모의 훈계를 거듭해 '부모의 말을 경건하고 공손한 마음으로 들어라. 부모의 말을 받들어서 밤이나 낮이나 허물이 없도록 하고, 늘 띠와 주머니를 보고 부모의 말을 생각하도록 하라'고 충고했다. (『의례』「사혼례」)

62. 혼인은 모든 예의 시작

혼례는 자손만대의 시작이다. 배우자를 다른 성에서 찾는 까닭은 소원한 관계를 친밀하게 하고 혈연관계의 구별을 중시하기 때문이다. 폐백은 반드시 정성스럽게 준비하며 '변변하지 않습니다'는 말을 하지 않고 정직하고 신실하게 알려야 한다. 신실함은 사람을 섬기는 바탕이며 아내가 갖춰야 할 덕이다. 한 번 남편과 함께 혼례를 치르고 나면 죽을 때까지 바꾸지 않으므로 남편이 죽어도 재혼하지 않는다.

남자가 몸소 가서 아내를 맞이하는 것처럼, 남자가 여자를 선도하는 것은 강함[剛]이 부드러움[柔]보다 먼저 움직인다는 의미가 들어 있다. 하늘이 땅을 선도하는 것이나 임금이 신하를 선도하는 것과 그 의미가 동일하다.

폐백을 가지고 서로 만나보는 것은 공경한 태도로 부부의 분별을 밝히기 위한 것이다. 남녀 사이에 분별이 있고 난 다음에 아버지와 아들이 친해질 수 있고, 아버지와 아들이 친해진 다음에 사람이 지켜야 할 의리가 생기고 의리가 생긴 다음에 사람이 갖추어야 할 예가 있게 된다. 예의가 생긴 다음에 온갖 것이 안정되는 것이다. 남녀 사이의 분별이 없고 사람이 지켜야 할 도리가 없다면 바로 짐승의 세계일 것이다. (『예기』「교특생」)

63. 음악을 연주하지 않는 까닭

아내를 맞이한 집에서 삼일 동안 음악을 연주하지 않는 것은 부모의 뒤를 잇는다는 비장한 생각을 하기 때문이다. (『예기』「증자문」)

64. 혼례를 축하하지 않는 까닭

혼례를 축하하지 않는 까닭은 인간의 한 세대가 교체되기 때문이다. (『예기』「교특생」)

65. 남자는 안방에 들어가지 않는다

예는 부부 사이의 도리를 서로 삼가는 데서 시작한다. 집을 지을 때 안과 밖을 구분해 남자는 바깥채에 거처하도록 하고 여자는 안채에 머물도록 한다. 안채는 깊숙한 곳에 두고 안채와 바깥채 사이에는 중문을 단단하게 설치해 문지기가 이를 지키도록 하며, 남자는 안으로 들어가지 않고 여자는 밖으로 나오지 않는다.

남자와 여자는 옷을 거는 횃대를 함께 사용하지 않으며, 남편의 옷걸이에 여자의 옷을 걸지 않는다. 또 남편의 상자에 여자의 물건을 보관하지 않으며 욕실을 함께 사용하지 않는다. 남편이 집안에 있지 않으면 베개를 상자에 넣어 두며, 남편의 대자리와 돗자리를 보로 싸서 소중하게 보관해 둔다. 젊은이가 어른을 섬기고 신분이 낮은 사람이 높은 사람을 섬길 때에도 모두 이와 같이 한다. 비록 계집종이나 첩들이라도 옷과 음식은 반드시 그들의 나이에 따라 연소자는 연장자보다 뒤에 해야 한다. 아내가 집에 없을 때도 첩들은 제 차례가 아니면 감히 아내 대신 저녁에 모시고 잘 수 없다. (『예기』「내칙」)

66. 여자는 바깥일을 말하지 않는다

남자는 안에서 벌어지는 여자의 일을 말하지 않고 여자는 밖에서 일어나는 남자의 일을 말하지 않는다. 제사나 초상을 치르는 경우가 아니면 서로 그릇을 주고받지 않는다. 제사나 초상 때처럼 부득이하게 서로 그릇을 주고받아야 할 경우에 여자는 광주리로 받는다. 만약 광주리가 없으면 남녀가 모두 꿇어앉아서 남자가 그릇을 땅에 놓은 뒤에 여자가 가져간다.

남자와 여자는 같이 우물을 사용하지 않으며 욕실을 함께 사용하지 않는다. 또 한 이부자리에서 자지 않으며 서로 물건을 빌려주거나 빌리지 않으며 남자와 여자의 옷이 뒤섞이지 않도록 한다.

남자는 안채에 들어가서 휘파람을 불거나 손가락질하지 않으며 밤에 다닐 적에는 촛불을 들고 다녀서 오해를 받거나 남들을 놀라게 하지 않는다. 만약 촛불이 없으면 나다니지 않는다. 여자가 문을 나설 때는 반드시 자신의 얼굴을 가리고 나가며 밤에 다닐 때는 촛불을 가지고 다닌다. 만약 촛불이 없으면 나다니지 않는다.

길을 다닐 때에 남자는 오른쪽으로 가고 여자는 왼쪽으로 간다. (『예기』
「내칙」)

67. 아내를 내쫓는 일곱 가지 이유

여자는 다른 사람에게 순종해야 할 존재이다. 그러므로 마음대로 일을
처리할 수 없으며 순종해야 할 세 가지 대상이 있다. 시집가기 전 집에 있
을 때는 아버지에게 순종하고 시집가서는 남편에게 순종하고 남편이 죽
으면 아들에게 순종해 감히 자신의 생각대로 일을 처리해서는 안 된다. 여
자의 가르침과 명령은 여인들의 처소〔閨門〕 밖으로 나가서는 안 되며 여자
가 하는 일은 음식을 장만하는 데 머물러야 한다.

이 때문에 여자는 자신들의 처소 안에서 하루하루를 보내고, 국경을 넘
는 백 리 이상의 길이 되면 부모가 죽더라도 초상에 가지 않는다. 여자는
일을 마음대로 처리하지 않으며 단독으로 움직여 일을 이루지도 않는다.
다른 사람들이 참여해서 알게 한 다음에 행동하며 타당한 근거를 가지고
설명할 수 있는 다음에 말을 한다. 낮에는 쓸데없이 뜰에서 노닐지 않으며
밤에 다닐 때에 불을 비추는 것은 부인의 덕을 올바르게 하기 위해서이다.

여자는 남편으로 받아들일 수 없는 다섯 부류가 있다. 반역한 집안의 자
식, 음란한 집안의 자식, 대대로 형벌을 받은 집안의 자식, 대대로 몹쓸 병
에 걸린 집안의 자식, 아버지가 없는 집안의 맏아들은 선택하지 않는다.

부인에게는 쫓겨날 수 있는 일곱 가지 경우가 있다. 시부모에게 순종하
지 않으면 내쫓으며, 자식을 낳지 못하면 내쫓으며, 음란하면 내쫓으며,
질투하면 내쫓으며, 몹쓸 병에 걸리면 내쫓으며, 수다스러우면 내쫓으며,

도둑질하면 내쫓는다.

그러나 위의 사항에 해당한다 해도 내쫓지 않는 세 가지 경우가 있다.

결혼할 당시에는 친정이 있었지만 지금은 없어져 돌아갈 곳이 없으면 내쫓지 못하고, 함께 삼년상을 지냈으면 내쫓지 못하고, 장가들기 전에는 빈천하다가 장가든 뒤에 부귀해지면 내쫓지 못한다.

이상의 모든 것은 성인이 남자와 여자 사이의 관계를 순조롭게 하고 혼인의 시작을 신중하게 하기 위한 것이다. (『대대례기』)

68. 과부의 아들은 벗으로 삼지 않는다

과부의 아들은 탁월한 재주가 없으면 벗으로 삼지 않는다. (『예기』「곡례」)

넷. 어른과 아이의 관계 [明長幼之序]

한나라 때 정균은 형이 현리로 있으면서 옳지 못
한 재물을 지나치게 받음을 보고 간했으나 받아들
여지지 않았다. 곧 일을 그만두고 품팔이를 통해
적지 않은 재물을 모아 형에게 재물의 가치보다
소중한 것을 몸소 일깨워 주어 형을 바로잡았다.

69. 선한 사람의 본성

천진난만하게 웃는 두세 살쯤 된 어린애 중에 부모를 사랑할 줄 모르는
애가 없으며 자라서 형을 공경할 줄 모르는 애가 없다. (『맹자』「진심상」)

70. 공손과 불손의 차이

어른 뒤에서 천천히 걸어가는 것을 '공손하다'〔弟〕라고 하고, 어른보다
앞서 빨리 걸어가는 것을 '불손하다'〔不弟〕라고 한다. (『맹자』「고자하」)

71. 아버지의 절친한 벗

아버지의 절친한 벗을 보았을 때 그 사람이 나오라고 하지 않으면 함부
로 나가지 않으며 물러가라고 하지 않으면 함부로 물러가지 않고 묻지 않
으면 함부로 대답하지 않는다. (『예기』「곡례」)

72. 십 년 연상이면 형님처럼 모셔라

나이가 자기보다 배 이상 많은 사람은 아버지처럼 모시고, 십 년 이상
많은 사람은 형처럼 섬기고 오 년 이상 많은 사람이면 어깨를 나란히 해서
걷되 조금 뒤처져서 걸어간다. (『예기』「곡례」)

73. 사양하는 것이 예의다

어른에게 의논드릴 일이 있을 때에는 반드시 어른이 몸을 기대는 안석과 지팡이를 가지고 가야 한다. 어른이 물을 때에 사양하지 않고 곧바로 대답하는 것은 예의가 아니다. (『예기』「곡례」)

74. 길에서 만난 선생

선생을 따라 걸을 때 길을 건너가 다른 사람과 이야기하지 않는다. 길에서 선생을 만나면 종종걸음으로 다가가 바르게 서서 자신의 두 손을 포개는 공수자세[8]를 취한다. 선생이 자신에게 말을 건네면 대답하고, 말을 건네지 않으면 종종걸음으로 물러간다. 어른을 따라 언덕에 올라가면 반드시 어른이 보는 곳을 자신도 바라보고 있어야 한다. (『예기』「곡례」)

75. 어른이 손을 끌어줄 때

어른이 손을 잡아 이끌어 주면 양손으로 어른의 손을 받든다. 어른이 옆에 칼을 차는 듯한 자세로 고개를 돌려 입을 가까이 대고 말하면, 자신의 입김이 어른에게 닿지 않도록 입을 가리고 대답한다. (『예기』「곡례」)

---

8. 공수(拱手)자세는 왼손을 안쪽으로, 오른손을 바깥쪽으로 해서 포개는 자세를 말한다.

76. 청소할 때의 예절

어른을 위해 청소하는 예절은 다음과 같다. 먼저 반드시 빗자루를 쓰레받기 위에 얹어 가지고 들어간다. 빗자루로 쓸 때에 소매로 앞을 가리고 뒤로 물러서면서 쓸어 먼지가 어른에게 닿지 않도록 한다. 그리고 쓰레받기를 자기 쪽으로 향하도록 해서 먼지를 쓸어 담는 것이 예의다.
(『예기』「곡례」)

77. 선생이 강의할 때

선생의 자리 앞에 앉으려고 할 때는 부끄러워하거나 불안해하지 말아야 하며, 두 손으로 하의를 걷어 올려 땅에서 옷자락이 한 자쯤 떨어지게 해야 한다. 또 옷을 펄럭여서는 안 되며, 다급하게 걸어서도 안 된다.

선생의 책이나 거문고, 비파 등이 앞에 놓여 있으면 꿇어앉아서 걸리지 않도록 옆으로 옮겨 놓고 조심해서 그것들을 넘어 다니지 않도록 해야 한다.

앉을 때는 반드시 편안한 자세를 취해 움직이지 않으며 얼굴빛을 바르게 가져야 한다. 어른이 아직 말을 끝내지 않았는데도 딴말을 꺼내 어른의 말에 끼어들어서는 안 된다.

선생이 강의를 하실 때 자신의 용모를 바르게 하고, 반드시 공손하게 들어야 한다. 그리고 남의 주장을 표절해서 자신의 생각인 것처럼 말해서는 안 되며, 남의 말을 무비판적으로 수용해 부화뇌동해서도 안 되며, 반드시 옛것을 법칙으로 삼아 선왕의 가르침을 말해야 한다. (『예기』「곡례」)

78. 수업을 청할 때

선생을 모시고 앉아 있을 때 선생이 질문을 던지면 묻는 말이 끝난 다음에 대답한다. 선생에게 가르침을 청할 때는 일어나서 하며, 미진한 내용을 더 질문할 때도 일어서서 한다. (『예기』「곡례」)

79. 선생이 시간을 물을 때

귀한 손님 앞에서는 개를 꾸짖지 않으며, 음식을 사양할 때는 침을 뱉지 않는다. 귀한 어른을 모시고 앉아 있을 때에 그 어른이 하품을 하고 기지개를 켜거나, 지팡이나 신을 찾으신다거나, 날이 밝은지 저물었는지를 살펴보면 모시고 앉은 사람은 물러가겠다고 청해야 한다. (『예기』「곡례」)

80. 군자가 물을 때

귀한 어른을 모시고 앉아 있을 때에 그 어른이 화제를 바꾸어 물으면 일어나 대답한다. (『예기』「곡례」)

81. 군자에게 손님이 왔을 때

귀한 어른을 모시고 앉아 있을 때에 만약 어떤 사람이 그 어른에게 고할

것이 있어 "시간이 있으시면 아뢸 말이 있습니다"라고 하면 곧 주위 사람
들은 물러가서 기다린다. (『예기』「곡례」)

82. 어른을 모시고 술 마실 때

어른을 모시고 술을 마실 때에 술이 나오면 일어나서 술통이 있는 곳에
가서 절을 하고 받아야 한다. 그러나 어른이 그만두라고 하면 젊은이는 제
자리에 돌아와서 술을 마신다. 어른이 술잔을 들긴 했으나 잔을 비우지 않
았으면 젊은이는 마시지 않는다. (『예기』「곡례」)

83. 어른이 무엇을 줄 때

어른이 주면 젊은이나 신분이 낮은 사람은 사양하지 않는다. (『예기』「곡례」)

84. 어른을 모시고 식사할 때

어른을 모시고 함께 음식을 먹을 때는 비록 더 내오더라도 사양하지 않
으며, 다른 사람과 함께 앉아 있을 때에도 사양하지 않는다. (『예기』「곡례」)

85. 군자가 질문할 때

귀한 어른을 모시고 있으면서 그 어른의 질문에 주위에 있는 사람들을 둘러보지도 않고 대답하는 것은 예의가 아니다. (『예기』「곡례」)

86. 어른과 시합을 할 때

웃어른이 자신보다 훨씬 나이가 많으면 감히 그의 나이를 묻지 않으며, 중요하지 않은 일로 방문할 때에는 사람을 시켜 말을 전달하지 않고 바로 들어가 뵙는다. 길에서 우연히 만났을 때는 어른이 이쪽을 보면 가서 인사를 하지만[9] 어디 가는지를 묻지 않는다.

어른을 모시고 앉아 있을 때는 시키지 않으면 거문고나 비파를 잡지 않으며, 이유 없이 땅에 금을 긋거나 손짓으로 형용하지 않으며, 덥더라도 부채질을 하지 않는다. 어른이 누워 있으면 꿇어앉아서 말을 한다.

어른을 모시고 활을 쏘게 되면 젊은이는 화살을 한꺼번에 잡아서 쏘며[10], 어른을 모시고 투호(投壺)를 하게 되면 젊은이는 화살을 땅에 내려놓지 않

---

9. 길에서 어른을 우연히 만났을 때, 어른이 보았으면 가서 인사를 하지만 보지 못했으면 숨어서 피하는 것이 예다. 왜냐하면 보지 못했는데도 아는 체를 하는 것은 어른을 번거롭게 하기 때문이다.

10. 활을 쏠 때는 두 사람이 짝이 되어서 경기를 하는데 화살통을 경기장 가운데 놓는다. 두 사람이 화살통 옆에 서서 한 사람이 화살 하나를 뽑으면 다음 사람이 하나를 뽑는다. 이렇게 해서 각각 네 개의 화살을 가져가는데, 이것은 대등한 사람끼리의 예다. 그러나 어른을 모시고 활을 쏠 때는 그렇게 할 수 없으므로 한꺼번에 네 개의 화살을 가져간다. 이것을 약시(約矢)라고 한다.

고 한꺼번에 잡고서 던진다[11]. 젊은이가 이기면 잔을 씻고 어른에게 술 마시기를 청한다.[12] (『예기』「소의」)

87. 노인에게 짐을 지게 하지 말라

아버지 연배되는 어른은 뒤에서 따라가야 하고 형과 비슷한 나이의 사람은 기러기가 날아가듯이 조금 뒤쳐져서 걸어야 하고 친구와는 나란히 걸으면서 서로 앞서지 않는다.

가벼운 짐은 젊은 사람이 혼자서 지고, 무거운 짐은 나누지만, 머리가 반쯤 센 사람에게는 짐을 지지 않도록 해야 한다. 육, 칠십이 넘은 노인 중에 군자[13]는 수레 없이 걸어다니지 않고, 평민은 반찬 없이 맨밥을 먹지 않는다. (『예기』「왕제」)

---

11. 투호는 네 개의 화살을 병에 넣는 시합이다. 신분이 대등한 사람인 경우에는 네 개를 땅에다 내려 놓고 하나씩 집어서 던지지만 어른을 모시고 할 때는 땅에 내려 놓지 않고 네 개를 손에 쥔 채 하나씩 뽑아서 던진다.

12. 활쏘기나 투호 경기에서 진 사람은 이긴 사람이 술을 따라 주면 진 사람은 꿇어앉아서 마시는 것이 대등한 사람끼리의 예다. 그러나 아랫사람이 이기면 그렇게 할 수 없으므로 술잔을 깨끗이 씻어 술을 부어 주고 마시도록 청한다.

13. 군자는 보통 대부 이상의 지위에 있는 사람이나 덕행이 높아 지도자로서의 명망을 갖춘 이를 말한다.

88. 공자의 어른 공경

공자는 마을 사람들과 술을 마실 적에 지팡이 짚은 사람[14]이 나가면 곧 바로 따라나갔다. (『논어』「향당」)

---

14. 고대에는 지팡이를 사용하는 데도 나이 제한이 있었다. 50세면 집에서만 지팡이를 사용할 수 있었고, 60세가 되면 마을에서도 지팡이를 짚을 수 있었다. 또 7, 80세가 되면 각각 수도와 조정에서 지팡이를 짚을 수 있도록 허용됐다. 여기서는 마을에서 지팡이를 짚을 수 있는 60세 전후의 노인을 말한다.

다섯. 벗들과의 관계 [明朋友之交]

당나라 서회는 죄를 지어 낮은 벼슬로 쫓겨간 친
구를 저버리지 않고 후하게 대접하였다. 그의 죄
에 연루될 것을 무릅쓰고 우정을 지킨 서회는 이
를 계기로 감찰어사에까지 오르게 된다.

89. 벗을 통해 인을 실현한다

도에 뜻을 둔 군자는 학문으로 벗과 만나고, 벗을 통해 인의 실현을 돕는다. (『논어』「안연」)

90. 친구와 형제

친구 사이는 간곡하게 선을 실천하고 악을 멀리하도록 권하며 형제 사이는 화목하고 기쁘게 지내야 한다. (『논어』「자로」)

91. 벗에 대한 도리

선을 행하도록 충고하고 격려하는 것이 친구에 대한 도리이다. (『맹자』「이루하」)

92. 벗이 선을 행하지 않을 때

자공이 벗을 사귀는 도리에 대해 묻자, 공자는 "벗에게 자신의 생각을 진심으로 말해 주고 잘 이끌어 주어야 한다. 그러나 그럴 수 없는 인물이라고 판단되면 그만둬 스스로 치욕을 당하지 말아야 한다"고 대답했다. (『논어』「안연」)

93. 벗으로 사귈 사람

어느 한 나라에서 지낼 적에는 그 나라의 대부 중에 현명한 사람을 섬기며 그 나라의 선비 중에 어진 사람을 벗으로 삼아야 한다. (『논어』「위령공」)

94. 유익한 벗과 해로운 벗

유익한 벗이 세 종류가 있고 해로운 벗이 세 종류가 있다. 정직한 사람, 성실한 사람, 견문이 풍부한 사람을 벗으로 삼는다면 유익하다. 그러나 겉은 화려하지만 정직하지 않은 사람, 아첨은 잘 하지만 성실하지 않은 사람, 말은 그럴 듯하지만 실제적인 견문이 없는 사람을 벗으로 삼으면 해롭다. (『논어』「계씨」)

95. 벗을 사귀는 방법

벗을 사귈 때는 자신이 연장자임을 내세우지 말아야 하고 자신의 신분이 높다는 것을 내세우지 말아야 하고 형제들의 도움을 개입시키지 말고 사귀어야 한다. 벗이란 그 사람의 덕을 사귀는 것이기에 그 사이에 어떤 것도 개입시켜서는 안 된다. (『맹자』「만장하」)

96. 군자의 벗 사귐

군자는 남들이 자신을 극진하게 환대해 줄 것을 기대하지 않고 남들이 정성을 다해 대하는 것을 바라지 않기 때문에 벗과의 사귐을 온전하게 유지한다.(『예기』「곡례」)

97. 군자의 손님맞이

손님과 함께 집에 들어가는 사람은 들어가는 문마다 손님에게 먼저 들어가도록 양보한다. 손님이 사랑채로 드나드는 문에 도착하면 주인은 먼저 들어가서 자리를 펴겠다고 양해를 구한다. 자리를 편 다음에 나와 손님을 맞아들인다. 손님이 먼저 들어가기를 굳이 사양한다면[15] 주인은 손을 굽혀 인사[揖]를 하고 들어간다.

주인은 문안에 들어가서 오른쪽으로 가고 손님은 문안에 들어가서 왼쪽으로 가서 주인은 동쪽 계단으로 가고 손님은 서쪽 계단으로 간다. 그러나 만약 손님이 주인보다 지위가 낮으면 주인의 계단으로 올라가야 한다. 주인이 간곡하게 만류한 뒤에야 손님은 다시 서쪽 계단으로 나아간다.

주인이 손님과 서로 계단 올라가기를 사양하다가 주인이 먼저 올라가면 손님이 따라 올라간다. 계단을 오를 때에는 계단마다 두 발을 모은 다

---

15. 사양하는 예절에는 세 가지가 있다. 첫 번째 사양하는 것을 예사(禮辭)라고 하며, 두 번째 사양하는 것을 고사(固辭)라고 하며, 세 번째 사양하는 것을 종사(終辭)라고 말한다. 그러므로 위의 고사는 두 번째 사양하는 것을 말한다.

음 연속해서 올라가는데 동쪽계단으로 올라갈 때는 오른발을 먼저 내딛고 서쪽계단으로 올라갈 때는 왼발을 먼저 내딛는다. (『예기』「곡례」)

98. 대부와 사의 상견례

대부(大夫)와 사(士)가 서로 만날 때는, 비록 대부와 사의 지위가 대등하지 않더라도 주인이 손님을 공경하면 손님에게 먼저 절을 하고 손님이 주인을 공경하면 주인에게 먼저 절을 한다. (『예기』「곡례」)

99. 주객문답

주인이 묻지 않으면 손님은 먼저 말을 꺼내지 않는다. (『예기』「곡례」)

100. 효자와 충신

군자는 부모를 섬기는 태도가 효성스럽기에 그 효성을 임금에 대한 충성으로 옮길 수 있고, 형을 섬기는 태도가 공경스럽기에 그 공경하는 마음을 웃어른에 대한 순종으로 옮길 수 있다. 집안을 잘 다스릴 수 있으므로 관청에서도 잘 다스릴 수 있는 것이다. 그러므로 가정에서 행실이 잘 이뤄져야 후세에 이름을 떨칠 수 있는 것이다. (『효경』)

101. 진심으로 충고하는 벗

천자에게 직언을 하는 신하 일곱 명이 있으면 비록 자신이 무도(無道)할지라도 천하를 잃지 않는다. 제후에게 직언을 하는 신하 다섯 명이 있으면 비록 제후가 막돼먹었어도 자신의 나라를 잃지 않는다. 대부가 직언을 하는 가신(家臣) 세 사람을 두고 있으면 비록 대부가 막돼먹었어도 자신의 집안을 잃지 않는다.

선비에게 직언을 하는 친구가 있으면 그 선비에게 아름다운 명성이 떠나지 않으며, 아버지에게 직언을 하는 자식이 있으면 그 아버지는 의롭지 못한 일에 빠지지 않는다. 그렇기 때문에 불의한 일을 당하면 자식은 아버지에게 간하지 않을 수 없고, 신하는 임금에게 간하지 않을 수 없는 것이다. (『효경』)

102. 부모와 임금과 스승

부모를 섬길 때에 부모에게 잘못이 있으면 슬쩍 말할 수는 있지만 부모가 싫어하는 표정을 지을 때까지 말해서는 안 된다. 가까이 모시고 봉양할 때에 일정한 방법이 없기 때문에 일마다 알아서 이치에 맞게 처리해야 한다. 부모를 위해서는 목숨을 바칠 각오로 부지런히 일을 하며 부모가 죽으면 삼년 동안 정성을 다해 상을 치러야 한다.

임금을 섬길 때는 임금에게 잘못이 있으면 임금이 싫어하는 표정을 지을 때까지 직언을 해야지, 부드럽게 표현하는데 그쳐서는 안 된다. 가까이 모시고 봉양할 때에는 일정한 직책을 가지고 있어야 한다. 임금을 위해서는 목숨을 바칠 각오로 부지런히 일을 해야 하며 임금이 죽으면 부모의 상에 견주어 삼년 동안 상을 치른다.

스승을 섬길 때는 스승에게 잘못이 있으면 싫어하는 표정을 지을 때까지 직언을 하거나 부드럽게 말할 필요가 없다. 스승에게는 숨길 필요없이 솔직하게 물어보아야 한다. 가까이 모시고 봉양하는 데는 일정한 방법이 없기 때문에 일마다 알아서 이치에 맞게 처리해야 한다. 스승을 위해서는 목숨을 바칠 각오로 부지런히 일을 해야 하며 스승이 죽으면 상복은 입지 않고 마음으로 삼년 동안 상을 치른다. (『예기』「단궁」)

103. 군사부가 베푸는 덕

난공자[16]가 다음과 같이 말했다.

"백성은 세 사람 때문에 살고 있으므로 세 사람에 대해서는 하나같이 섬겨야 한다. 부모는 나를 낳아 주었고, 스승은 나를 가르쳐 주었고, 임금은 나를 길러 주었다. 부모가 아니면 태어날 수 없었을 것이고, 임금이 먹여 주지 않았다면 자라지 못했을 것이고 스승이 가르쳐 주지 않았다면 알지 못했을 것이다.

이 세 가지는 자신을 살게 해준 공덕이 비슷하다. 그러므로 이들을 하나같이 모시고 그가 섬기고 있는 이를 죽을 때까지 섬겨야 한다. 삶의 근

---

16. 난공자(欒共子)는 춘추시대 진(晋)나라의 대부이다. 이름은 성(成)이며, 공자(共子)는 그의 시호이다. 또 공숙(共叔)이라고도 한다. 진 무공(武公)이 익후를 공격하고 애공(哀公)을 죽였을 때, 무공에게 반기를 들고 저항하다 죽었다.

원을 마련해 준 사람에 대해서는 목숨을 바쳐 보답하고, 나에게 보탬을 준 사람에 대해서는 힘으로써 보답하는 것이 인간의 도리이다."(『국어』 「진어」)

104. 가장 훌륭한 예

안자[17]가 다음과 같이 말했다.

"임금은 신하에게 명령을 내리고 신하는 임금에게 공손하며 아버지는 자식을 자애스럽게 대하고 자식은 아버지에게 효도를 다하며 형은 동생을 사랑하고 아우는 형을 공경하며, 남편은 아내에게 온화하게, 아내는 남편에게 부드럽게 대해야 한다. 시어머니는 며느리에게 자애롭고 며느리는 시어머니에게 순종하는 것이 예이다.

임금은 도리에 어긋나지 않게 명령을 내려야 하고, 신하는 공손하지만 두 마음을 품지 말아야 한다. 아버지는 자애롭지만 엄격하게 가르쳐야 하고, 아들은 효성스럽지만 아버지의 잘못을 말할 줄 알아야 한다. 형은 동생을 사랑하지만 벗처럼 권할 줄 알아야 하고 동생은 형을 공경하지만 화순해야 한다.

남편은 아내에게 온화하지만 의로워야 하고 아내는 남편에게 유순하지만 바른 도리로 섬겨야 한다. 시어머니는 며느리에게 자애로우면서도 이해

---

17. 안자(晏子)는 춘추시대 제(齊)나라의 대부이다. 이름은 영(嬰)이며 자는 평중(平仲)이다. 영공(靈公), 장공(莊公)을 섬기고 경공(景公)의 재상으로 이름을 떨쳤으며, 후인들이 그의 어록을 모아『안자춘추』(晏子春秋)를 지었다.

할 수 있어야 하고 며느리는 시어머니에게 순종하면서도 온화한 태도를 지녀야 한다. 이것을 '아름다운 예'라고 말할 수 있다." (『좌전』)

105. 죽은 뒤 누구에게 효도할 것인가

부모와 형제들을 즐겁게 하지 못하면서 외부 사람들과 사귀려해서는 안 되며, 가까이 있는 사람들과 친하게 지내지 못하면서 소원한 사람들과 멋대로 가까이하려 해서는 안 된다. 집안의 작은 일을 처리하지 못하면서 국가나 천하의 큰일에 대해서 함부로 언급하지 않는다.

사람이 태어나 백년을 산다 해도, 병에 걸릴 때도 있거니와 늙어서 활동하지 못할 때와 어려서 사물을 분별하지 못할 때가 있다. 그렇기 때문에 군자는 한 번 지나 버리면 돌이킬 수 없음을 생각해 제때에 서둘러 행한다.

부모가 죽고 난 뒤에 효도하고 싶더라도 누구에게 효도할 것이며 나이가 들어 늙은 뒤에 공경하고 싶더라도 누구를 공경하겠는가. 그렇기 때문에 '효도는 미치지 못할 수 있고 공경은 때를 놓칠 수 있다'라고 한 것은 바로 이것을 두고 한 말이다. (『대대례기』)

106. 차도가 있을 때 병은 심해진다

관리는 관직이 조금 올라가면 게을러지며, 병은 차도가 조금 있을 때에 더 심해지며, 재앙은 게으르고 나태해질 때에 생기며, 효도하는 마음은 처와 자식으로 인해 줄어든다.

이 네 가지 경우를 살펴서 늘 처음과 한결같도록 끝까지 신중해야 한다. 『시경』에도 "처음은 제대로 잘하지만 끝을 잘 맺는 경우는 드물다"는 말이 있다. (『설원』)

107. 세 가지 불길한 징조

순자[18]가 다음과 같이 말했다.

"사람에게는 세 가지 불길한 것이 있다. 어리면서 어른을 섬기지 않으며, 신분이 낮으면서 귀한 사람을 기꺼이 섬기지 않으며, 못난 놈이면서도 훌륭한 사람을 기꺼이 모시지 않는 것이다. 이것이 사람에게 불길한 세 가지다." (『순자』 「비상」)

108. 버려서는 안 될 것들

쓸데없는 말과 급하지 않은 일은 버려 두고 신경쓰지 말아야 한다. 그러

---

18. 순자(筍子)는 전국시대의 사상가(기원전 313?~기원전 238)의 한 사람이다. 초나라 출신으로 이름은 황(況)이며, 경(卿) 벼슬을 지낸 뒤 사람들은 그를 존중해서 순경(荀卿)으로 불렀다. 50세에 제나라에 유학해 직하학파의 좨주(祭酒)가 되기도 했으며, 많은 책들을 저술했다고 하지만 오늘날 『순자』 32편만이 전한다. 그의 학문은 공자를 종주로 삼으면서도 성악설을 주장해 성선설을 주장하는 맹자의 사상과 대비된다. 그의 문하에서 한비(韓非)나 이사(李斯)같은 유명한 사상가들이 많이 나왔다.

나 군신 사이에 있어야 할 의리, 부자 사이에 있어야 할 친함, 부부 사이에 있어야 할 분별은 날마다 갈고 닦아 버려 두어서는 안 된다. (『순자』「천론」)

제3편 수양의 길 [敬身]

이 편은 몸가짐에 대해 조심하라는 내용을 적고 있으며
모두 46장으로 구성돼 있다. 「마음가짐에 관해」〔明心術之要〕,
「몸가짐에 관해」〔明威儀之則〕, 「옷차림에 관해」〔明衣服之制〕,
「음식에 관해」〔明飮食之節〕 등 모두 네 부분으로 나뉘어져 있다.

공자가 "군자는 모든 것을 다 공경하지만
그 중에서도 몸가짐을 가장 경건하게 여긴다.
몸이란 것은 부모의 몸에서 나온 가지라 할 수 있는데,
감히 공경하지 않을 수 있겠는가.
그러니 자신의 몸을 공경하지 않는 것은 자신의 부모를 해치는 꼴이다.
이것은 자신의 뿌리를 해치는 것으로 뿌리를 해치게 되면
줄기는 따라서 죽을 것이다"라고 했다.
성인의 법을 우러러보고 현인의 법을 사모하여 이 편을 지어
어린 선비들을 가르친다.

하나. 마음가짐에 관해 [明心術之要]

1. 길함과 흉함

공경하는 마음이 태만한 마음을 이기는 자에게는 좋은 일이 생기고, 태만한 마음이 공경하는 마음을 이기는 자는 망할 것이다. 의로운 마음이 욕심을 이기는 자는 순조롭고 욕심이 의로운 마음을 이기는 자는 흉하게 될 것이다. (『대대례기』)

2. 자신의 생각을 고집하지 말라

공경하지 않는 것이 없으며 단정하고 엄숙하게 무엇을 생각하고 있는 듯하며, 말이 급박하지 않고 안정돼 있으면 백성을 편안하게 할 수 있을 것이다.

오만한 마음이 자라도록 내버려둬서는 안 되며 욕심대로 행동해서는 안 되며 뜻이 완전히 충족되도록 해서도 안 된다. 그리고 즐거움이 극도에 이르도록 해서도 안 된다.

현명한 자는 친밀하게 대하면서도 공경하고 두려워하면서도 사랑한다. 사랑하면서도 그 사랑하는 사람의 악한 측면을 알며, 미워하면서도 그 사람의 선한 측면을 안다. 또 재물을 축적하면서도 유용하게 베풀 줄 알며, 편안한 것을 편안하게 여기면서도 의리에 맞지 않을 때는 버릴 줄 안다.

재물에 대해서는 구차하게 얻으려 하지 말며, 곤란을 당해서는 구차하게 모면하려고 하지 말며, 싸움에서 이기려 들지 말며, 물건을 나눌 때에 많이 차지하기를 바라지 말아야 한다. 의심나는 일에 대해서는 자신이 바로잡아 결정하지 말며, 자신의 생각을 솔직하게 말할 뿐 옳다고 고집해서는 안 된다. (『예기』「곡례」)

3. 예가 아니면 보지 마라

예가 아니면 보지 말며, 예가 아니면 듣지도 말며, 예가 아니면 말하지 말며, 예가 아니면 행하지 말라. (『논어』「안연」)

4. 자신이 싫은 것은 남에게 시키지 마라

문을 나서서 다른 사람을 대할 때는 중요한 손님을 만나는 듯이 경건하고, 백성들에게 일을 시킬 때는 큰 제사를 지내듯이 신중해야 한다. 그리고 자신이 하고 싶지 않은 일은 남에게도 시키지 않는다. (『논어』「안연」)

5. 공손·경건·성실

머물 때는 공손한 태도를, 일을 처리할 때는 경건한 태도를, 남들과 교제할 때는 성실한 태도를 가져야 한다. 이러한 자세는 오랑캐의 나라에 가더라도 버려서는 안 된다. (『논어』「자로」)

6. 신실한 말과 경건한 행동

말이 충실하고 믿음직스러우며 행동이 진지하고 경건하면 미개한 나라에서도 자기가 뜻하는 것이 실현될 수 있을 것이다. 그러나 말이 충실하거나 믿음직스럽지도 않으며 행동이 진지하고 경건하지도 않다면 작은 마을에서도 뜻이 실현되지 않을 것이다. (『논어』「위령공」)

7. 아홉 가지 생각

군자는 생각해야 할 아홉 가지가 있다. 볼 때는 명확하게 보려고 생각하며, 들을 때는 또렷하게 들으려고 생각해야 한다. 따뜻한 얼굴빛을 마음에 두고 용모는 공손한 모습을 염두에 둔다. 말은 진실하기를 생각하며, 일은 경건하기를 생각하며, 의문에 대해서는 물을 것을 생각하며, 화가 날 때는 후환을 생각하며, 이익을 보면 의로운가를 생각한다. (『논어』「계씨」)

8. 군자에게 소중한 세 가지

군자가 소중하게 여겨야 할 세 가지 도리가 있다. 몸을 움직일 때는 포악하거나 오만한 태도를 멀리하며, 얼굴빛을 바로잡을 때는 성실한 모습에 가깝게 하며, 말을 할 때는 비루하거나 도리에 어긋난 내용을 멀리하는 것이다. (『논어』「태백」)

9. 몸을 수양하고 말을 실천하라

예는 절도를 뛰어넘지 않으며, 남을 공격하거나 업신여기지도 않으며 허물없이 가까이 지내는 것도 좋아하지 않는다. 그래서 몸을 수양하고 자신이 한 말을 실천하는 것을 '선한 행실'이라고 한다. (『예기』「곡례」)

10. 군자가 듣는 음악

군자는 간사한 소리와 현란한 색을 귀담아 듣거나 눈여겨보지 않으며 음란한 음악과 사악한 예의를 마음에 받아들이지 않으며 나태하고 도리에 어긋난 기운을 몸에 씌지 않도록 한다. 그래서 귀, 눈, 코와 마음과 몸이 모두 이치에 맞고 바른 것을 따르도록 해서 올바른 도리를 실천한다. (『예기』「악기」)

11. 군자는 배불리 먹지 않는다

군자는 배부르게 먹으려고 하지 않으며, 편안하게 거처하려고 하지 않는다. 그러면서도 일은 민첩하게, 말은 신중하게 하며 도를 체득한 사람에게 나아가 자신을 바로잡으려고 하면 '학문을 좋아한다'고 말할 수 있다.
(『논어』「학이」)

12. 세 종류의 백성

관경중[1]이 다음과 같이 말했다.

"하늘의 위엄을 질병처럼 두려워하는 자는 뛰어난 백성이며, 남의 회유에 예의와 시비를 따지지 않고 물이 흘러가듯 따르는 자는 못난 백성이다. 남에게 회유를 당할 때에 하늘의 위엄을 생각하는 자는 보통 백성이다."
(『국어』「진어」)

---

1. 관경중(管敬仲)은 춘추시대의 사상가이자 정치가(?~기원전 645)로 제나라 출신이다. 이름은 이오(伊吳)이며, 자는 중(仲), 시호는 경(敬)이다. 제환공을 도와 제나라가 천하의 패권을 잡는데 결정적인 도움을 주었기 때문에 중보(仲父)로도 불렸다. '관포지교'(管鮑之交)는 관중과 포숙아의 우정을 말한 유명한 이야기이며 저서로 『관자』(管子)가 전해지지만 위작이라는 주장이 강하다.

둘. 몸가짐에 관해 [明威儀之則]

13. 사람이 사람다운 이유

사람이 사람다운 까닭은 예(禮)와 의(義)가 있기 때문이다. 예와 의의 시작은 얼굴과 몸가짐을 바르게 하며, 낯빛을 부드럽게 하며, 말을 이치에 어긋남이 없이 공손하게 하는 데에 있다. 얼굴과 몸가짐이 바르게 되고 낯빛이 부드러워지며, 말이 공손해진 다음에 예와 의가 갖추어진다. 예와 의를 갖춤으로써 임금과 신하의 관계를 바르게 할 수 있고, 부모와 자식이 친밀해지도록 할 수 있으며 어른과 어린아이의 관계를 화순하게 할 수 있다. 임금과 신하의 관계가 바르게 되고, 부모와 자식이 친해지며, 어른과 어린아이의 관계가 화순해진 다음에 예와 의가 확립될 수 있다. (『예기』 「관의」)

14. 곁눈질로 보지 마라

귀를 기울여 비스듬한 자세로 듣지 말아야 하며, 고함쳐서 대답하지 말아야 하며, 곁눈질해서 흘겨보지 말아야 하며, 게으르고 나태한 몸가짐을 갖지 말아야 한다. 걸어다닐 때는 거만한 모습을 보이지 말아야 하며, 설

때에는 몸을 한쪽 발에만 의지해 비스듬히 서지 말아야 하며, 앉을 때는 두 다리를 쭉 뻗지 말아야 하며, 잘 때에는 엎드려 자지 말아야 한다. 머리털을 싸맬 때는 늘어뜨리지 말며, 갓은 벗지 말아야 하며, 피곤해도 상의를 벗어 어깨를 드러내지 말아야 하며, 더워도 하의를 걷어올리지 말아야 한다. (『예기』「곡례」)

15. 방안을 두리번거리지 마라

성에 올라가서는 손가락질을 하지 않으며, 성 위에서 고함치지 않는다.[2] 객사(客舍)에 머무르면서 주인에게 억지로 무엇을 요구하지 말아야 한다. 마루에 올라갈 때는 반드시 소리를 내야 하며, 문밖에 두 컬레의 신발이 있을 때는 말소리가 들리면 들어가고 말소리가 들리지 않으면 들어가지 않는다.

문에 들어가려고 할 때는 반드시 바닥을 쳐다봐야 하며, 문에 들어갈 때는 받들 듯이 문빗장을 잡으며, 방안을 두리번거려서는 안 된다. 문은 열려 있었으면 또한 열어두고 닫혀 있었으면 또한 닫아야 한다. 뒤에 들어오는 사람이 있으면 일부분만 닫고 완전히 닫지 말아야 한다.

남의 신발을 밟아서는 안 되고, 남의 자리를 밟아서도 안 되며, 옷을 치켜들고 빠른 걸음으로 구석 자리에 가서 앉아야 한다. 자리에 앉고 나서는

---

2. 고대에 성은 외적의 침입을 방지하는 보루였다. 그런데 아무나 성곽 위에 올라가 손가락질을 하면 사람들이 이상하게 생각할 것이고, 갑자기 소리치면 놀랄 것이기 때문에 이런 행동을 하지 못하도록 했다.

반드시 신중하게 대답해야 한다. (『예기』「곡례」)

16. 군자의 풍모와 행동거지

군자의 용모는 느긋하고 아취가 있으며 존경할 사람을 보면 공경하고 조심스러워진다. 발걸음은 신중하고 손은 공손하며, 눈은 단정하고, 입은 다물고 있고 말소리는 조용조용하고 머리는 곧으며 기운은 엄숙하고 서 있는 모습은 덕스러우며 낯빛은 장중하다. (『예기』「옥조」)

17. 군자의 자세

앉아 있을 때에는 신위에 앉아 있는 시동처럼 단정하며 서 있을 때는 제사 때에 재계하는 것처럼 경건해야 한다. (『예기』「곡례」)

18. 오래된 잘못을 말하지 마라

남의 은밀한 곳을 엿보지 말고 사람들을 함부로 대하지 말아야 한다. 남의 오래된 잘못을 말하지 말고 희롱하거나 업신여기는 듯한 표정을 지어서는 안 된다. 또 갑자기 오거나 갑자기 떠나서도 안 된다. 신(神)을 모독해서는 안 되며 과거의 잘못을 그대로 따라서는 안 되며 미래의 일을 추측해서는 안 된다. 의복이나 이미 만들어진 물건들에 대해서 험담해서는 안 되며 확실치 않은 의심스러운 말을 자신이 나서서 바로잡지 말아야 한다.
(『예기』「소의」)

19. 공자의 시선

공자는 수레 안에서 내부를 여기저기 돌아보지 않았다. 말을 빠르게 하지 않았고 직접 손가락으로 가리키지도 않았다. (『논어』「향당」)

20. 군자의 시선

시선이 상대방의 얼굴 위로 올라가면 교만하고 허리띠 아래로 내려가면 근심이 있고 머리를 기울여 곁눈질하면 간사하다. (『예기』「곡례」)

21. 군자의 말과 모습

공자가 마을에 있을 때는 공손하게 말을 했기 때문에 마치 말을 잘하지 못하는 사람 같았다. 종묘나 조정에 있을 때는 명쾌하게 말을 했지만 신중했다. 조정에서 하대부와 말할 때는 강직한 모습이었으며 상대부와 말할 때는 온화하고 즐거운 모습이었다. (『논어』「향당」)

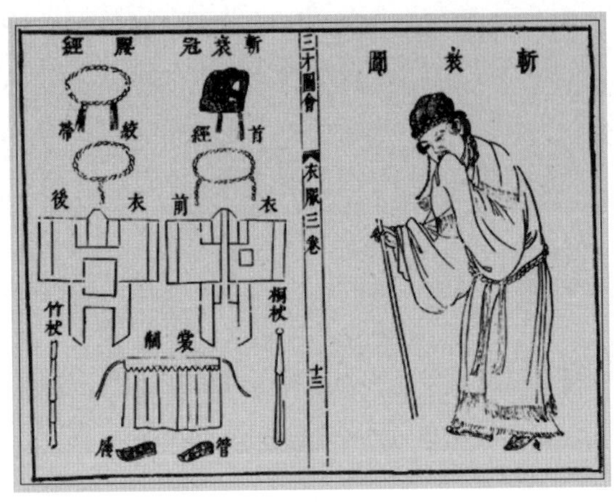

참최복

22. 공자의 말

공자는 음식을 입에 담고서 말하지 않았으며 잠잘 때에도 말하지 않았다. (『논어』「향당」)

23. 무슨 말을 할 것인가

임금과는 신하를 부리는 일에 대해 말하며 경대부와는 임금을 섬기는 것에 대해 말한다. 노인과는 아이들을 부리는 것에 대해 말하며, 아이들과는 부모와 형에 대한 효와 공경에 대해 말한다. 일반백성들과는 성실과 신의, 자애와 착함에 대해 말하며, 관직에 있는 사람들과는 성실과 신의에 대해 말한다. (『의례』「사상견례」)

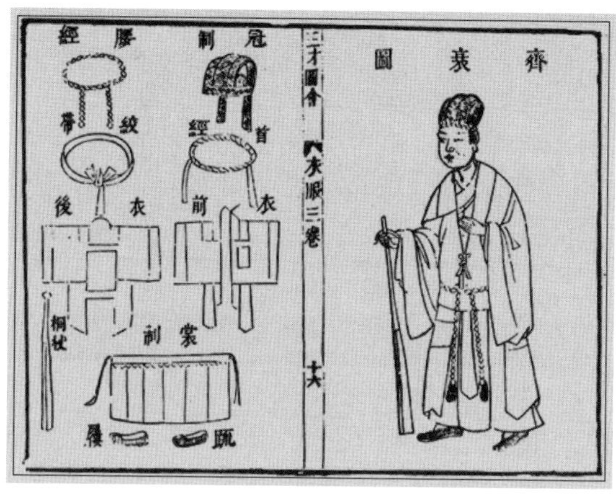

자최복

24. 바른 자리에 앉아라

『논어』에 "공자는 자리가 바르지 않으면 앉지 않았다"는 말이 있다.
(『의례』「사상견례」)

25. 상중(喪中)인 사람을 만날 때

공자는 자최복[3] 입은 사람을 보면 평소에 절친한 사람이라도 반드시 얼

―――――――――

3. 자최복은 오복(伍服)중의 하나로, 오복은 참최(斬衰), 자최(齊衰), 시마(緦麻),
    대공(大功), 소공(小功)을 말한다. 참최는 상복의 아랫단을 자른 채 접지도 꿰
    매지도 않고 그대로 두는 것으로 아버지나, 아버지가 안 계실 때 할아버지 상
    에 입는 상복으로 삼년상을 지낸다. 자최는 상복의 아랫단을 꿰맨 것으로 어
    머니나, 어머니가 안 계실 때의 할머니 상에 입는 상복이다. 아버지가 죽은 뒤

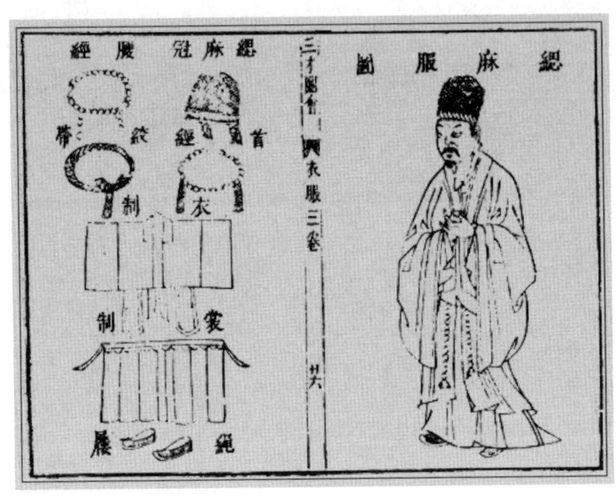

시마복

굴빛을 바꾸었으며 면류관을 쓴 관리나 눈먼 소경을 보면 사사로운 자리일지라도 예의바른 표정을 지었다. 수레를 타고 가다가 상복을 입은 사람을 만나면 수레의 가로대를 잡고 머리를 숙여 예를 표시했으며 지도나 호적을 지고가는 사람에게도 수레의 가로대를 잡고 예를 표시했다. (『논어』 「향당」)

26. 하늘의 노여움을 두려워하라

만약 세찬 바람과 사나운 우레와 폭우가 있으면 반드시 얼굴빛을 바꾸고 비록 밤이라도 반드시 일어나 의관을 정제하고 앉아 있는다.[4] (『예기』

면 삼년상을 지내지만, 아버지가 살아 있으면 일년상을 지낸다.

4. 과학이 발달하지 않았던 시대에는 폭풍우가 내리거나 천둥번개가 치는 원인

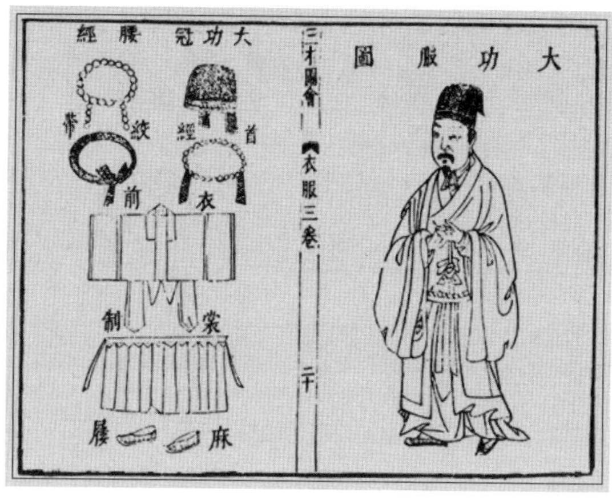

대공복

「옥조」)

27. 잠잘 때

공자는 잠잘 때에 죽은 사람처럼 누워 있지 않았으며 집안에 머물 때는
모양을 내지 않았다. (『논어』「향당」)

을 하늘의 분노에 돌렸다. 하늘이 분노하면 곧 재앙이 닥친다고 보았으므로
얼굴빛을 바꾸고 의관을 정제해 하늘의 뜻을 두려워하고 공경한다는 모습을
보였다.

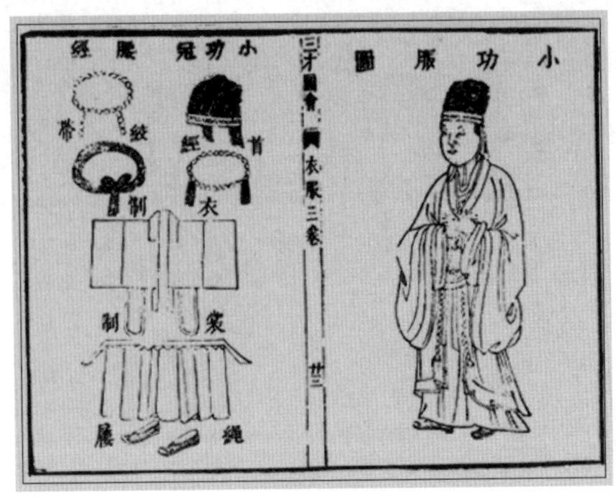

소공복

28. 집안에 있을 때

공자가 집에 한가하게 있을 때는 몸은 여유가 있는 듯했으며, 얼굴빛은 즐거운 듯했다. (『논어』「술이」)

29. 물건을 줄 때

남과 함께 나란히 앉았을 때는 팔을 옆으로 뻗지 않으며, 서 있는 사람에게 물건을 줄 때에는 무릎을 꿇어서 주지 않고 앉아 있는 사람에게 물건을 줄 때에는 서서 주지 않는다. (『예기』「곡례」)

30. 마을에 들어설 때

나라의 도성에 들어가서는 과속을 하지 않으며 마을에 들어가서는 반드시 인사〔揖〕를 하면서 예의를 갖춘다.[5] (『예기』「곡례」)

31. 빈방에 들어갈 때

빈 그릇을 잡을 때는 속이 가득 차 있는 그릇을 잡듯이 하며, 빈 방에 들어갈 때는 방안에 사람이 있는 듯이 들어간다. (『예기』「소의」)

32. 패옥(佩玉)에 대해

옛날 군자는 반드시 옥을 찼는데, 오른쪽에는 높고 경쾌한 소리〔徵,角〕가 나는 옥을 차고, 왼쪽에는 낮고 무거운 소리〔宮,羽〕[6]가 나는 옥을 찼다. 빠른 걸음으로 달려들어갈 때는 채자(采齊)의 음악에 맞추고, 마루

---

5. 25호가 모인 행정구역을 리(里)라고 하며, 이 리의 입구에 있는 문으로 들어가면 반드시 인사를 한다는 말이다. 문이 보이면 수레나 말에서 내려 걸어서 문까지 들어가 예를 갖추는데, 이것은 마을에 살고 있는 어른들에 대한 예의를 갖추기 위해서이다. 도성에서는 거리가 번잡하므로 말을 치달리게 하지 않는다는 것이다.

6. 고대의 오음계인 궁(宮), 상(商), 각(角), 치(徵), 우(羽)를 말한다. 궁은 땅의 소리이며, 상은 쇠소리, 각은 나무소리, 치는 불이 타는 소리, 우는 물소리를 말한다.

에 올라갈 때는 사하(肆夏)[7]의 음악에 맞추었다. 빙 돌 때에는 컴파스〔規〕에 맞춘 것처럼 원을 그리고 왼쪽이나 오른쪽으로 꺾어서 돌 때에는 곱자〔矩〕[8]에 맞춘 것처럼 반듯하게 했다. 앞으로 나갈 때는 인사하듯이 몸을 조금 숙이고, 뒤로 물러날 때는 몸을 들었다. 이처럼 돌고 꺾고 나가고 물러나는 것이 절도에 맞아야 옥소리가 아름답고 맑게 울린다. 그러므로 군자가 수레를 타고 있으면 수레에 단 방울소리가 들리며, 걸어가면 허리에 찬 옥소리가 울린다. 이 때문에 그릇되고 치우친 마음이 생기지 않는 것이다. (『예기』「옥조」)

33. 활쏘기와 덕

활쏘는 사람은 앞으로 나가거나 뒤로 물러가며 둥글게 도는 동작이 반드시 활쏘기의 예법에 맞아야 한다. 속으로는 생각하는 뜻이 바르고 겉으로는 몸이 곧게 선 다음에야 활과 화살을 정확하고 단단하게 잡을 수 있다. 활과 화살을 정확하고 단단하게 잡은 다음에야 과녁을 맞출 수 있다. 이것으로 그 사람의 덕행을 볼 수 있다. (『예기』「사의」)

---

7. 채자는 『시경』「소아」(小雅)의 초자(楚茨)편을 말한 것이며, 사하는 『시경』「주송」(周頌)의 시우(時邁)라고 한다. 그러나 현존하는 『시경』에는 보이지 않으므로 없어진 시라고 볼 수 있다.

8. 규(規)는 원을 그리는 도구를 말하며, 구(矩)는 네모난 것을 그리는 도구로 모두 예의와 법도에 맞는 행동을 말한다.

셋. 옷차림에 관해 [明衣服之制]

34. 고대의 성인식

처음 치포관(緇布冠)을 씌울 때에는 다음과 같이 축사를 한다. '좋은 달, 좋은 날을 잡아 처음으로 너에게 원복(元服)을 씌워 주니 너는 이제 이전까지의 어린 마음을 버리고 네 덕을 잘 이루어라. 그러면 장수를 누릴 것이며 큰 복을 받을 것이다.'

두 번째 피변(皮弁)을 씌울 때는 다음과 같이 축사를 한다. '좋은 달, 좋은 때를 잡아 너에게 관복을 거듭 입혀 주니 너의 위의(威儀)를 경건하게 해서 너의 덕을 닦아라. 그러면 눈썹이 길게 늘어지도록 장수할 것이며 영원한 복을 받을 것이다.

세 번째 작변(爵弁)을 씌워 줄 때는 다음과 같은 축사를 한다. '좋은 해, 좋은 달을 맞아 네게 관복을 모두 씌워 주니, 너의 형제가 모두 있을 때에 서로 도와 덕을 이루어라. 그러면 흰머리가 다시 누런 빛이 되도록 장수를 누릴 것이며 하늘의 큰 복을 받을 것이다. (『의례』「사관례」[9])

---

9. 남자는 성인이 되는 20세에 갓을 쓰는데, 갓을 쓰려면 먼저 관례(冠禮)를 치러야 한다. 관례를 치르려면 먼저 날짜를 정하고 갓을 씌워 주는 주례자를 선정한 다음 관복(冠服)을 세 번 씌워 주는 절차를 밟는다. 처음에는 치포관(緇布

35. 군자의 옷 색깔

자식은 부모가 생존해 있으면 의관(衣冠)에 흰색 선을 두르지 않으며, 부모를 여읜 자식으로 아버지의 자리를 대신한 사람은 의관에 빛깔 있는 색으로 선을 두르지 않는다. (『예기』「곡례」)

36. 군자의 옷차림

군자는 감색과 보랏빛으로 옷깃을 두르지 않았으며 붉은빛과 자줏빛으로 평상복을 만들지 않았다. 더운 여름에는 가는 갈포로 만든 홑옷을 반드시 겉에다 입고 외출했다. (『논어』「향당」)

37. 공자의 상복과 패옥

공자는 상복을 벗은 뒤에는 차지 않는 패옥이 없었다. (『논어』「향당」)

冠)을 씌워 주며, 두 번째는 피변(皮弁)을 씌워 주며, 마지막으로 작변(爵弁)을 씌워 준다.

38. 의식과 옷 색깔

공자는 검은 염소 가죽옷이나 검은 관 차림으로는 조문하지 않았다.[10] (『논어』「향당」)

39. 어린아이의 옷

어린아이는 갖옷이나 비단옷을 입지 않으며 신코에 끈을 달아 꾸미지 않는다. (『예기』「옥조」)

40. 마음과 옷차림

도에 뜻을 두고 있으면서 누추한 옷과 거친 음식을 부끄러워하는 선비와는 함께 도에 대해서 말할 수 없다. (『논어』「이인」)

---

10. 검은 옷은 길복(吉服)이고, 흰 옷은 흉복(凶服)이다. 따라서 흉사(凶事)에는 반드시 그에 맞는 옷을 입고 조문을 해야 죽음에 대한 애도의 정을 표현할 수 있다. 앞에서 부모님이 살아 있을 때에 의관에 흰색으로 선을 두르지 않는 것도 같은 맥락으로 이해할 수 있다.

넷. 음식에 관해 [明飮食之節]

41. 배부르게 먹지 마라

다른 사람과 함께 음식을 먹을 때는 배부르게 먹지 말아야 하며, 남과 함께 밥을 먹을 때에는 젓가락 따위를 사용함으로써 손을 적시지 않도록 한다. 밥을 뭉치지 말아야 하고 밥을 많이 뜨지 말아야 하며, 물을 마시듯이 함부로 들이마시지 말아야 한다. 음식을 먹으면서 내뱉지 말아야 하고 뼈를 깨물어 씹지 말아야 하며 먹던 생선이나 고기를 다시 그릇에 내놓아서는 안 된다. 개에게 뼈다귀를 던져 주지 말아야 하며, 먹고 싶은 것을 굳이 먹으려 들지 말아야 하며, 밥을 식히기 위해 휘젓지 말아야 하며, 기장밥을 먹을 때 젓가락을 사용하지 말아야 한다. 국은 국물만 들이마셔서는 안 되며, 국에 따로 간을 맞추어서는 안 되며, 이를 쑤셔서는 안 되며, 젓국을 마시지 말아야 한다.

손님이 국에 간을 맞추면 주인은 잘 끓이지 못해 미안하다고 사과하며, 손님이 젓국을 마시면 주인은 가난해서 음식맛이 좋지 않다고 사과한다. 부드러운 고기는 이로 물어뜯어 끊고 마른 고기는 이로 끊지 않으며, 구운 고기를 한 입에 넣어서는 안 된다. (『예기』「곡례」)

42. 군자를 모시고 식사할 때

군자를 모시고 식사를 할 땐 군자보다 먼저 밥을 먹고 나중에 끝낸다[11].
밥을 많이 뜨지 말아야 하며, 물 마시듯 들이마셔도 안 된다. 밥을 조금씩
떠서 빨리 먹는다. 밥을 먹을 때는 여러 번 씹지만 입을 크게 움직여서는
안 된다. (『예기』「소의」)

43. 공자의 음식관

공자는 깨끗한 흰쌀밥을 싫어하지 않았으며, 회는 가늘게 썬 것을 싫어
하지 않았다. 쉬어서 맛이 변한 밥과 문드러진 생선이나 썩은 고기는 먹지
않았다. 빛깔이 나쁜 것을 먹지 않았으며, 냄새가 나는 것을 먹지 않았으
며, 제대로 요리가 되지 않은 것을 먹지 않았으며, 제철에 나는 것이 아니
면 먹지 않았다. 또 반듯하게 썰지 않으면 먹지 않았으며 음식에 간이 맞
지 않으면 먹지 않았다.

고기가 많더라도 밥 기운을 이길 정도로 많이 먹지 않았으며, 술은 일정
한 양이 없었지만 취할 때까지는 마시지 않았다. 시장에서 사온 술이나 육포
를 먹지 않았으며, 늘 생강을 먹었으나 많이 먹지는 않았다. (『논어』「향당」)

---

11. 군자보다 먼저 밥을 먹는 것은 밥에 독의 유무를 확인하기 위한 것이고 나중
　　에 끝내는 것은 군자에게 많이 먹기를 권하는 뜻이 들어 있다.

44. 군자는 부엌을 멀리한다

군자는 제사나 손님 접대와 같은 일이 없으면 소를 잡지 않으며 대부는 특별한 일이 없으면 양을 잡지 않으며 선비는 별다른 일 없이는 개나 돼지를 잡지 않는다.

군자는 푸줏간이나 부엌을 멀리해 살아 있는 동물을 직접 죽이지 않는다. (『예기』「옥조」)

45. 주란(酒亂)을 위한 대비

돼지를 기르고 술을 빚는 것은 재앙을 일으키기 위한 것이 아니지만 범죄와 소송의 증가는 바로 술로 인한 폐단이 재앙을 만들어 낸 것이라 할 수 있다.

이 때문에 선왕은 술 마시는 예절[酒禮]를 만들어 술 한잔 주고받는 예법에 손님과 주인이 백 번 절하도록 함으로써 종일 술을 마셔도 취하지 않도록 했다.

이것은 선왕이 술로 인해 일어나는 재앙을 대비하기 위한 조치였다. (『예기』「악기」)

46. 음식을 밝히는 사람

음식 밝히는 사람을 사람들이 비천하게 여기는 까닭은 작은 사소한 욕망을 채우기 위해 큰 마음을 잃어버리기 때문이다. (『맹자』「고자상」)

제4편 고대의 도 [稽古]

이 편은 고대 중국의 우(虞), 하(夏), 상(商), 주(周)의 성현들이
행한 행적을 통해 앞 편에서 말한 「교육의 길」〔立教〕, 「인간의 길」〔明倫〕,
「수양의 길」〔敬身〕의 내용들을 증명하고 있다. 모두 47장이다.

맹자는 본성이 선하다고 말하면서 말마다
반드시 요임금과 순임금을 언급했다.
그는 "순임금은 천하에 법이 되어 후세에 전해질 수 있었는데
나는 아직도 평범한 사람에서 벗어나지 못했다.
이것은 걱정할 만한 일이다. 걱정한다면 어떻게 해야 하는가?
순임금과 같아지기를 노력할 뿐이다"라고 했다.
옛 사람의 지나간 행적을 모으고 앞서 말한 것을 실증해서
이 편을 만든 것은 독자들이 감동을 받아 분발하도록 하기 위해서이다.

하나. '교육의 길'을 밝힌다 [立敎]

1. 주문왕을 낳은 태임

태임(太任)은 문왕(文王)의 어머니이다. 지(摯)나라 임씨(任氏)의 둘째 딸이었는데, 왕계(王季)[1]가 맞이해 왕비(王妃)로 삼았다. 태임의 성품은 단정하고 한결같았으며 성실하고 엄숙해 오직 덕 있는 행동만을 했다. 그녀는 문왕을 임신하고서 나쁜 색깔은 보지 않고 음란한 소리는 듣지 않고 오만한 말은 꺼내지 않았다. 그렇게 해서 문왕을 낳았는데, 문왕은 총명하고 사물의 이치를 쉽게 이해했다, 그래서 태임이 하나를 가르치면 백 가지를 깨우쳐 마침내 주나라의 시조가 되었다. 그래서 군자들은 '태임이 태교를 잘했다'고 말했다. (『열녀전』)

---

1. 주나라의 태왕(太王)인 고공단보(古公亶父)의 막내 아들로 이름은 계력(季歷)이며 문왕의 아버지이다. 후에 무왕(武王) 때 은나라를 정벌하고 고공단보는 태왕으로 계력은 왕계로 추존됐다.

2. 자식을 위해 세 번 이사한 어머니

맹자[2]의 어머니는 무덤 근처에 살았다. 맹자가 어릴 적에 무덤에서 하는 일, 즉 슬픔에 겨워 뛰면서 애통해 하거나 매장하는 일 등을 하며 놀자 맹자의 어머니는 '여기는 자식과 살만한 곳이 아니다'라고 말하고는 곧 그곳을 떠나 시장에 가서 살았다. 그러자 거기서 맹자는 장사를 하거나 물건을 팔면서 놀았다. 맹자의 어머니는 '여기도 자식을 키울 곳은 아니다'라고 말하고는 바로 이사를 해서 학교 근처에서 살았다. 그러자 맹자는 제기를 벌려 놓고 인사를 하고 사양하며 나아가고 물러가는 모습을 흉내내며 놀았다. 이를 보고 맹자의 어머니는 '여기야말로 참으로 자식을 키울 곳이다'라고 말하고는 마침내 그곳에 머물러 살았다.

맹자가 어릴 적에 어머니에게 물었다.

"동쪽 집에서 돼지를 잡아 무엇을 하려고 합니까?"

"너에게 주려고 그런단다"고 농담으로 대답하고는 곧바로 후회했다.

'옛날에 태교라는 것이 있어 뱃속에 있는 아이에게도 바른 것을 가르쳤다고 들었다. 지금 막 알기 시작하는 아이를 속이는 것은 불신을 가르치는 것이다'라고 생각하고는 곧바로 돼지고기를 사서 맹자에게 먹였다. 맹자는 장성하자, 학문을 닦아 마침내 큰 선비가 되었다. (『열녀전』)

---

2. 맹자(孟子)는 전국시대의 사상가(기원전 372~기원전 289)이다. 추(鄒)나라 출신으로 이름은 가(軻)이고, 자는 자거(子車), 자여(子輿)이다. 공자의 손자인 자사(子思)에게서 학문을 익혔으며, 전국을 떠돌면서 자신의 입장을 피력했지만 등용되진 못했다. 그는 공자의 '인의'의 정치사상을 계승해서 발전시켰으며, 성선설을 주장해 송대 유학자들의 사상적 기초가 되었다. 그의 사상을 엿볼 수 있는 것은 후학들이 그의 언행을 기록해 만든 『맹자』 1권이 있다.

3. 시(詩)와 예(禮)

공자가 일찍이 혼자 서 있을 때에 아들 리[3]가 종종걸음으로 뜰을 지나가자 공자가 물었다.

"시를 배웠느냐?"

"아직 배우지 못했습니다."

"시를 배우지 않으면 남과 이야기를 할 수 없다."

이에 리는 물러나와서 시를 배웠다.

어느 날, 또 공자가 혼자 서 있을 때 리가 종종걸음으로 뜰을 지나가자 공자가 물었다.

"예를 배웠느냐?"

"아직 배우지 못했습니다."

"예를 배우지 않으면 몸을 바로 세울 수 없다."

이에 리는 물러나와서 예를 배웠다. (『논어』「계씨」)

4. 시를 배우는 이유

공자가 아들 백어에게 말했다.

"너는 『시경』의 「주남」(周南)과 「소남」(召南)[4]을 배웠느냐? 사람이 「주

---

3. 리(鯉)는 공자의 아들로, 이름은 백어(伯魚)이며 리(鯉)는 그의 자이다.
4. 「주남」(周南)과 「소남」(召南)은 『시경』의 제일 첫 부분에 나오는 내용으로 '이남'(二南)이라고도 한다. 모두 25편의 내용으로 되어 있는데 대부분 부부간의

남」, 「소남」도 배우지 않으면 그것은 마치 담장을 마주보고 서 있는 것과

같다."(『논어』「양화」)

둘. '인간의 길'을 밝힌다 [明倫]

5. 가족을 감화시킨 순임금

순임금의 아버지는 아둔했으며 계모는 간사하고 이복 동생인 상(象)은 오만했다. 순은 효행으로 가족을 화목하게 만들고 점차로 선으로 다스려 간악함에 이르지 않도록 했다. (『서경』「요전」)

6. 하늘을 보고 소리쳐 운 까닭

만장이 맹자에게 물었다.

"순임금께서 밭에 나가 하늘을 보고 소리쳐 울었다고 하는데, 무엇 때문에 그렇게 소리쳐 울었습니까?"

그러자 맹자가 대답했다.

"자신을 원망하고 부모를 사모했기 때문이다. '나는 있는 힘을 다해 농사를 지어 자식으로서의 도리를 다했다. 그런데 부모가 나를 사랑하지 않는 까닭은 내게 무슨 잘못이 있기 때문인가?'라고 한 것이다.

요임금이 자신의 아홉 아들과 두 딸에게 관원들과 소와 양, 창고를 갖추고서 순을 밭두둑 가운데에서 섬기도록 하자 천하의 많은 선비들이 그를 찾아갔다. 그래서 요임금은 천하의 인심을 살펴보고 그에게 황제 자리를 물려주려고 했다. 그러나 순은 부모에게 사랑을 받지 못했기 때문에 마치 곤경에 빠진 사람이 돌아갈 곳이 없는 것과 같았다.

온 천하의 선비들이 자신을 좋아하는 것은 사람이면 누구나 원하지만 이것만으로 순의 근심을 풀기에 부족했다. 아름다운 여인은 사람이면 누구나 원하지만 순은 요임금의 두 딸을 아내로 맞이하고도 근심을 풀지 못했다. 부유해지는 것은 사람이면 누구나 원하지만 순은 천하를 차지하고도 근심을 풀지 못했다. 존귀해지는 것은 사람이면 누구나 바라지만 순은 천자가 되고 나서도 근심을 풀지 못했다. 남들이 자신을 좋아하는 것도, 아름다운 여인도, 부유함과 존귀함도 그의 근심을 풀 수 없었고 오직 부모에게 사랑받는 것만이 그의 근심을 풀 수 있었다.

사람이 어릴 때에는 부모를 사모하다가 여자가 좋은 줄 알게 되면 젊고 아름다운 여자만을 사모하게 되고 처자가 있으면 처자를 사모하게 되고 벼슬을 하면 임금을 사모하게 되고 임금에게 신임을 받지 못하면 속이 달아오른다. 그러나 큰 효도는 자신이 죽을 때까지 부모를 사모하는 것이다. 나이 오십에도 끊임없이 부모를 사모하는 것을 나는 위대한 순임금에게서 보았다.” (『맹자』「만장상」)

7. 효자는 시간을 아긴다

양자[5]가 다음과 같이 말했다.

---

5. 양자(揚子)는 서한의 학자(기원전53~18)이다. 이름은 웅(雄)이며, 자는 자운

"부모를 섬기면서 스스로 부족함을 아는 사람은 순임금일 것이다. 오래도록 할 수 없다는 것은 부모 섬기는 일을 말한다. 그래서 효자는 섬길 시간이 얼마 없음을 안타까워한다." (『법언』「지효」)

8. 하루 세 번 문안 간 문왕

문왕[6]은 세자로 있을 때에 아버지 왕계(王季)를 하루에 세 번이나 찾아뵈었다. 첫닭이 울면 옷을 입고 침실문 앞에 가서 뜰에 있는 내시에게 물었다.

"오늘의 안부는 어떠하신가?"

"편안하십니다" 하고 내시가 대답하면 문왕은 기뻐했다. 또 한낮이 되면 그곳에 가서 역시 그렇게 했으며, 저녁에도 가서 그렇게 했다.

만일 몸이 불편해 평소대로 생활을 하지 못한다고 내시가 말해 주면, 문왕은 근심하는 낯빛으로 다닐 적에 발걸음도 제대로 딛지 못했다. 왕계가 평소처럼 음식을 먹은 다음에야 문왕도 또한 이전으로 돌아왔다.

밥상을 올릴 때에는 반드시 음식의 차고 더움이 적절한지를 살펴보았

(子雲)이다. 어려서부터 학문에 조예가 깊고 사부(辭賦)에 뛰어났으며 많은 책들을 섭렵했다. 저서에 『논어』와 『주역』을 모방해서 지은 『태현경』(太玄經)이 있으며, 『양자법언』(揚子法言), 『방언』(方言) 등이 있다.

6. 문왕(文王)은 주나라의 건국자이다. 성은 희(姬)이며, 이름은 창(昌)이다. 은나라 말기에 기산(岐山)에 있었는데, 주위의 제후로부터 지지를 받았다. 은나라 왕에게 일시 유리에 유폐되기도 했지만, 풀려난 다음에 서쪽에서 세력을 확대해 '서백'(西伯)이란 칭호를 얻어 주나라 건설의 토대를 닦았다.

으며, 밥상을 물릴 때는 먹은 음식에 대해 물어보았다. 그리고는 요리사에게 명했다.

"한 번 먹은 것은 다시 올리지 말라."

"예, 그렇게 하겠습니다"라는 요리사의 대답을 듣고 나서야 물러났다. (『예기』「문왕세자」)

9. 아버지의 아픔을 함께 한 무왕

문왕이 병이 있으면 아들 무왕[7]은 관과 띠를 벗지도 않고 곁에서 봉양했다. 문왕이 밥을 한 끼만 먹으면 무왕도 한 끼만 먹었으며, 문왕이 두 끼를 먹으면 무왕도 두 끼를 먹었다. (『예기』「문왕세자」)

10. 지극한 효도

무왕과 주공[8]은 모든 세상 사람들에게 효자로 칭찬 받는다. 효라고 하는 것은 선왕의 뜻을 잘 계승해서 이루고, 선왕이 이룬 일을 잘 따라서 행하는 것이다.

———

7. 무왕(武王)은 주나라의 건국자이다. 문왕의 아들로, 성은 희(姬)이며 이름은 발(發)이다. 은나라의 폭군인 주왕(紂王)를 멸망시키고 주나라를 건국했다.

8. 주공(周公)은 주나라의 건국 공신이다. 문왕의 셋째 아들이며, 무왕의 동생으로 이름은 단(旦)이다. 무왕을 도와 은나라를 정복했으며, 무왕 사후에는 성왕의 섭정을 맡았다. 주나라의 제도를 정비하는 데 큰 역할을 했다.

선왕의 자리를 계승해 선왕의 예를 행하고 선왕의 음악을 연주하며, 선왕이 존경하던 이를 존경하고 선왕이 가깝게 대하던 이를 가깝게 대하며, 죽은 사람을 살아 있는 사람처럼 모시고 없는 사람을 있는 사람처럼 섬기는 것을 지극한 효도라고 한다. (『중용』)

11. 아들의 도리를 다한 주공

주공이 문왕을 섬길 때는 독단적으로 행동을 결정하지 않았으며 모든 일을 자신의 생각대로 처리하지 않았다. 몸가짐을 조심스럽게 했기 때문에 몸이 옷을 이기지 못하는 듯했으며, 말을 할 때도 조심했기 때문에 말이 입에서 나오지 않는 듯했다. 문왕에게 물건을 받들어 올릴 때는 긴장하고 조심해 그것들을 감당하지 못하는 듯, 잃어버릴까 두려워하는 듯이 했다. 그는 아들의 도리를 훌륭하게 했다고 말할 수 있다. (『회남자』「범론」)

12. 뜻을 섬김과 몸을 섬김

증자[9]는 아버지인 증석을 봉양할 때 반드시 술과 고기를 마련했다. 밥

---

9. 증자(曾子)는 춘추시대의 사상가(기원전 505~기원전 435)이다. 노나라 남무(南武) 출신으로, 이름은 삼(參)이며, 자는 자여(子輿)이다. 공자의 제자로 효행으로 널리 알려졌으며, 『대대례기』(大戴禮記)에 『증자』 10편이 있다. 아버지인 증석(曾晳)도 공자의 제자이며 이름은 점(點)이다.

상을 물리려 할 때에는 반드시 남은 음식을 누구에게 줄 것인가를 물어보았으며 증석이 남은 것이 있느냐고 물으면 반드시 '있다'고 대답했다. 증석이 죽자 아들 증원이 아버지인 증자를 봉양했는데, 마찬가지로 반드시 술과 고기를 마련했다. 그러나 밥상을 물리려 할 때에는 남은 음식을 누구에게 줄 것인가를 물어보지 않았으며, 증자가 남은 것이 있느냐고 물으면 '없다'고 대답했다. 이것은 남은 음식을 다시 상에 올리려고 했기 때문이다. 증원의 이런 자세는 이른바 입과 몸만을 봉양하는 것이다. 만약 증자 같이 한다면 부모의 뜻을 봉양한다고 할 수 있다. 부모를 섬길 때에는 증자처럼 하는 것이 옳다. (『맹자』「이루상」)

13. 민자건의 효도

효성스럽구나. 민자건[10]이여! 남들이 그의 부모와 형제들이 하는 말에 흠을 잡지 않는구나! (『논어』「선진」)

---

10. 민자건(閔子騫)은 공자의 제자로 이름은 손(損)이며 자건(子騫)은 그의 자다. 공자의 문하에서 덕있는 행동으로 이름을 떨쳤다. 이 내용을 이해하기 위해서는 그에 대한 설화를 먼저 알아야 한다. "민자건은 어려서 어머니를 잃고 계모의 손에서 자랐다. 계모는 자신의 아들만 사랑하고 전처의 아들인 민자건을 심하게 구박했다. 어느 추운 날, 민자건이 수레를 몰고 가다가 고삐를 놓치는 것을 보고 그제서야 아버지는 자건의 손이 동상에 걸려 있고 겨울인데도 얇은 옷만 입고 있는 것을 알았다. 그러나 후처의 자식들은 편하게 따뜻한 옷을 입고 있는 것을 보고 후처를 내쫓으려고 했다. 그러나 민자건은 '어머니가 계시면 저만 추우면 되지만, 어머니가 안 계시면 모두가 추워야 합니다'라고 말하면서 어머니를 내쫓지 말도록 했다."

14. 어린애처럼 재롱을 부린 노래자

노래자[11]는 부모를 지극한 효성으로 봉양했다. 그는 나이 칠십에 어린
애처럼 재롱을 부리며 오색 무늬의 알록달록한 옷을 입어 부모의 마음을
즐겁게 했다. 한번은 물을 떠가지고 마루에 오르다가 일부러 땅에 넘어져
어린아이처럼 소리쳐 울었으며 부모 곁에서 병아리를 가지고 놀기도 했
다. 이것은 모두 부모를 기쁘게 하려는 것이었다. (『고사전』)

15. 지름길로 다니지 않는 까닭

악정자춘[12]이 마루에서 내려오다가 발을 다쳐 몇 달 동안이나 문밖을
나가지 않고 근심하는 기색이 있었다. 문하의 제자가 "선생님의 발은 이
미 다 나으셨는데도 몇 달 동안 나가지 않고 오히려 근심하는 기색이 있는
것은 무슨 까닭입니까?"라고 묻자 악정자춘이 다음과 같이 대답했다.

"참으로 훌륭한 질문이다. 나는 이 이야기를 증자에게 들었고 증자는
공자에게 들었다고 하셨다.

'하늘과 땅이 낳고 기르는 것 중에 사람이 가장 위대하다. 부모가 자식
을 온전하게 낳아 주었으므로 자식은 온전하게 다시 돌아가야 효라고 말

---

11. 노래자(老萊子)는 초(楚)나라의 현인으로 중국의 24명의 효자 중 한 사람이다.
    황로학(黃老學)을 배워서 벼슬하지 않았고 「노래자」 15편을 지었다고 한다.
12. 악정자춘(樂正子春)은 춘추시대 노나라 사람이다. 증자의 제자로, 성은 악정
    (樂正)이고 이름은 자춘(子春)이다.

할 수 있을 것이다. 적어도 자신의 신체를 훼손시키지 않고 자신의 몸을 욕되게 하지 않는다면 온전하게 했다고 말할 수 있을 것이다.'

그러므로 군자는 한 두 걸음을 옮길 때에도 효를 잊지 못하는 것이다. 나는 효의 도리를 잊어버렸기에 근심하는 것이다. 한 걸음을 옮길 때에도 부모를 잊어서는 안 되기에 길을 갈 때에는 큰길로 다니지 지름길로 다니지 않으며 물을 건널 때는 배로 건너지 헤엄을 치지 않는 것이다. 이것은 돌아가신 부모가 남겨 준 몸으로 위태로운 일을 하지 않으려는 것이다. 부모를 잊지 않기 때문에 나쁜 말이 입에서 나오지 않으며 홧김에 한 말 때문에 위험한 일을 당하지 않는 것이다. 자신의 몸을 욕되게 하지 않고 부모를 부끄럽게 하지 않아야 '효자'라고 말할 수 있다." (『예기』「제의」)

16. 매를 맞고 슬피 운 백유

백유가 잘못을 저질러 어머니에게 매를 맞고 울었다. 그의 어머니가 물었다.

"전에는 너를 매질해도 운 적이 없었는데, 오늘은 왜 우느냐?"

"전에 제가 잘못을 저질러 매를 맞을 때에는 항상 아팠습니다. 하지만 이제 어머니의 힘으로는 저를 아프게 때리지 못하기에 웁니다"라고 백유가 대답했다.

그러므로 나 유향[13]은 이렇게 생각한다.

---

13. 유향(劉向)은 서한의 학자(기원전 77?~6)이다. 원래 이름은 갱생(更生)이며, 자는 자정(子政)이다. 한고조의 동생인 초원왕의 4세손이며, 환관 정치에 반

'부모가 노여워하면 마음속으로 반발하지 말고, 얼굴에 원망하는 빛을 드러내지 말고, 깊이 후회하는 마음으로 죄를 받아들여야 한다. 그래서 부모가 자식을 가엾게 여기도록 하는 것이 최상이다. 부모가 노여워하면 마음속으로 반발하지 않고 얼굴에 원망하는 빛을 드러내지 않는 것이 그 다음이다. 부모가 노여워하면 마음속으로 반발하고 얼굴에 원망하는 빛을 드러내는 것은 최하의 태도이다.' (『설원』 「건본」)

17. 글을 읽지 않는 공명선

공명선[14]이 증자의 문하에서 배우면서 삼년 동안 글을 읽지 않자, 증자가 그에게 물었다.

"선아! 네가 나의 문하에 있은 지가 삼년인데, 왜 배우지 않느냐?"

그러자, 공명선이 대답했다.

"어찌 감히 배우지 않았겠습니까? 저는 선생님이 뜰에 계실 때를 눈여겨보았는데, 선생님께서는 부모님이 계시면 개나 말에게도 꾸짖는 소리가 이른 적이 없습니다. 저는 이것을 좋아해서 배우고 있지만, 아직 잘되지 않고 있습니다. 저는 선생님께서 손님을 접대하실 때를 눈여겨보았는

대하다 투옥되기도 했다. 성제 때에 광록대부가 되었으며, 경전, 제자서, 시부 등을 교감하고 『별록』이란 최초의 분류목록을 만들기도 했다. 이 내용은 유향의 『설원』(說苑)에 나오는 내용으로 앞 부분은 다른 책에서 인용을 하고 뒷부분은 자신이 논평을 했다.

14. 공명선(公明宣)은 춘추시대 노나라의 남무성(南武城) 사람이다. 증자의 제자로 성은 공명(公明)이며 이름은 선(宣)이다.

데 선생님께서는 공손하고 검소하며 조금도 나태하거나 태만한 모습이 없습니다. 저는 이것을 좋아해서 배우고 있지만, 아직 잘되지 않고 있습니다. 저는 또 선생님께서 조정에 계실 때 아랫사람들에게 엄격하게 대하지만 그들을 헐뜯거나 손상시키지 않으신다는 것을 눈여겨보았습니다. 저는 이것을 좋아해서 배우고 있지만, 아직 잘되지 않고 있습니다. 저는 이 세 가지를 즐겨 배우고 있지만, 아직 잘되지 않고 있습니다. 제가 어떻게 배우지 않으면서 선생님의 문하에 머물러 있겠습니까?" (『설원』「반질」)

18. 소련과 대련의 상례

소련과 대련은 상주로서 지켜야 할 도리와 상례를 잘 지켰다. 부모가 죽은 뒤 삼일 동안 애통해 하면서도 예절을 지키는 데에 게을리 하지 않았고 석달 동안 빈소에서 지켜야 할 예절을 지키며 게을리 하지 않았다. 또 일년 동안 슬퍼했으며 삼년 동안 근심했다. 그들은 동이족(東夷族)의 사람이었다. (『예기』「잡기」)

19. 피눈물을 흘린 고자고

고자고는 부모의 상을 치르면서 삼년 동안 피눈물을 흘리듯 슬피 울었으며, 이빨을 드러내 웃는 적이 없었다. 군자는 이것을 하기 힘든 일이라고 칭찬했다. (『예기』「단궁」)

20. 안정의 거상(居喪)

안정은 상주로서 지켜야 할 도리와 상례를 잘 지켰다. 부모가 막 돌아가셨을 때는 마음이 급해 허둥지둥 부모를 찾아 헤매다가 찾지 못하는 것 같았다. 빈소를 차렸을 때는 뒤돌아보지 않고 달려갔으나 따라가지 못하는 듯했으며 장례를 치르고 난 다음에는 안타까운 모습으로 부모가 돌아올 수 없다고 생각하면서도 기다리는 것 같았다. (『예기』「단궁하」)

21. 임종에 손발을 살펴본 증자

증자가 병에 걸리자, 문하의 제자들을 불러 말했다.

"내 발을 꺼내 보고 내 손을 살펴보아라. 『시경』에 '두려워하고 조심하기를 깊은 연못가에 임한 듯이, 얇은 얼음을 밟고 있는 듯이'라고 했다. 나는 이제서야 부모에게 받은 몸을 온전하게 지켜야 하는 의무를 완수했구나. 제자들아!" (『논어』「태백」)

22. 은나라의 세 현인

기자[15]라는 사람은 은나라 주왕(紂王)[16]의 친척이다. 주왕이 처음 상아

______

15. 기(箕)는 나라 이름이며, 자(子)는 벼슬 이름이다. 기자는 주왕의 이복 형제이며 이름은 서여(胥餘)라고 한다. 자작으로 기 땅에 봉해졌으므로 '기자'라고

젓가락을 만들자 기자가 한탄하며 말했다. "주왕이 상아 젓가락을 만들었으므로 거기에 걸맞게 반드시 옥술잔을 만들 것이다. 옥술잔을 만들면 반드시 먼 지방에서 생산되는 진기한 물건들을 생각하고 사용할 것이다. 수레와 말과 궁실에 대한 사치가 점점 여기서부터 시작해 마침내 구제할 수 없게 될 것이다."

주왕이 탐욕스럽고 방탕한 짓을 하므로 기자가 간언했다. 그러나 주왕은 그의 간언을 받아들이지 않고 도리어 옥에 가두어 버렸다. 어떤 사람이 그에게 말했다.

"떠나는 것이 좋을 듯합니다."

그러자 기자가 대답했다.

"신하가 돼서 간함을 들어 주지 않는다고 떠난다면, 이는 군주의 악행을 드러내고 백성들에게 환심을 사는 행위이다. 나는 차마 그런 짓을 할 수 없다."

마침내, 자신의 머리를 풀어헤치고 거짓으로 미친 체하여 노예가 되었다. 마침내 숨어 지내면서 거문고를 연주해 자신의 슬픈 마음을 달랬다. 그러므로 이 노래는 기자조(箕子操)라고 전해진다.

비간[17]이란 사람 또한 주왕의 친척이었다. 기자가 간하다가 자신의 주

부른 것이다. 주왕에게 자신의 간언이 받아들여지지 않자, 거짓으로 미친 체했다. 주나라의 무왕이 은을 정복하고 기자에게 통치에 대한 자문을 구하자, 기자는 '홍범구조'(洪範九條)를 말해 주었다.

16. 주왕(紂王)은 은(殷)나라 최후의 왕이다. 제을(帝乙)의 아들로 이름은 신(辛)이다. 하나라의 걸왕(桀王)과 함께 대표적인 폭군으로 알려져 있다.

17. 비간(比干)은 주왕의 숙부이다. 주왕의 음란함을 간하면서 삼일 동안 그 자리를 떠나지 않다가 주왕에게 죽음을 당했다.

장이 받아들여지지 않자 노예가 되는 것을 보고 말했다.

'임금에게 잘못이 있을 때에 목숨을 걸고 간하지 않으면 백성들은 무슨 죄로 고통을 당한단 말인가!'

그래서 곧은 말로 주왕에게 간언하자, 주왕이 화를 내며 말했다.

"내가 듣기에 성인의 심장에는 일곱 개의 구멍이 있다고 하는데, 진짜 그런가?"

하고는 마침내 비간을 죽여서 그의 심장을 열어 보았다.

미자[18]가 말했다.

'부모와 자식 간은 뼈와 살을 나눈 사이지만 신하와 군주는 의리로 맺어졌다. 그러므로 아버지에게 잘못이 있을 때에 자식은 세 번 간하고 그래도 들어 주지 않으면 따라다니면서 울부짖는다. 하지만 신하는 세 번 간해도 들어 주지 않으면 떠나도 된다'고 말하고는 마침내 은나라를 떠나 버렸다.

공자는 이를 두고 "은나라에는 세 명의 어진 사람이 있었다"라고 말했다. (『사기』「송미자세가」)

23. 수양산에서 굶어 죽은 백이와 숙제

무왕이 주왕을 정벌하려고 할 때에 백이와 숙제는 무왕의 말고삐를 잡고 간언했다. 좌우에 있던 사람들이 무기로 죽이려 하자, 태공이 말렸다.

---

18. 미(微)는 나라 이름이며, 자(子)는 벼슬 이름이다. 이름은 계(啓)이며 주왕의 이복형이다. 은나라가 멸망하자 은나라의 제기를 가지고 주나라에 항복했다. 주공은 미자에게 은나라의 제사를 지내고 은나라의 백성들을 다스리도록 했다.

"이들은 의로운 사람이다"라고 말하고는 붙들어서 다른 곳으로 비켜 세우도록 했다.

무왕이 은나라의 난리를 평정하고 난 다음에는 천하 사람들은 모두 주나라를 받들었다. 그러나 백이와 숙제는 이것을 부끄러워해 주나라의 곡식을 먹지 않겠다고 맹세하고는 수양산에 숨어 살았다. 그곳에서 그들은 고사리를 캐먹다가 결국 굶어 죽었다. (『사기』「백이열전」)

24. 한결같은 거백옥의 예

위나라 영공이 부인과 함께 밤에 앉아 있었다. 바깥에서 수레 소리가 덜컹거리며 오다가 대궐 앞에서 그치고, 대궐을 지나자 다시 소리가 나는 것을 들었다. 영공이 부인에게 물었다. "저 사람이 누구인지 알겠소?"

"저 사람은 거백옥일 것입니다."

"어떻게 알았소?"

"제가 알기로 예(禮)에 대궐문에서는 수레에서 내리며 임금의 수레를 끄는 말을 보고 예의를 표한다고 들었습니다. 그것은 임금에 대해 공경하는 마음을 넓히기 때문입니다. 충신과 효자는 날이 밝다고 해서 예를 행하지는 않으며 날이 어둡다고 해서 예를 게을리 행하지는 않습니다. 거백옥은 위(衛)나라의 어진 대부(大夫)입니다. 어질면서도 지혜가 있고, 윗사람을 공경한 태도로 섬기는 사람이기에 반드시 어둡다고 해서 예를 그만두지 않을 것입니다. 저는 이것 때문에 아는 것입니다."

영공이 사람에게 살펴보도록 했더니, 과연 거백옥이었다. (『열녀전』)

25. 예양의 복수

조양자[19]가 지백을 죽이고 그의 두개골에다 옻칠을 해서 술잔을 만들었다. 지백의 신하 예양은 지백의 원수를 갚기 위해 형벌을 받고 노역을 하는 사람인 것처럼 꾸몄다. 그리고는 비수를 품고서 조양자의 집에 들어가 화장실의 벽을 칠하고 있었다. 하지만 사전에 발각돼 조양자의 측근들이 그를 죽이려고 하자 조양자가 말했다.

"지백이 죽은 뒤에 그의 후손이 없었는데 이 사람이 그를 위해 원수를 갚고자 하니 참으로 의로운 선비다. 내가 조심해서 피하면 된다"고 말하고는 그를 놓아주었다.

예양은 또다시 몸에 옻칠을 해서 문둥이처럼 꾸미고 뜨거운 숯을 삼켜 벙어리가 됐다. 그런 모습으로 시장에서 구걸하며 다녔는데 그의 아내도 알아보지 못했다. 그러나 그의 친구가 그를 알아보고는 울면서 말했다.

"너의 뛰어난 재주로 조양자를 섬기면 반드시 총애를 받을 것이다. 네가 조양자를 죽이려고 든다면 그렇게 하는 것이 오히려 더 쉽지 않겠는가? 무엇 때문에 이렇게 고생하는가."

그러자 예양이 말했다.

"무릎을 꿇고 신하가 됐으면서도 그를 죽이려 하는 것은 두 마음을 품는 것이다. 내가 이 일을 하는 까닭은 후세 사람들이 신하가 됐으면서도 두 마음 품는 것을 부끄럽게 여기도록 하기 위해서이다."

---

19. 조양자(조양자)의 이름은 무휼(無恤)이며. 양자(襄子)는 그의 시호이다. 지백(智伯)이 한나라, 위나라와 연합해 조나라를 공격하자 조양자는 도리어 한나라, 위나라와 연합해서 지백을 공격하고 그를 죽였다.

뒤에 예양은 다리 밑에 숨어서 조양자를 죽이려고 하다가 사전에 발각되어 죽음을 당했다. (『사기』「자객열전」)

26. 왕을 잃어버린 왕손가

왕손가[20]는 제(齊)나라의 민왕을 섬겼다. 민왕이 싸움에서 패해 달아났는데, 왕손가가 그만 왕이 달아난 곳을 놓쳐 버리고 말았다. 그가 집에 돌아오자, 그의 어머니가 질책했다.

"네가 아침에 나갔다가 저녁에 늦게 오면 나는 문에 기대 너를 기다렸고, 네가 아침에 나갔다가 돌아오지 않으면 나는 마을 어귀의 문에 기대어 너를 기다렸다. 네가 왕을 섬기는 중에 왕이 싸움에서 패해 달아났는데 너는 왕이 간 곳도 알지 못한 채 어떻게 너만 돌아왔느냐?"

왕손가가 그 말을 듣고 곧장 시장 가운데로 들어가 외쳤다.

"요치가 제나라를 어지럽히고 민왕을 살해했다. 나와 함께 요치를 잡아 죽이려는 자는 오른쪽 어깨를 드러내라."

그러자 시장에서 따르는 사람들이 사백 명이나 됐다. 왕손가는 이들과 함께 요치를 공격해 그를 찔러 죽였다. (『전국책』「제책」)

---

20. 왕손(王孫)은 성이고, 가(賈)는 그의 이름이다. 전국시대 제나라의 대부로서 제의 민왕을 시해한 요치(淖齒)를 죽였다.

27. 아내를 손님처럼 공경한 극결

구계[21]가 사신으로 기 땅을 지나가고 있었다. 그곳에서 극결[22]이 김을 매고 있었는데, 극결의 아내가 들에 점심을 가져다가 대접하는 모습을 보았다. 그 모습이 서로 손님을 대하는 것처럼 공경스러운 것을 보고서 구계는 극결과 함께 돌아와 진나라 문공에게 말했다.

"공경한다는 것은 오랫동안 덕을 쌓아야 가능합니다. 공경할 수 있다는 것은 곧 덕이 있다는 말입니다. 백성은 덕으로 다스려야 하므로 이 사람을 등용하십시오. 제가 듣기에 문밖에 나와서는 손님을 대하듯이 공경하고, 제사를 받들 듯이 정성스럽게 일을 받드는 것이 인(仁)의 법칙이라고 합니다."

문공이 이 말을 듣고 극결을 하군대부(下軍大夫)로 삼았다.

28. 문지방을 넘지 않은 계강자

공보문백의 어머니는 계강자[23]의 종조모다. 계강자가 찾아가자, 안방문을 열어 놓고서 그와 함께 이야기를 나누었지만 두 사람 모두 문지방을 넘

---

21. 구계(臼季)는 진(晉)나라의 대부로 이름은 서신(胥臣)이며 자는 계자(季子)이다. 구(臼)땅을 영지로 가지고 있었으므로 구계라 불렀다.

22. 극결(郤缺)은 춘추시대 진나라의 대부로 시호는 성자(成子)이다. 진나라 문공이 천하의 패자가 되도록 도운 인물로 기(冀)을 봉지로 가졌기 때문에 기결(冀缺)이라고도 불렀다.

23. 계강자(季康子)는 노(魯)나라의 대부로 이름은 비(肥)이며 시호는 강(康)이다.

지 않았다. 공자가 이 말을 듣고 "남녀를 분별하는 예절이다"라고 말했다. (『국어』 「노어」)

29. 죽음으로 수절한 공강

위나라의 공강[24]은 위나라의 세자 공백의 아내였다. 공백이 일찍 죽자, 공강은 수절을 했다. 부모가 그녀의 뜻을 꺾고 재혼을 시키려고 하자, 공강은 이것을 받아들이지 않고 백주라는 시를 짓고는 죽음으로써 자신의 절개를 맹세했다. (『모시』 「용풍백주서」)

30. 송나라 여인의 절개

채나라 사람이 송나라 사람의 딸을 아내로 맞이했다. 그녀가 시집을 갔는데 남편이 그만 나쁜 병에 걸리고 말았다. 시어머니가 그녀를 개가시키려고 하자 그녀가 말했다.

"남편의 불행은 바로 저의 불행인데, 어찌 떠나겠습니까? 남에게 시집가는 도리는 한 번 혼례를 치르고 나면 죽을 때까지 바꾸지 않는 것입니다. 불행히 남편이 나쁜 병에 걸렸지만, 남편은 큰 잘못을 저지르지도 않았고 또 저를 내보내지도 않았는데, 제가 어찌 떠나겠습니까?"

그렇게 말하고는 끝내 말을 듣지 않았다. (『열녀전』)

---

24. 공강(共姜)의 성이 강(姜)이고 공백(共伯)의 아내이므로 공강(共姜)이라 불렀다.

31. 원망을 품지 않은 순

만장이 맹자에게 물었다.

"순임금의 동생인 상은 날마다 순임금을 죽이려고 했는데, 순임금이 천자로 즉위해서 그를 처벌하지 않고 먼 곳으로 내쫓은 까닭은 무엇입니까?"

이에, 맹자가 다음과 같이 대답했다.

"순임금이 그를 제후로 봉해 주었는데, 어떤 사람들은 내쫓았다고 말한다. 어진 사람은 동생에 대한 분노를 감춰두지 않으며, 원한을 묵혀 두지도 않는다. 오직 동생을 친하게 여기고 사랑할 뿐이다."

32. 왕위를 양보한 백이와 숙제

백이와 숙제는 고죽군의 두 아들이었는데, 아버지는 아우인 숙제를 후계자로 세우려 했다. 아버지가 죽자 숙제는 형인 백이에게 왕위를 양보했다. 그러나 백이는 "아버지의 명령이다"라고 거부하면서 마침내 도망가 버렸다. 또한 숙제도 즉위하려 하지 않고 도망가 버렸기 때문에 나라 사람들은 가운데 아들을 임금으로 세웠다. (『사기』「백이열전」)

33. 주나라를 방문한 우왕과 예왕

우나라와 예나라의 임금이 토지 때문에 서로 분쟁을 하면서 오랫동안 평화롭게 지내지 못했다. 마침내 서로에게 말했다.

"서백은 훌륭한 사람이니 그에게 가서 경계선을 바로잡아 달라고 부탁합시다."

하고는 함께 주나라로 갔다.

그들이 주나라의 국경을 넘자 밭가는 사람들은 밭이랑을 양보하고 길 가는 사람들은 길을 양보했다. 도읍에 들어가자 남자와 여자는 다른 길로 다녔으며 머리가 희끗희끗한 노인들은 짐을 제 손으로 들고 다니지 않았다. 조정에 들어가자 사(士)는 대부(大夫)가 되기를 사양하고 대부는 경(卿)이 되길 사양했다. 두 나라의 임금은 감동해서 말했다.

"우리들은 소인이다. 군자의 조정을 밟을 수 없다"고 말하고는 가지려고 다투던 땅을 서로 양보했다. 하지만 서로 가지려고 하지 않아, 그 땅을 그대로 두기로 하고 돌아왔다. 천하의 사람들이 그 이야기를 듣고 서백에게 귀의한 나라가 40여 개국이나 됐다. (『가어』「호생」)

34. 증자의 옛 친구

증자가 다음과 같이 말했다.

"능력이 있으면서도 능력이 없는 사람에게 묻고, 식견이 많으면서 식견이 적은 사람에게 물으며, 가지고 있으면서도 없는 듯이 하며, 꽉 찼으면서도 비어 있는 듯이 하며, 자신에게 잘못을 범해도 따지며 묻지 않았다. 옛날에 내 친구가 이와 같이 일을 처리했다." (『논어』「태백」)

35. 안평중의 사람 사귐

안평중[25]은 사람 사귀기를 잘한다. 사귄 지 오래되어도 사람들이 그를
공경한다. (『논어』「공야장」)

셋. '수양의 길'을 밝힌다 [敬身]

36. 백이의 눈과 귀

백이는 예에서 벗어난 나쁜 색과 소리는 보지도 듣지도 않았다. (『맹자』「만장하」)

37. 공사를 분별한 담대멸명

자유[26]가 무성읍의 수령이 됐다. 공자가 그에게 물었다.

"너는 인재를 얻었느냐?"

"담대멸명이란 사람을 얻었습니다. 그는 길을 다닐 때는 지름길로 가지 않으며 공적인 일이 아니면 저의 집에 온 적이 없습니다" 하고 대답했다. (『논어』「옹야」)

---

26. 자유(子游)는 공자의 제자로. 성은 언(言)이며, 이름은 언(偃)이다. 공자보다 46세 연하였으며, 문학에 뛰어났다.

38. 지름길로 가지 않은 고시

고시[27]는 공자를 만난 뒤부터 남과 동행할 때는 그의 그림자도 밟지 않았으며 겨울잠을 막 깨고 나온 동물을 죽이지 않았으며 지금 막 자라고 있는 초목을 꺾지 않았다. 위나라 임금 첩이 일으킨 난리를 피해 고시는 성문을 나가려고 했으나 문이 닫혀 있었다. 어떤 사람이 그에게 말했다.

"여기에 지름길이 있다."

"군자는 지름길로 다니지 않는다고 알고 있다."

"여기 구멍으로 나가자."

"군자는 구멍으로도 다니지 않는다고 알고 있다"라고 말하며 그는 들어가지 않았다. 조금 뒤에 사자가 와서 문을 열고 나갔다. (『가어』「제자행」)

39. 백규장을 외우는 남용

남용[28]이 『시경』「백규」[29]장을 날마다 세 번 외워 반복하자, 공자는 형의 딸자식을 그에게 시집보냈다. (『논어』「선진」)

---

27. 고시(高柴)의 자는 자고(子羔)이며 공자의 제자이다.

28. 남용(南容)은 공자의 제자로 성은 남궁(南宮)이며, 이름은 괄(适)이고, 자는 자용(子容)이라고 한다. 성과 자를 함께 불러 남용(南容)이라 했다.

29. 『시경』「대아·억」(大雅·抑)에 있는 싯구이다. 그 내용은 "흰 옥의 티는 갈아서 없앨 수 없지만, 말의 잘못은 없앨 수 없다"〔白圭之玷, 尙可磨也, 斯言之玷, 不可 爲也〕는 것으로 말에 대한 경계를 암시한 내용이다.

40. 실천에 뛰어난 자로

자로는 자기 마음속으로 하기로 한 일은 실행하지 않고 묵혀두는 경우가 없었다. (『논어』「안연」)

41. 의기당당한 자로

공자가 "해진 헌 솜옷을 입고 있으면서 여우나 담비 가죽옷으로 만든 좋은 옷을 입은 사람과 함께 서도 부끄러워하지 않을 사람은 자로일 것이다"라고 말했다. (『논어』「자한」)

42. 아버지에게 죽음을 당한 자장

정나라 자장이 송나라로 망명했는데, 물총새 깃털로 만든 취휼관을 좋아했다. 그의 아버지인 정백(鄭伯)이 그 말을 듣고 화가 나서 자객을 시켜 죽여 버렸다.

이 일을 두고 군자는 '자신의 신분에 맞지 않는 의복을 입는 것은 재앙을 불러온다'고 했고, 『시경』에도 '저 사람이여! 그 옷이 걸맞지 않도다'라고 했다.

자장의 옷이 자신의 신분에 맞지 않았던 것이다. (『좌전』)

43. 어머니에게 꾸지람 들은 공보문백

공보문백이 조정에서 물러나와 그의 어머니에게 문안 인사를 드리는데 마침 그의 어머니는 길쌈을 하고 있었다. 그것을 보고 문백이 어머니에게 말했다.

"저희집 같은 데서 어머님이 아직도 길쌈을 하신단 말입니까."

그러자, 그의 어머니는 한숨을 쉬며 말했다.

"노나라는 장차 망하겠구나! 철없는 어린애에게 관직을 맡기고 아직 올바른 도리조차 알도록 하지 못했으니 말이다. 앉아라. 내가 너에게 말해 주겠다. 백성들이 일을 하면 사색하기 마련이다. 사색하다 보면 선한 마음이 생기지만 게으르면 음란해진다. 음란하면 선함을 잊게 되고 선함을 잊게 되면 악한 마음이 생겨난다. 비옥한 땅에 사는 백성들이 재주가 없는 것은 일없이 음란하기 때문이고, 척박한 땅에 사는 백성들이 의로움을 지향하는 것은 일을 하기 때문이다.

이 때문에 왕후조차 직접 왕이 쓰는 면류관 앞뒤에 드리우는 끈을 짜고, 공후의 부인은 여기에다 면류관 매는 끈과 면류관 덮개를 더 만든다. 또 경의 부인은 여기에다 큰 띠를 더 만들고 대부의 아내는 여기에다 남편의 제복(祭服)을 더 만든다. 원사(元士)의 아내는 여기에다 조복까지 만들고 하사 이하의 아내는 남편이 입을 옷을 만든다. 봄제사를 지내고는 해야 할 일을 분담하며 겨울제사 때에는 수확한 것을 바치고 남녀가 일년 동안의 결과를 밝혀 허물이 있으면 벌을 받는 것이 옛날의 제도이다.

나는 네가 아침저녁으로 나를 경계하며 '반드시 선인의 법도에 어그러짐이 없도록 해야 합니다'라고 말하길 바랐다. 그런데 이제 너는 '왜 스스로 편하게 지내지 않으십니까'라고 할 뿐이니 이런 마음으로 임금이 하사한 관직을 이어받다가는 너의 아버지 목백의 후사가 끊어지지 않을까 두렵구나." (『국어』「노어」)

44. 안회가 누린 즐거움

공자가 "어질도다. 안회여! 한 그릇의 밥과 한 쪽박의 국으로 누추한 골목에서 사는 삶을 남들은 근심하면서 견뎌내기 힘들어 하는데 안회는 그 속에서도 도를 즐기는 즐거움을 바꾸지 않는구나. 어질도다. 안회여!"라고 말했다. (『논어』「옹야」)

넷. 전체 내용을 총괄한다 [通論]

45. 탐욕과 사치는 재앙을 낳는다

위나라 장공이 제나라 태자 득신의 누이동생에게 장가를 갔는데, 그녀의 이름은 장강이라 했다. 그녀는 아름다웠지만 자식이 없었다. 누이동생 대규가 환공을 낳자, 장강이 자신의 아들로 삼았다.

공자 주우는 장공이 사랑하는 첩의 아들이었다. 임금의 총애를 믿고 싸움을 좋아했지만, 장공이 제지하지 않아 장강이 주우를 미워했다. 석작이 장공에게 말했다

"신은 자식을 사랑하되 의로움을 가르쳐 사악한 데에 빠지지 않도록 해야 한다고 들었습니다. 교만과 사치, 탐욕과 방탕은 모두 사람을 사악하게 만드는 것입니다. 이 네 가지가 생기는 것은 총애와 재물이 지나치게 많기 때문입니다.

총애를 받으면서도 교만하지 않고, 교만하면서도 자신을 억제할 줄 알고, 자신을 억제하면서도 마음속으로 원망하지 않고, 원망을 하면서도 자신의 몸을 자중할 수 있는 사람은 드뭅니다.

미천한 자가 존귀한 자를 해치며, 젊은 사람이 나이든 사람을 업신여기며 관계가 서먹한 사람이 친근한 사람을 이간시키며, 새로 알게 된 사람이 오래 사귄 사람을 이간시키며 소인이 대인의 윗자리에 있으며, 음탕한

사람이 의로운 사람을 파괴하는 것을 '여섯 가지 역리[六逆]'라고 합니다. 임금이 의롭고 신하는 임금의 명을 그대로 행하며, 아비는 자애롭고 자식은 효성스러우며, 형은 동생을 사랑하고 동생은 형을 공경하는 것을 이른바 '여섯 가지 순리[六順]'라고 합니다. 순리를 저버리고 역리를 본받는 것은 화를 재촉하는 것입니다. 임금은 앞으로 닥칠 재앙을 제거하는데 힘써야 합니다. 그런데 오히려 화를 재촉하는 것은 옳지 않은 것이 아니겠습니까?"(『좌전』)

46. 제사에 불경했던 숙공

유(劉)의 강공(康公)과 성(成)의 숙공(肅公)이 진후(晉侯)와 회합하여 진(秦)나라를 정벌하기로 했다. 그런데 숙공이 제사에서 제사고기를 받을 때 공경스런 태도를 취하지 않았다. 그러자 강공이 말했다.

"내가 듣기에 사람은 이 세상의 바르고 곧은 기운을 받고 태어나는데, 이것을 소위 '명'(命)이라고 한다. 이 때문에 동작, 예의, 위의의 법칙을 가지고 그 명을 정하는 것이다. 동작, 예의, 위의의 법칙에 능숙한 사람은 그것을 길러서 복을 받고 능숙하지 않은 사람은 그것을 파괴해 화를 불러드린다. 이 때문에 군자는 예를 실천하는 데 힘쓰고 소인은 일하는 데 힘을 다하는 것이다.

예를 실천하는 것 가운데 공경한 태도를 지극하게 하는 것보다 나은 것이 없으며, 열심히 일하는 것 가운데 독실하게 하는 것이 가장 낫다. 공경함은 신을 봉양하는 데에 있고, 독실함은 자신의 일을 지키는 데에 있다. 나라의 중요한 일은 제사와 전쟁에 있다. 제사 때에 제사고기를 받고, 전쟁 때에 제사고기를 받는 것은 신을 섬기는 중요한 예다. 지금 숙공이 제사고기를 받는 태도가 공경하지 못했는데, 이것은 자신의 명을 저버린 것이다. 아마 그는 전쟁에서 돌아오지 못할 것이다." (『좌전』)

47. 위의를 갖추지 못한 영윤

위나라 임금이 초나라에 머물고 있었다. 위나라의 대부 북궁문자가 초나라의 영윤인 위의 행동과 차림새를 보고 위나라 임금에게 말했다.

"영윤은 장차 화를 면치 못할 것입니다. 『시경』에 '위의를 공경하고 조심해야 백성의 법이 된다'고 했는데, 영윤은 위엄 있는 행동거지가 없으므로 백성들이 본받을 것이 없습니다. 백성들이 본받을 만하지 못한데도 백성들 위에 있으므로 제 명에 죽지 못할 것입니다."

"훌륭하다! 그렇다면 무엇을 위의라고 하는가?"

"위엄이 있어 두려워할 만한 것을 '위'라고 하며 예의가 있어 본받을 만한 것을 '의'라고 합니다. 임금에게 임금의 위의가 있으면, 신하들은 두려워하면서도 사랑하고 모범으로 삼아 본받게 됩니다. 그러므로 국가를 유지할 수 있고 훌륭한 명성이 후세에 오래 전해집니다. 신하에게 신하의 위의가 있으면 아랫사람들이 두려워하면서도 사랑합니다. 그러므로 자신의 관직을 잘 지켜 종족을 보존하고 집안을 편안하게 할 수 있습니다. 이 이하는 모두 이와 같습니다. 그러므로 윗사람과 아랫사람이 서로 안정될 수 있는 것입니다.

『시경』「위시」에 '위의가 풍부하고 익숙하도다. 더 선택할 여지가 없구나'라고 노래한 것은 군신과 상하와 부자와 형제와 내외와 대소의 모든 인간 관계에 위의가 있음을 말한 것입니다. 『시경』 「주시」에 '붕우간은 위의로써 단속한다'라고 표현한 것은 붕우는 반드시 서로 위의로써 가르쳐 주어야 함을 말한 것입니다.

그러므로 위의가 있는 군자가 관직에 있으면 두려워할 만하며 취사선택하는 것은 사랑할 만하며 나아가고 물러나는 것은 법도가 될 만합니다. 돌고 돌아서는 것은 법칙이 될 만하며 용모와 행동거지는 볼 만하며 일을 하는 것은 법이 될 만합니다. 덕행은 본받을 만하며 말소리는 즐거워할 만하며 동작과 말에 빛나는 모습이 있게 됩니다. 군자는 이런 것들을 가지고 아랫사람들을 대해야 합니다. 이것을 가지고 '위의가 있다'고 말하는 것입니다." (『좌전』)

제5편 아름다운 말 [嘉言]

가언은 훌륭한 말, 선한 말이란 뜻으로
한대 이후 현인들의 훌륭한 말을 수록해 놓았다.
「'교육의 길'의 뜻을 넓힌다」〔廣立敎〕, 「'인간의 길'의 뜻을 넓힌다」〔廣明倫〕,
「'수양의 길'의 뜻을 넓힌다」〔廣敬身〕, 세 편으로 나누어 내편에서 말한
「교육의 길」〔立敎〕, 「인간의 길」〔明倫〕, 「수양의 길」〔敬身〕의
내용을 확충하고 있다. 모두 91장이다.

『시경』에 "하늘이 뭇 사람들을 낳았는데 일이 있으면
법칙이 있게 하였다. 사람들은 떳떳한 성품을 간직하고 있어
이 아름다운 덕을 좋아한다"고 했다.
공자는 "이 시를 지은 자는 도를 알고 있었을 것이다.
그래서 일이 있으면 반드시 법칙이 있다는 것이다.
백성들이 떳떳한 성품을 가지고 있기에 이 아름다운 덕을 좋아한다는 것이다"
라고 말했다. 전대의 전기를 일일이 살펴보고 근래에 보고 들은 것들을 합해서
아름다운 말과 선한 행동들을 기술해『소학외편』을 만들었다.

하나. '교육의 길'의 뜻을 넓힌다 [廣立敎]

1. 병의 근원을 제거하라

장횡거 선생[1]이 다음과 같이 말했다.

"어린아이를 가르칠 때에는 먼저 마음을 차분하게 하도록 가르치고, 사물을 자세히 살피며, 공손하고 경건한 태도를 가지도록 가르쳐야 한다. 오늘날 세상 사람들은 학문을 배우지 않아 남자나 여자나 어릴 때부터 교만하고 게을러졌으며 자라서는 더욱 흉악하고 사나워졌다. 이것은 단지 어린 사람으로서 해야 할 일을 배운 적이 없기 때문이다.

즉, 어릴 때부터 부모에 대해서 이미 나와 구별되는 타인이라는 생각을 가지고 있기 때문에 부모에게 복종하는 것을 좋아하지 않는다. 그래서 교만하고 나태한 병의 뿌리가 항상 없어지지 않고 또 거처하는 곳에 따라 자라나며 죽을 때까지 옛날 습관대로 한다.

그래서 어린아이일 때는 마당에 물 뿌리고 쓰는 일이나 어른에게 응대

---

1. 장횡거(張橫渠) 선생은 북송의 유학자이다. 미현(郿縣) 횡거진(橫渠津) 출신으로 본명은 장재(張載)이며, 호는 횡거이고, 자는 자후(子厚)이다. 북송 시기의 성리학자인 정호, 정이, 소몽, 주돈이 등과 신유학의 체계를 확립했으며, 기(氣)를 중심으로 자신의 철학체계를 세웠다. 저서에 『정몽』(正蒙), 『역설』(易說) 등이 있다.

하는 일을 편안하게 여기지 않는다. 친구를 대접할 때는 친구에게 자신을 낮추는 일을 하지 못하며 관리가 되어서는 상관에게 자신을 낮출 줄 모르고, 재상이 되어서는 천하의 어진 선비들에게 자신을 낮출 줄 모른다.

이것이 심하면 자신의 사욕을 좇아 올바른 도리를 모두 잃어버리고 만다. 이런 결과는 단지 게으르고 나태한 병의 뿌리를 제거하지 않고 살면서 접촉하는 것에 따라 더욱 자랐기 때문이다.”(『장자전서』)

2. 훌륭한 고사를 들려주어라

어린아이의 학습은 기억하고 외우는 데 그칠 것이 아니라 자신의 타고난 지혜와 능력을 길러 주는 것이어야 한다. 따라서 당연히 어릴 때는 먼저 이야기해 주는 것을 위주로 해야 한다. 옛날의 일이나 지금의 일이나 상관없이 매일 고사를 기억하게 하는데 반드시 효제충신이나 예의염치 같은 이야기를 우선 들려 주어야 한다. 이를 테면 황향이 더울 때에 부모의 베개에 부채질해 준 일, 육적이 귤을 어머니에게 드리려고 품에 넣었던 일[2], 숙오가 어릴 때에 머리 둘 달린 뱀을 죽여 남들 모르게 음덕을 쌓은 일[3], 자로가 부모를 봉양하기 위해 백리 밖에 나가 쌀을 져온 일 등을 단지

---

2. 육적(陸績)은 여섯 살 때에 장군 원소를 만났는데, 원소가 육적에게 귤을 주었다. 육적이 하직인사를 할 때 품에서 귤이 떨어지자, 원소는 귤을 숨긴 까닭을 물었다. 육적이 집에 있는 어머니에게 귤을 드리려고 감추었다는 대답을 듣고 원소가 감동했다는 이야기다.

3. 숙오(叔敖)가 어릴 적에 놀다가 머리가 둘 달린 뱀을 보았다. 그 뱀을 죽여서 땅에 묻고는 집에 돌아와 울자 어머니가 그 이유를 물었다. 머리가 둘 달린 뱀

세상의 보통 이야기처럼 들려 주면 이 도리를 깨달을 것이다. 이처럼 해서 오래오래 익숙해지고 습관이 되면 덕있는 성품이 자연스럽게 이루어질 것이다. (『양문공가훈』)

3. 학문을 방해하는 잡기

정명도 선생[4]이 다음과 같이 말했다.

"자제 중에 경솔하지만 재주가 뛰어난 자가 염려된다면 단지 경서를 소리내어 읽도록 가르칠 뿐 글을 짓게 해서는 안 된다. 자제들이 온갖 잡스런 것들을 즐기고 좋아하는 것은 모두 학문에 대한 뜻을 빼앗게 만든다. 그 중에 글씨를 익히고 편지를 쓰는 것은 선비들의 일 중에 가장 중요한 것들이지만 이것들마저 지나치게 집착하면 또한 저절로 뜻을 잃게 된다." (『이정전서』)

을 보면 반드시 죽는다고 하는데 오늘 저는 그 뱀을 보았기에 죽을까 두려워서 운다고 말했다. 어머니가 그 뱀이 어디에 있냐고 묻자 그는 다른 사람도 그 것을 보고 불행을 당할까봐 죽여서 땅에 묻었다고 대답했다. 그러자, 어머니는 몰래 덕을 베푼 사람은 하늘이 돕는다고 했으므로 너는 죽지 않을 것이라고 말해 주었다. 훗날 그는 초나라의 정승이 되었으며 오래오래 살았다는 이야기다.

4. 정명도(程明道) 선생은 북송의 사상가이다. 낙양(洛陽) 출신으로 이름은 호(顥)이며, 자는 백순(伯淳)이다. 주렴계 문하에서 학문을 익혔으며, 그의 학문은 노장과 불교 등 여러 학파들을 두루 섭렵했지만, 유학으로 귀착했다. 성품이 온후하고 따르는 제자들이 많았으며, 인(仁)을 사상의 핵심으로 여겼다. 사람들은 명도선생(明道先生)으로 불렀으며, 제자들이 그의 어록을 모아 만든 『이정유서』(二程遺書)가 있다.

4. 시는 하나의 훌륭한 교과서

정이천 선생[5]이 다음과 같이 말했다.

"사람을 가르칠 때에 그 사람 자신이 무엇을 하고 싶은지 알지 못하면 학문을 즐기지 못할 것이다. 이 때에는 잠시 노래와 춤을 가르쳐야 한다. 이를 테면 『시경』의 고시 삼 백 편은 모두 옛 사람이 지은 것으로 그 중에 「관저」 같은 것은 집안을 바로잡는 데 으뜸이다. 그러므로 향리의 사람들이나 수도의 사람들에게 교재로 사용됐으며 사람들에게 날마다 이 노래를 듣도록 했다.

하지만 이와 같은 시는 그 내용이 간략하면서도 심오해 오늘날 사람들이 쉽게 이해할 수 없다. 그래서 따로 시를 짓고자 하면 어린아이들이 물 뿌리고 청소하며, 남을 응대하며, 어른 섬기는 예절을 대략 가르치는 내용을 지어서 아침저녁으로 노래하게 하면 반드시 도움이 될 듯하다."

(『이정전서』)

5. 뜻을 높이 세우고 정진하라

진나라 충숙공[6]이 다음과 같이 말했다.

---

5. 정이천(程伊川) 선생은 북송의 유학자이다. 정호의 동생으로 이름은 이(頤)이며, 자는 정숙(正叔)이다. 형인 정호와 함께 주렴계 문하에서 배웠으며, 북송 이학을 창시했다. 그의 학문은 궁리(窮理)를 바탕으로 하고 있으며, 사서(四書)를 중시했다. 저서에 『역전』(易傳), 『춘추전』(春秋傳)등이 있다.

6. 충숙공(忠肅公)은 북송의 유학자이다. 이름은 관(瓘)이며, 자는 형중(瑩中)이

"어릴 때 배우고자 하는 소년은 먼저 인품의 높고 낮음을 분별해야 한다. 어떤 것이 성인이 하는 일이며, 어떤 것이 어리석은 사람이 하는 일인가를 파악해 악을 등지고 선으로 향해야 한다. 그래서 악을 버리고 선을 선택해야 한다. 이것은 어린 학생이 마땅히 먼저 배워야 하는 것이다.

안자와 맹자는 성인에 버금가는 사람들이다. 그들과 같은 사람이 되려고 배우면 비록 그와 같은 인물이 되지 못한다 해도, 현인은 될 수 있다. 지금 배우는 사람들이 이 같은 도리를 안다면 안자와 맹자가 한 일을 누구나 배울 수 있을 것이다. 말이 온화하고 기운이 화평하면 안자의 '다른 사람에게 성내지 않는 태도'를 점차로 배울 수 있을 것이며, 잘못을 뉘우치고 또 고치길 꺼려하지 않는다면 안자의 '같은 잘못을 두 번 저지르지 않는 신중함'을 점차로 배울 수 있을 것이다.

매장을 하고 물건을 파는 장난이 제삿상을 차려놓고 제례를 하는 장난보다 못하다는 것을 알고 자애로운 어머니의 사랑이 좋은 교육환경을 찾아 세 번이나 이사했다는 것을 기억한다면, 그리고 나아가 평생 동안 한결같이 학문을 싫어하지 않고 자신의 의지를 바꾸지 않는다면 자신의 부동심(不動心)이 맹자의 부동심과 같아질 수 있을 것이다.

만약 뜻을 높이 세우지 않으면 그 학문은 모두 평범한 사람이 하는 것과 같이 될 것이다. 다른 사람들이 안자나 맹자에 대해 언급하면 감당할 수가 없어 반드시 마음속으로 '나는 어린애에 불과한데, 어떻게 안자나 맹자를 배울 수 있단 말인가'라고 말할 것이다. 이런 사람에게는 뛰어난 사람

고, 호는 요용(了翁)이다. 장돈에게 천거돼 태학박사(太學博士)가 됐지만 직언으로 자주 관직에서 파면당했다. 사람들이 요재선생(了齋先生)이라 불렀으며, 저서에 『요용역설』(了翁易說) 등이 있다.

에 대해 말해 줄 수가 없다. 선생이나 어른이 그의 비루한 인품을 보고서
어떻게 그와 함께 이야기하기를 좋아하겠는가? 선생이나 어른이 같이 이
야기하길 좋아하지 않는다면, 그가 함께 말하는 사람은 모두 품격이 낮은
사람들일 것이다. 말이 진실하지 않고 믿을 수가 없으며, 행동이 독실하지
않고 신중하지 않은 사람은 품격이 낮은 사람이다. 잘못을 저지르고서도
고칠 줄 모르는 사람도 품격이 낮은 사람이요, 후회하면서도 잘못을 고칠
줄 모르는 사람도 품격이 낮은 사람이다. 품격이 낮은 사람의 말을 듣고,
품격이 낮은 일을 하는 것은, 비유하자면 사면이 모두 담벽인 방안에 앉아
있는 것과 같다. 즉, 문을 열어서 밝게 하려고 해도 할 수가 없을 것이다.
(『요옹집』)

6. 호랑이를 그리지 못하면 개가 된다

마원[7]의 조카인 마엄과 마돈은 남들을 비판하고 평가하는 것을 좋아하
며, 경박하고 건달같은 사람들과 어울렸다. 마원이 교지에 있으면서 편지
를 보내 이들을 꾸짖었다.

"나는 너희들이 다른 사람의 잘못을 들었을 때는 부모의 이름을 듣는
것처럼 귀로만 듣고 입으로는 말하지 않기를 바란다. 사람들의 장점과 단

---

7. 마원(馬援)은 후한의 무릉인이다. 이름은 원(援), 자는 문연(文淵)이고, 시호
    는 충성(忠成)이다. 어릴 때부터 뜻이 컸으며 그를 따르는 사람들이 많았다.
    관직은 도독우(都督郵)까지 이르렀으며 교지(交趾)에 출정해 난을 평정하기
    도 했다.

점에 대해서 논평하길 좋아하고 쓸데없이 정치와 법령에 대해서 잘잘못을 언급하는 것을 나는 가장 싫어한다. 나는 차라리 죽을지언정 자손들에게 이런 행실이 있었다는 것을 듣고 싶지 않다.

용백고는 덕이 돈독하면서 성격이 주도면밀하고 신중해서 말을 실수하지 않았다. 그리고 겸손하고 검소하며, 청렴하고 공정해서 위엄이 있는 사람이다. 나는 그를 애지중지하는데, 너희들도 그를 본받기 바란다. 두계량[8]은 호탕하고 의협심이 강해서 다른 사람의 근심을 걱정하고, 다른 사람의 즐거움을 즐거워한다. 행실이 깨끗한 사람이나 그렇지 못한 사람이나 모두 잘 사귀어 누구에게도 인심을 잃지 않았다. 그래서 부친의 장례에 수많은 지역에서 모두 조문을 왔다. 비록 나는 그를 애지중지하지만 너희들이 그를 본받는 것을 원하지는 않는다.

용백고를 본받으면 용백고 만한 사람이 되지 못하더라도 삼가하고 조심하는 선비는 될 것이다. 소위 '고니를 조각하면 고니는 완성하지 못해도 집오리는 닮는다'는 것이다. 하지만 두계량을 본받다가 두계량 만한 사람이 되지 못하면 천하의 경박한 사람으로 추락하고 만다. 소위 '호랑이를 그리려고 하다가 그리지 못하면 오히려 개와 같이 비슷하게 된다'는 것이다."(『후한서』「마원열전」)

---

8. 용백고(龍伯高), 두계량(杜季良) 두 사람 모두 후한시대의 경조(京兆) 출신이다. 용백고는 자신의 돈후하고 신중한 성품 때문에 다른 사람의 추천으로 영릉태수(零陵太守)에 발탁됐지만, 두계량은 광무제 때 월기교위(越騎校尉)에 있다가 그의 경박한 성품에 대한 상소 때문에 면직됐다.

7. 악을 작다는 이유로 행하지 말라

한나라의 소열제[9]가 죽음을 앞두고서 뒤를 이을 아들에게 경계해 말했다.

"악이 작다는 이유로 행해서는 안 되며, 선이 작다는 이유로 행하지 않아서도 안 된다." (『삼국지』 「촉지」)

8. 의지는 세월과 함께 사라진다

제갈무후[10]가 아들을 훈계하는 글에서 다음과 같이 말했다.

"군자의 행실은 고요한 마음으로 몸을 닦고 검소한 생활로 덕을 길러야 한다. 마음이 욕심 없이 담박하지 않으면 뜻을 밝힐 수 없고, 마음이 안정돼 있지 않으면 원대한 뜻을 이룰 수 없다. 배울 때는 반드시 마음이 안정돼 있어야 하며 재능은 반드시 배움을 필요로 한다. 배우지 않으면 재능을 발전시킬 수 없고, 마음이 고요하지 않으면 학문을 성취할 수 없다. 마음

---

9. 소열제(昭烈帝)의 성은 유(劉)이고, 이름은 비(備)이다. 자는 현덕(玄德)이고, 삼국지에 나오는 유비, 관우, 장비 중에서 유비를 말한다. 건안 19년에 성도에 들어가 익주목이 되고, 24년에 한중을 빼앗아 한중왕(漢中王)이 됐다. 제갈량과 함께 왕실을 재건하려고 했지만 성취하지 못하고 백제성에서 죽었다.

10. 제갈무후(諸葛武侯)는 삼국시대 촉나라의 낭야인이다. 이름은 양(亮)이며, 자는 공명(孔明)이다. 유비의 간청으로 촉나라의 승상이 되어 천하를 삼국으로 정립시키는데 결정적인 역할을 했으며, 위(魏)를 공격해 천하통일을 이루려 했지만 뜻을 이루지 못하고 오장원에서 죽었다. 저서로는 『제갈무후문집』(諸葛武侯文集)이 있다.

이 방자하고 오만하면 정밀하고 미묘한 이치를 깊이 연구할 수 없고 조급하고 경망하면 자신의 본성을 제대로 다스릴 수 없다. 이치를 제대로 밝히지 못하고 본성을 제대로 다스리지 못하는 사이에 나이는 시간과 함께 달려가고, 의지는 세월과 함께 사라지면서 마침내 가을날 초목처럼 시들어질 것이다. 그 때에 곤궁한 오두막집에서 슬퍼하고 탄식한다고 해도 다시 어찌할 것인가?"(「무후전서」)

9. 몰락은 쉽게, 갑자기 일어난다

유변[11]이 일찍이 글을 지어 자제들을 다음과 같이 경계했다.

명예를 훼손시키고 자신에게 재앙을 가져다 주며, 조상을 욕되게 하고 집안을 망치는 것 중에 가장 큰 다섯 가지 잘못이 있다. 이 다섯 가지를 마음속 깊이 기억해야 한다.

첫째는 자신의 편안함을 추구해 담박한 생활을 좋아하지 않는 것이다. 그래서 자신에게 이익이 된다고 생각하면 남들이 비난하는 말도 걱정하지 않는 것이다.

둘째는 유학의 도리를 알지 못하고 옛날의 도를 좋아하지 않는 것이다. 옛 경서에 대해서는 아무것도 모르면서 전혀 부끄러워하지도 않고 당대

---

11. 유변(柳玭)은 당나라 사람으로 이름은 변(玭)이고, 자는 직청(直淸)이다. 이부 시랑으로 역사서를 편찬했으며, 어사대부를 지냈다. 소종(昭宗)이 재상으로 삼으려고 했으나 환관들의 참소로 등용되지 못했다. 가훈을 지어 후손들을 경계한 『유씨가훈』(柳氏家訓)이 있다.

의 일을 함부로 논해 남들의 웃음거리가 되며 자신의 천박한 지식으로 남들의 학식을 미워하는 것이다.

셋째는 자기보다 나은 사람을 싫어하고, 자기에게 아첨하는 사람을 좋아하는 것이다. 단지 농담하기를 좋아하고 옛날의 도를 생각하지 않아 남의 선한 행동이나 말을 들으면 미워하고 남의 악한 행동이나 말을 들으면 들춰낸다. 이렇게 해서 점점 사악한 행실에 빠져 덕과 의를 상실하면 의관을 갖추고 있다 해도 노비들과 무엇이 다르겠는가.

넷째는 한가하게 노는 것을 숭상하고 좋아하며, 술을 즐겨 마시는 것이다. 그래서 술 마시는 것을 고상한 운치로 생각하고, 열심히 일하는 것을 비속한 무리로 여긴다. 이런 것이 습관이 되면 사람의 마음을 황폐하게 만들기 쉬워 잘못인 줄 깨달아도 뉘우치기 어렵다.

다섯째는 높은 벼슬을 얻는데 급급해 권세나 요직에 있는 사람들을 은밀하게 가까이하는 것이다. 하지만 그렇게 해서 작은 벼슬이나마 행여 얻더라도 다른 사람들이 분노하고 시기해 그 자리를 보존하기 힘들 것이다.

내가 보기에, 명문귀족들은 어느 집이나 그 조상들의 충성하고 효도하는 마음과 근면하고 검소한 생활태도 때문에 명성을 얻었고, 자손들의 완악하고 경솔하며 사치스럽고 오만한 태도 때문에 몰락하지 않는 경우가 없었다. 그런데 명문귀족이 되기는 하늘에 올라가는 것처럼 어렵고 몰락하기는 털을 태우는 것만큼이나 쉽다. 말을 하면 마음이 아프지만 너희들은 이 말을 뼈에 새겨 명심해야 한다. (『유씨가훈』)

10. 시냇가 푸른 소나무가 되라

범노공 질[12]이 재상이 되었을 때, 조카인 과가 한번은 관직을 올려 주기를 부탁했다. 그러자 범질은 시를 지어 그를 타일렀는데, 시의 내용은 대략 다음과 같다.

네게 훈계하나니, 입신하는 방법을 배우는 공부는

효도와 공경을 우선하는 것보다 나은 게 없네.

기뻐하는 마음으로 부모와 어른을 봉양하며

감히 교만하고 업신여기는 마음을 가지지 말라.

조심하고 또 조심하는 마음으로

급하고 힘든 때에도 반드시 이 마음을 가져야 하리라.

네게 훈계하나니, 관직 구하는 공부는

사람의 도리와 육예(六藝)를 성실히 배우는 것보다 나은 게 없네.

일찍이 옛 말에

'학문을 하고 여유가 있으면 관직에 나선다'고 하였네.

다른 사람이 자기를 알아주지 못함을 걱정 말고

다만 학문이 부족한 것만을 근심하라.

네게 훈계하나니, 치욕을 멀리하라.

공손하면 예에 가까울 것이니,

스스로를 낮추고 다른 사람을 높히며,

---

12. 범노공(范魯公) 질(質)은 북송의 유학자이다. 종성(宗城) 출신으로 이름은 질(質)이고, 자는 문소(文素)이다. 북송의 태조 때 노국공에 봉해졌으며 성품이 강직한 것으로 유명했다. 저서에 『오대통록』(伍代通錄)이 있다.

상대방을 우선하고 자신은 뒤로 미루어야 한다네.

『시경』의 「상서」(相鼠)와 「모치」(茅鴟)에서

반드시 공자가 풍자한 것을 보아라.

네게 훈계하나니, 방탕하고 분방하지 말라.

방탕하고 분방함은 단아한 선비의 태도가 아니네.

주공과 공자가 명교(名敎)를 남겼는데도

제나라와 양나라는 청담을 숭상하네.

남조(南朝)가 여덟 명의 달인을 칭송하여,

청담은 천년 동안 명교의 역사를 더럽혔네.

네게 훈계하나니, 술을 즐기지 말라.

천성을 어지럽힐 뿐 아름다운 맛은 아니라네.

술이란 신중하고 중후한 성품을

흉악하고 음험한 인간으로 바꾸어 버리니,

고금에 걸쳐 술로 인해 집안을 기울게 하고 몸을 망친 이들을

하나하나 분명히 기억할 수 있네.

네게 훈계하나니, 말을 많이 하지 말라.

말 많음은 뭇 사람들이 싫어하는 것.

진실로 추기(樞機)[13]를 조심하지 않으면,

재난이나 액운은 이로부터 시작될 것이네.

옳으니 그르니, 헐뜯고 칭찬하는 사이에

단지 몸은 화를 당하기에 충분할 것이네.

---

13. 문을 열고 닫는 것을 지도리[樞]라고 하며 활을 풀거나 당기는 것을 오늬[機]
라고 한다. 이것은 일의 핵심이 되는 것을 비유한 말이다.

온 세상이 벗과의 사귐을 소중히 하여

금란지계(金蘭之契)를 맺는 것처럼 해야 한다네.

그러나 분노하고 원망하는 마음은 쉽게 생겨

바람에 파도가 일 듯 당장에 일어나네.

그런 까닭에 군자의 마음은

깊고 넓은 물처럼 담담하다네.

온 세상이 떠받들어 주는 것을 좋아해

으스대면서 의기양양해 하네.

그러나 떠받드는 사람이

자기를 놀림감으로 여기는 것을 알지 못하네.

그러기에 옛 사람들은

새가슴과 곱사등이를 미워했도다.

온 세상이 협객들을 중시하여

세속에서 기개있고 의리있다고 말들 하지만

남을 위해 급하고 어려운 일에 달려들어,

자주 죄수가 되어 잡히고 묶이네.

그런 까닭에 마원이 글을 써서

은근히 여러 자제들을 경계시켰도다.

온 세상이 청렴하고 소박한 것을 비천하게 여겨

몸을 화려하고 사치스럽게 받들기를 좋아하네.

살찐 말에다 가볍고 좋은 외투를 입고,

의기양양 마을 거리를 지나가네.

시장판 아이들에게 부러움을 받으나

알만한 사람들은 비천하다고 말하네.

나는 본래 깃들어 사는 나그네 신하.

요임금과 순임금같은 훌륭한 임금을 만나

지위는 높지만 재주는 넉넉하지 못하네.

근심스레 걱정하고 두려움을 품고서

깊은 연못가와 얇은 얼음을

밟고 서서 떨어질까 두려워하네.

너희들은 당연히 나를 불쌍하게 여겨

죄와 허물을 더 짓도록 하지 말지어다.

문을 잠그고 발걸음을 감추며

머리를 숙이고 명예와 권세를 피하라.

권세와 지위는 오래 있기 힘드니,

끝내 어떻게 믿을 수 있을 것인가.

만물은 성하면 반드시 쇠하는 법.

일어남이 있으면 다시 폐함이 있는 법,

빨리 이뤄지면 견고하지 못하고,

빨리 달리면 넘어지는 일도 많네.

활짝 핀 정원의 꽃은

빨리 피면 먼저 지고

더디게 자라는 시냇가 소나무는

울창하게 늦게까지 푸르도다.

타고난 운명에는 더디고 빠름이 있어,

청운은 힘으로 도달하기 힘든 것.

말을 일러보내 제군들의 부탁을 거절하니,

조급하게 승진하는 것은 헛된 것일 뿐이리. (『송사』「범질열전」)

11. 선인은 향기가 있는 사람

소강절 선생[14]이 자손에게 다음과 같이 훈계하셨다.

"사람 중에 자질이 가장 뛰어난 사람은 가르치지 않아도 선하고, 중간쯤 되는 사람은 가르쳐야만 선하고 가장 못난 사람은 가르쳐도 선하게 되지 않는다. 가르치지 않아도 선한 사람이 바로 성인이다. 가르쳐야 선하게 되는 사람은 현인이다. 가르쳐도 또한 선하게 되지 못하는 사람은 어리석은 사람이다.

여기서 선을 안다는 것은 길함을 말하고 불선하다는 것은 흉함을 의미한다. 길하다는 것은 예가 아닌 색은 보지도 듣지도 않으며, 예가 아닌 말을 하지 않고, 예가 아닌 땅을 밟지도 않는 것이다. 따라서 선한 사람이 아니면 교류하지 않고 올바른 물건이 아니면 가지지 않는다. 또한 향기 나는 영지나 난초에 다가가듯 어진 사람을 친하게 여기며 뱀이나 전갈을 피하듯이 악인을 멀리한다면 그 사람을 어떤 사람이 길한 사람이 아니라고 말해도 나는 믿지 않겠다.

흉한 사람의 말은 이치에 맞지 않고 괴상하며 행동거지는 음흉스럽다. 이익을 좋아하고 그른 것을 바른 것처럼 꾸미며, 음탕한 일을 좋아하고 화가 될 일을 즐긴다. 어질고 착한 사람을 원수처럼 미워하며, 밥 먹듯이 법

---

14. 소강절(昭康節) 선생은 북송의 사상가이다. 범양(范陽) 출신으로 이름은 옹(雍)이며, 자는 요부(堯夫)이고, 시호는 강절(康節)이다. 그는 역학에 뛰어났는데, 이지재(李之才)로부터 『주역』을 배웠으며 상수학적으로 해석했다. 백원(百源)에서 공부를 하고 후학들을 가르쳤기 때문에 그의 학파를 '백원학파'라고 한다. 저서에 『관물편』(觀物篇), 『어초문답』(漁樵問答), 『이천격양집』(伊川擊壤集)『황극경세서』(皇極經世書) 등이 있다.

을 어긴다. 이런 사람은 적어도 자신의 몸을 손상시키거나 목숨을 잃으며 크게는 종족을 전멸시키고 후사를 끊어지게 한다. 이와 같다면 그 사람을 어떤 사람이 흉한 사람이 아니라고 해도 나는 믿지 않겠다.

전해 오는 말 중에 다음과 같은 내용이 있다. "길한 사람은 선을 행하면서 시간이 부족하다고 하고, 흉한 사람은 불선을 행하면서 역시 시간이 부족하다고 한다. 너희들은 길한 사람이 되려고 하느냐, 아니면 흉한 사람이 되려고 하느냐." (『소자전서』)

12. 마음만 먹으면 군자가 될 수 있다

서절효 선생[15]이 배우는 이들에게 다음과 같이 훈계했다.

"제군들이 군자가 되고자 할 경우, 자신의 몸을 수고롭게 해야 하고 자신의 재물도 소비해야 하기 때문에 군자가 되지 않겠다고 작정하는 것은 그래도 수긍이 간다. 그런데 자신의 몸을 수고롭게도 하지 않고 자신의 재물도 소비하지 않는데, 제군들은 왜 군자가 되려고 하지 않는가? 군자되는 것을 마을 사람들은 천하게 여기고, 부모는 싫어하기에 군자가 되지 않겠다는 것은 그래도 수긍이 간다. 그런데 군자되는 것을 부모들은 원하고, 마을 사람들은 영광스럽게 생각하는데 제군들은 왜 군자가 되려고 하지

---

15. 서절효(徐節孝) 선생은 북송시대 유학자이다. 산양인 출신으로 이름은 적(積)이고, 자는 중거(仲車)이다. 시호는 절효처사(節孝處士)이다. 효자로 세간에 널리 알려졌으며, 관직은 초주교수(楚州敎授)에 이르렀다. 저서에 『절효어록』(節孝語錄), 『절효집』(節孝集) 등이 있다.

않는가?"

또 "선한 일을 말하며, 선한 일을 행하며, 선한 일을 생각하고서도 군자가 되지 않은 사람은 없다. 또한 선하지 않는 일을 말하고, 선하지 않는 일을 행하며, 선하지 않는 일을 생각하고도 소인이 되지 않은 사람은 없다"고 훈계하였다. (『동몽훈』)

13. 뜻은 높게, 마음은 성실하게, 몸은 경건하게

호문정공[16]이 아들에게 주는 글에서 다음과 같이 말했다.

"뜻을 세울 때는 명도나 희문[17]처럼 되기를 스스로 기원하라. 마음가짐은 성실과 믿음 그리고 속이지 않는 것을 주된 근본으로 하라. 몸가짐은 단정하고 장중하며, 청렴하고 근신하는 자세를 지켜라. 일에 임해서는 명민하고 과단성 있는 태도로 시비를 판가름해라. 법률을 집행할 때는 법을 정한 뜻을 생각해 보고 그 취지에 맞도록 시행한다면 정치를 해도 남에게 뒤지지는 않을 것이다.

너희들은 힘써 노력해야 한다. 마음을 바로잡고 몸을 수양하는 데는 음

---

16. 호문정공(胡文定公)은 북송의 사상가(1073~1138)이다. 숭안(崇安) 출신으로 이름은 안국(安國)이고, 자는 강후(康侯)이며, 호는 무이선생(武夷先生)이다. 관직은 급사중(給事中)에 도달했으며, 저서에 『춘추전』(春秋傳), 『통감거요보우』(統監擧要補遺) 등이 있다.

17. 희문(希文)은 북송의 학자(989~1052)로 오현(伍縣) 출신이다. 성은 범(范)이며, 이름은 중엄(仲淹)이고, 희문(希文)은 그의 자다. 그는 천하의 일에 대해 격론하기를 좋아했으며 사대부의 기개를 강조해 북송의 학자들이 많은 영향을 받았다. 저서에 『단양집』(丹陽集), 『주의척독』(奏議尺牘) 등이 있다.

식과 남녀관계가 가장 절실하고 중요하다. 예로부터 성현들도 여기서부터 공부를 했으니, 어찌 소홀히 할 수 있겠는가."(『호씨전가훈』)

14. 고을 백성에게 준 진양의 글

진고령 선생[18]이 선거지방의 수령이 되어 고을 백성들을 다음과 같이 가르쳤다.

"우리 백성들 중에 아버지는 의롭고 어머니는 자애로우며, 형은 우애하고 아우는 공손하며, 자식은 효도해야 한다. 부부 사이는 서로의 은혜를 지키며, 남녀간에 분별이 있으며, 어린아이들은 배워야 한다. 마을에는 예의가 있어야 하며 빈곤과 환난에 빠졌을 때는 친척이 서로 구제하며 혼인 같은 경사나 장례같은 애사에는 이웃들이 서로 도우며, 농사일을 게을리 하지 말아야 한다. 도둑질을 하지 말고 도박은 배우지도 말아야 한다. 다투거나 송사하는 것을 좋아하지 말고 악으로써 선을 능멸하지 말며 부유함으로써 가난한 자를 병탄하지 말아야 한다. 길가는 사람은 길을 양보하며 밭가는 사람은 밭두둑을 양보하고 머리가 희끗희끗 반쯤 센 사람이 길에서 물건을 등에 지거나 머리에 이고 가는 일이 없으면 예의 있는 풍속이 만들어질 것이다."(『진선생행장』)

---

18. 진고령(陳古靈) 선생은 북송의 사상가로, 후관(侯官) 출신이다. 이름은 양(襄)이고, 자는 술고(述古)이며, 호는 고령(古靈)이다. 왕안석의 개혁정책을 반대하다가 지방으로 좌천되었으며, 임지마다 학교를 세우고 질병에 대한 대책을 세웠다. 신종에게 신임을 받아 사마광, 한유, 소식 등을 천거하기도 했다.

둘. '인간의 길'의 뜻을 넓힌다 [廣明倫]

15. 독단적으로 결정하지 마라

항렬이 낮거나 나이가 어린 모든 사람은 크고 작은 일에 상관없이 독단적으로 일을 처리하지 말고 반드시 집안어른에게 여쭈어 보아야 한다. (『온공가의』)

16. 자신의 생각을 고집하지 마라

자식이 부모의 명을 받을 때는 반드시 책자에 기록하고, 그것을 차고 다니면서 때때로 살펴보고 빨리 시행해야 한다. 그리고 일이 끝나면 돌아와서 아뢰어야 한다. 혹시 명을 받은 것 중에 실행할 수 없는 것이 있으면 온화한 얼굴과 부드러운 목소리로 옳고 그름과 이해관계를 모두 갖추어 말해야 한다. 부모의 허락을 기다린 다음에 명을 고치고, 만약 허락하지 않는 경우에도 일에 큰 해를 끼치지 않는다면 또한 자신의 의견을 굽히고 부모의 생각을 따라야 한다. 만약 부모의 명이 잘못됐다고 해서 자신의 생각대로 실행한다면 자신의 생각이 전적으로 옳다고 해도 오히려 불순한 자식이 될 것이다. 하물며 자신의 의견이 반드시 옳지 않는 경우에는 더 말할 필요도 없다. (『온공가의』)

17. 부모가 기뻐하면 형편을 따지지 마라

순임금이 부모를 섬길 때, 부모가 기뻐하지 않았던 것은 아버지가 완악하고 어머니는 어리석어 보통 사람의 심정에 가깝지 않았기 때문이다. 만약 부모가 보통 사람의 성품이고, 사랑하고 미워함이 사리에 어긋나지 않으면 반드시 우선은 부모의 말을 따라야 한다.

부모가 좋아하는 옛 친구는 힘을 다해 초청하고, 대접할 술과 안주를 정성을 다해 마련해야 한다. 그래서 부모를 기쁘게 해드림을 중요하게 여기고, 가계에 여유가 있고 없음을 계산해서는 안 된다. 하지만 또한 그렇게 무리하면서 애쓰는 것을 부모가 알지 못하도록 해야 한다. 부모는 자식이 힘들어하는 것을 보면 또한 마음이 편하지 않을 것이다." (『장자전서』)

18. 옳지 않은 부모는 없다

나중소[19]가 『맹자』에 나오는 '고수가 기뻐하자, 천하의 부자관계가 안

---

19. 나중소(羅仲素)는 북송시대의 유학자이다. 남검(南劍) 출생으로, 이름은 종언(從彦)이고, 자는 중소(仲素)이며, 시호는 문질(文質)이다. 양시(楊時)에게 사사받고 신유학의 체계 형성에 기여를 했다. 저서로는 『존요록』(尊要錄), 『중용설』(中庸說), 『예장집』(豫章集) 등이 있다.

정되었다'는 말을 논평해 "단지 천하에 옳지 않은 부모는 없기 때문이다"
라고 말했다. 요옹(了翁)이 이 말을 듣고서 훌륭하다고 여겨 다음과 같이
말했다.

"오직 이와 같이 한 다음에야 세상의 부자관계가 안정될 수 있다. 신하
가 자신의 임금을 시해하고 자식이 자신의 부모를 시해하는 것은 임금이
나 아버지에게 옳지 않은 점이 있다는 것을 보는 데서 시작한다."
(『이락연원록』)

19. 의술을 알아야 한다

병에 걸려 침상에 누워 있는 사람을 용렬한 의사에게 맡기는 것은 부모
가 자식을 사랑하지 않고 자식이 부모에게 효도하지 않는 것에 비길 수 있
다. 부모를 섬기는 자는 또한 의술을 알지 않으면 안 된다. (『이정전서』)

20. 제사와 부모

부모를 모시고 제사를 지내는 일을 어떻게 다른 사람에게 시킬 수 있겠
는가. (『장자전서』)

21. 선조를 박대해서는 안 된다

관례(冠禮)·혼례(婚禮)·상례(喪禮)·제례(祭禮)는 예절 중에 중요한 것인데도 요즘 사람들은 전혀 모르고 있다. 승냥이나 수달도 모두 근본에 보답할 줄 아는데, 지금 사대부 집안에서는 대부분 이것을 무시해 부모는 후하게 봉양하면서도 선조에게는 박하게 대한다. 이것은 매우 옳지 않은 일이다.

내가 전에 육례(六禮)의 내용을 대략 정리한 적이 있다. 그 내용은 다음과 같다.

집에는 반드시 사당(祠堂)를 두며, 사당에는 반드시 신주(神主)를 두어야 한다. 매월 초하루에는 반드시 새로 나온 제물을 올려야 하며, 시제(時祭)는 가운데 달[20]에 지낸다. 동지 때는 시조(始祖)에게 제사를 지내고, 입춘에는 선조(先祖)에게 제사를 지내며, 늦가을에는 아버지 사당에 제사를 지내고 기일(忌日)에는 신주를 사당에서 정당(正堂)으로 옮겨 제사를 지낸다. 모든 죽은 이들에게 지내는 제사는 살아 있는 사람을 받드는 것보다 후하게 해야 한다. 집에서 이런 종류의 일 몇 가지를 보존해서 행한다면 어린아이라도 점차 예의를 알게 할 수 있을 것이다. (『이정전서』)

---

20. 가운데 달[仲月]은 중춘(仲春:2월), 중하(仲夏:5월), 중추(仲秋:8월), 중동(仲冬:11월)으로 이 네 달에 날을 가려서 시제를 지낸다.

22. 성인식이 중요한 이유

관을 쓴다는 것은 어른이 되는 길이다. 어른이 된다는 것은 앞으로 사회 속에서 아들, 아우, 신하, 젊은이로서의 행실에 책임을 진다는 것이다. 앞으로 이 네 가지의 역할에 대하여 책임을 지우려면 관례를 중시하지 않을 수 있겠는가.

관례가 폐지된 지 오래되었다. 근세 이후로는 더욱 인심이 경박해져 태어난 아들이 아직 젖을 먹고 있는데도 벌써 두건과 모자를 씌우며, 관직에 있는 사람들은 간혹 아들에게 관복을 만들어 입히고 즐거워한다. 열 살이 지나도 머리를 여전히 총각(總角)모양으로 하고 있는 사람은 거의 없다. 그들에게 네 가지 역할에 대한 책임을 지우려고 해도 그들이 어떻게 알 수 있겠는가. 그러므로 어릴 때부터 어른이 될 때까지 내내 어리석고 미련하니 이것은 어른되는 도리를 깨닫지 못했기 때문이다.

옛날의 예법에는 스무 살에 관례를 치른다고 했지만 세속의 폐단을 갑자기 없앨 수는 없으니, 만약 돈후하고 옛 것을 좋아하는 군자라면 자식이 열다섯 살이 넘었을 때에 『효경』과 『논어』를 이해하고 대강이나마 예의의 방향을 알고 난 다음에 관례를 치르는 것이 좋을 것이다. (『온공서의』)

23. 상(喪)중의 음주

옛날에 부모의 상에는 빈소를 차린 다음에 죽을 먹었으며, 자최복을 입은 상에는 빈소를 차린 다음에 거친 밥과 물을 마시고, 채소와 과일은 먹지 않았다. 부모의 상에는 우제[21]와 졸곡제[22]를 지낸 뒤에야 거친 밥을 먹고 물을 마시며 채소와 과일은 먹지 않았다. 돌아가신 지 일년이 되면 소상(小祥)을 지내고 채소와 과일을 먹었으며, 다시 일년이 되면 대상(大祥)을 지내고 식초와 장을 먹었다. 대상을 지낸 뒤 한달 뒤에 담제(禪祭)를 지내고, 담제를 지낸 다음에 단술을 마셨다. 처음 술을 마시는 사람은 먼저 단술을 마시고, 처음 고기를 먹는 사람은 먼저 말린 고기를 먹었다. 옛날에는 상을 치르는 도중에 공공연하게 고기를 먹거나 술을 마시는 사람이 없었다.

한나라 창읍왕[23]이 소제의 초상에 가는 도중에 고기가 있는 반찬을 먹자, 곽광이 그의 죄를 낱낱이 들어서 폐위시켜 버렸다. 진나라 완적[24]은 자신의 재주를 믿고 방탕했으며 상중에 있으면서도 예를 지키지 않았다. 하증(何曾)이 문제(文帝)가 있는 자리에서 완적을 면전에서 "경은 풍속을 어지럽힌 사람이니, 윗자리에 있어서는 안 된다"라고 질책했다. 문제에게

---

21. 우제(虞祭)는 매장이 끝나고 집에 돌아와서 영혼이 편안히 머물도록 지내는 제사이다. 첫날에 지내는 것을 초우제(初虞祭), 그 다음날에 지내는 것을 재우제(再虞祭), 삼일째 되는 날에 지내는 것을 삼우제(三虞祭)라고 한다.

22. 졸곡제(卒哭祭)는 삼우제를 지낸 다음에 지내는 제사. 죽은 지 석 달이 지난 뒤에 지내는 제사로 이때부터 곡을 하지 않는다.

23. 창읍왕(昌邑王)은 이름은 하(賀)이다. 한나라 무제의 손자이며. 창읍(昌邑) 애왕(哀王) 박(髆)의 아들이다. 소제가 죽고 나서 후사가 없었기에 제위를 이었다. 그런데 그가 음란하고 무도했기 때문에 곽광이 그를 폐위시키고 해혼후(海昏侯)로 삼았다.

24. 완적(阮籍)은 삼국시대 위(魏)나라의 사상가이다. 자는 사종(嗣宗)이며, 죽림칠현의 한 사람이다. 노장사상에 심취해 유교적인 규율에서 벗어난 행동을 많이 했으며, 술과 음악을 좋아하고 세상 일은 비천하다고 여겨 잘 논하지 않았다.

도 "공께서는 지금 효로써 천하를 다스리고 계십니다. 제가 듣기에, 완적이 부모의 상을 당했으면서도 공공연한 자리에서 술을 마시고 고기를 먹었다고 합니다. 마땅히 그를 오랑캐의 땅으로 내쫓아 우리의 땅을 더럽히지 않도록 해야 합니다"라고 말했다.

송나라 노릉왕 의진이 무제의 상중에 있으면서 옆에서 시중들고 있는 사람들에게 생선과 고기와 진귀한 음식을 사오게 해 재실 안에 따로 휘장을 치고 주방을 만들었다. 마침 장사 유침[25]이 들어오자, 술을 데우고 바다조개를 구워오도록 명령했다. 유침이 진지하게 "공께서는 지금 이런 것을 설치해서는 안 됩니다"라고 말하자, 의진은 "아침 날씨가 매우 차갑소. 그대와는 한 집안과 같으니 이상하게 생각하지 말기 바라오"라고 말했다. 술이 들어오자, 유침은 벌떡 일어서며 "공께서는 이미 예로써 스스로 처신하지 못했고, 또 예로써 남을 대접하지도 못했습니다"라고 말했다.

수나라 양제[26]가 태자일 때의 일이다. 문헌황후의 상중에 있을 때에 겉으로는 매일 아침 두 줌의 쌀을 올리게 했지만 남몰래 외부 사람들에게 기름진 고기와 포와 식혜 등을 대나무 통 속에 넣은 다음, 밀랍으로 대나무 입구를 봉하고 보자기로 싸서 들여오도록 했다.

---

25. 장사(長史)는 관직명으로 한나라 때의 승상이나 삼공에 속한 관리이다. 유침(劉湛)은 남조 때의 송나라 사람으로 자는 홍인(弘仁)이다. 표성왕(彭城王) 의강(義康)과 결의를 하고 시무책을 종종 건의했는데 때문에 불안해진 문제(文帝)에게 죽임을 당했다.
26. 양제(煬帝)는 수(隋)나라 문제(文帝)의 둘째 아들로. 이름은 광(廣)이다. 문제를 시해하고 즉위하여 12년간 제위에 있었다. 토목공사를 크게 일으켜 백성들의 원성을 샀으며 뒤에 운문화급(宇文化及)에게 시해당했다.

호남의 초나라왕 마희성[27]이 그의 아버지 무목왕을 장사지내는 날인데도 닭고기 국을 먹자, 그의 관속 반기가 "옛날에 완적이 상중에 있으면서 삶은 돼지고기를 먹었다고 하는데, 어느 시대인들 현명한 사람이 없겠는가"라고 하며 비웃었다.

오대(伍代)시대 때만 해도 상을 치르는 중에 고기를 먹는 사람들을 이상하게 여겼다. 그러므로 이같은 풍속의 폐단은 근대에 생긴 것이라고 볼 수 있다. 오늘날의 사대부들은 상중에 있으면서도 평일과 다름없이 고기를 먹고 술을 마시며, 또 서로 좇아가면서 잔치를 열고도 부끄러워할 줄을 모른다. 그래서 이젠 다른 사람들도 편안하게 여기고 이상하게 보지 않는다. 예속이 무너진 것에 익숙해져 이젠 당연한 일로 여기니, 참으로 슬픈 일이다!

무지한 시골 사람들은 때때로 초상에 소렴, 대렴도 끝내기 전에 친척이나 손님들이 술과 안주를 가져가서 위로하고, 주인도 또한 술과 안주를 마련해서 서로 연일 취하도록 마시고 배부르도록 먹는다. 장례식 때도 이렇게 하며, 심한 경우에는 초상 때 음악을 연주해서 시신을 즐겁게 하고, 빈소를 모시거나 장례를 치를 때도 음악으로 상여를 인도하게 하고 소리쳐 울면서 그 뒤를 따라간다. 상중을 틈타 장가가고 시집가는 이들도 있으니 통탄할 노릇이다. 습속을 변경하기 어렵고 어리석은 사람을 깨우치기 어려운 지경이 이 정도란 말인가!

부모의 상중에 있는 사람은 대상 전에는 누구든지 술을 마시거나 고기를 먹을 수 없다. 만약 병이 있으면 잠시 고기나 술을 먹을 수 있지만, 병

---

27. 마희성(馬希聲)은 오대(伍代)시대의 초나라 왕으로 자는 약납(約納)이다. 양나라의 태조가 닭을 좋아한다는 말을 듣고 자신도 매일 닭을 먹었다고 한다.

이 나으면 당연히 원래대로 해야 한다. 만약 거친 밥이 목에 넘어가지 않아 오래도록 밥을 먹지 못해 몸이 약해져 병이 생길까 두려운 사람들은 고기즙, 포, 젓갈이나 약간의 고기로 입맛을 돋울 수 있다. 하지만 진수성찬을 먹거나 사람들과 함께 연회를 베풀어서는 안 된다. 이렇게 하면 상복을 입었다고 하더라도 실은 상례를 행하지 않는 것이다. 다만 오십 살이 넘은 사람 중에 혈기가 이미 쇠약해 반드시 술과 고기로 몸을 보양해야 하는 사람은 반드시 그렇게 하지 않아도 된다. 그리고 상중에 있으면서 음악을 듣거나 결혼하는 사람들에 대해서는 나라에서 정한 올바른 법이 있기에 여기서는 거론하지 않겠다. (『온공서의』)

24. 거적에서 흙덩이를 베고 잔다

부모의 상에는 중문 밖에 소박하고 좁은 방을 택해서 남자가 거처하는 곳으로 만든다. 아버지 상을 당했을 경우에는 거적 위에서 흙덩이를 베고 자며, 머리에 맨 띠와 허리에 맨 띠를 벗지 않고 남과 함께 앉지도 않는다. 부인은 중문 안에 있는 별실에 거처하며 휘장과 이불과 요와 같은 화려한 물건을 치워야 한다. 남자는 특별한 일 없이 중문 안에 들어가지 않으며, 부인은 갑자기 남자가 거처하는 곳에 가지 않는다.

진나라 진수는 아버지 상을 당했을 때에 병에 걸려 계집종에게 약을 지어오도록 시켰다. 손님들이 가서 이것을 보고, 마을 사람들이 좋지 않게 평가했다. 이 일로 인해 오래도록 승진하지 못했으며 불우하게 일생을 마쳤다. 그러므로 남들에게 혐의를 받기 쉬운 경우에는 조심하지 않으면 안 된다. (『온공서의』)

25. 상중에는 외출을 삼가라

부모의 상중에는 외출해서는 안 된다. 만약 상사(喪事)나 특별한 일이 생겨 부득이하게 외출해야 한다면 장식을 하지 않은 소박한 말을 타고 안장과 고삐를 베로 싸야 한다. (『온공서의』)

26. 지옥은 존재하지 않는다

세속에서는 불교의 속임수와 유혹에 넘어가 상사(喪事)가 있을 때에 부처에게 공양하고 중에게 먹이지 않는 사람이 없다. 불교에서는 "죽은 자를 위해 죄를 없애고 복을 도와 천당에서 살도록 하고 모든 쾌락을 받게 한다. 이렇게 하지 않는 사람은 반드시 지옥에 들어가 칼에 온몸이 토막나고, 불태워지고, 방아찧기고, 맷돌에 갈려 온갖 고초를 받는다"고 말한다. 이것은 죽은 사람의 형체는 이미 썩어 없어지고 정신도 이미 날아가 흩어져 버리기에 비록 토막내고 태우고 찧고 가는 일이 있더라도 그런 일을 당할 대상이 없음을 전혀 알지 못하는 것이다. 하물며 불교의 가르침이 아직 중국에 들어오지 않았던 때에 죽었다가 다시 살아난 사람이 있었다. 하지만 무슨 이유로 한 사람도 지옥에 들어가 이른바 시왕(十王)[28]을 보았다는 사람이 없는가? 이것은 지옥은 존재하지 않고 믿을 것이 못된다는 것을 분명하게 나타낸다. (『온공서의』)

---

28. 시왕(十王)은 불교에서 저승에 있다고 말하는 열 명의 왕을 말한다.

27. 점과 부적을 믿지 말라

우리 집안에서는 무당과 부적에 대해서는 일체 말하지 않는다. 너희들은 보았으며, 너희들도 요사스럽고 망령된 일을 하지 말아라.
(『안씨가훈』)[29]

28. 부모가 죽은 뒤의 생일

부모님이 안 계신 사람이 생일을 맞으면 비통한 마음이 갑절이나 더할 것이다. 그런데 어떻게 차마 술잔치를 벌이고, 음악을 연주해 즐길 수 있겠는가? 두 분의 부모가 모두 살아 있는 사람이라면 그렇게 해도 괜찮다.
(『이정전서』)

29. 처자처럼 백성을 사랑하라

부모를 섬기듯이 임금을 섬기며, 형을 섬기듯이 상관을 섬기며, 집안 사람을 대하듯이 동료들을 대하며, 자기의 노복을 대하듯이 여러 아전을 대

---

29. 『안씨가훈』(顏氏家訓)은 북제(北齊)의 안지추(安之推)가 지은 책으로 모두 20편으로 구성되어 있다. 몸을 다스리고 가정을 다스리는 방법부터 문자학, 음운론 등에 이르까지 다양한 내용으로 자손을 훈계하고 있다. 유가의 형식을 띄고 있지만 불법에 관한 내용들도 많다.

하며, 처자식을 사랑하듯 백성을 사랑하며, 집안 일을 처리하듯 관청의 일을 처리한 뒤에야 자신의 마음을 다했다고 할 수 있다. 만약 털끝만큼이라도 최선을 다하지 못한 점이 있다면 자신의 마음을 다했다고 할 수 없다. (『동몽훈』)

30. 사욕이 불화의 원인이다

어떤 사람이 이천선생에게 물었다.

"주부(主簿)는 현령을 돕는 사람입니다. 주부가 하려고 하는 일을 현령이 따르지 않으면 어떻게 해야 합니까?"

이천선생이 대답했다.

"마땅히 성실한 마음으로 현령을 감동시켜야 한다. 현령과 주부가 화합하지 않는 것은 단지 사사로운 욕심으로 다투기 때문이다. 현령은 한 고을의 우두머리이다. 부모를 섬기는 도리로 현령을 섬겨, 잘못은 자기자신에게 돌리고 좋은 일은 현령에게 돌아가지 않을까 걱정해야 한다. 이런 식으로 성실한 마음을 쌓아간다면 어떻게 사람 마음을 감동시키지 못하겠는가?" (『이정전서』)

31. 하급관리의 덕과 사랑

하급관리라도 사람을 사랑하는 데 마음을 두면 반드시 사람에게 혜택을 미칠 수 있을 것이다. (『이정전서』)

32. 우선 자신을 바로잡아라

유안례[30]가 백성을 대하는 도리를 묻자, 명도선생은 "백성들이 자신들의 생각을 윗사람들에게 모두 말할 수 있도록 해야 한다"라고 대답했다. 아전을 통솔하는 방법에 대해 묻자, "자신의 몸을 바로잡고 나서 남을 바르게 해야 한다"라고 대답했다. (『이정전서』)

33. 윗사람을 비방하지 마라

그 나라에 살면 그 나라의 대부를 비난하지 않는 것이 가장 좋은 도리이다. (『이정전서』)

34. 관리의 세 가지 자세

관리가 되어 지켜야 할 법은 오직 세 가지가 있다. 바로 청렴함과 신중함과 근면함이다. 이 세 가지를 알면 관리로서 어떻게 처신해야 할지를 알 수 있다. (『동몽훈』)

---

30. 유안례(劉安禮)는 북송시대의 사상가로 자는 원소(元素)이다. 형 유안절(劉安節)과 함께 정명도의 문하에서 배웠다.

35. 관리의 마음가짐

관직을 맡은 사람은 이색적인 일을 하는 사람들과는 일체 서로 접촉하지 말아야 한다. 여자 무당과 남자 무당, 여승과 중매장이 같은 사람들은 더욱 멀리해서 관계를 끊어야 한다. 요컨대 관리는 마음을 맑게 하고 무익한 일을 덜어 버리는 것을 근본으로 삼아야 한다. (『동몽훈』)

36. 젊은 관리의 약점

경험이 적은 젊은 사람이 갑자기 지방관의 직책을 맡게 되면 교활한 아전들의 미끼에 걸려들면서도 스스로 깨닫지 못하는 수가 많다. 젊은 지방관은 털끝만한 이득을 얻고서는 아전들에게 제압 당해 재임기간 동안 감히 마음대로 행동하지 못하게 된다. 대개 관리가 이익을 좋아하면 자신이 얻는 것은 매우 적으면서도 아전들이 도둑질하는 것은 헤아릴 수 없다. 이것 때문에 무거운 벌을 받게 되므로 참으로 애석한 노릇이다. (『동몽훈』)

37. 갑작스럽게 화내지 말라

관직에 있는 사람은 우선 갑작스럽게 화내는 것을 경계해야 한다. 옳지 않은 일이 있을 경우에는 마땅히 자세히 살펴서 처리하면 사리에 맞지 않는 경우가 없을 것이다. 만약 먼저 화부터 낸다면 자신만을 해칠 뿐이다. 어떻게 남을 해칠 수 있겠는가! (『동몽훈』)

38. 성실이 최고의 덕목이다

관리가 되어 일을 처리할 때는 오직 성실한 자세를 가지도록 노력해야
한다. 공문서의 글자를 뭉개 버리거나 긁어내며, 추후에 날짜를 고치며,
여러 번 서명을 고치는 일을 하다가 만에 하나라도 드러나면 훨씬 무거운
죄를 받게 된다. 또한 이것은 성실한 마음을 길러 임금을 섬기고 속이지
않는 도리가 아니다. (『동몽훈』)

39. 조혼풍속의 폐단

왕길은 상소에서 "부부는 인륜의 근본이며, 요절과 장수를 가름하는 단
초가 됩니다. 세상의 풍속은 너무 일찍 시집장가를 가기 때문에 부모의 도
리를 알기도 전에 자식을 둡니다. 그래서 교화가 제대로 이뤄지지 못하고
백성들 중에 요절하는 사람이 많습니다"라고 말했다. (『한서』「왕길전」)

40. 혼인에 재물을 논하지 마라

문중자[31]가 다음과 같이 말했다.

"혼인에 재물을 논하는 것은 오랑캐의 도리다. 군자는 그러한 풍속이

---

31. 문중자(文中子)는 수(隋)나라의 유학자로 이름은 통(通)이며, 자는 중엄(仲淹)
이다. 시호가 문중자이며, 저서에 『문중자』가 있다.

있는 마을에는 들어가지 않는다. 옛날에 남자 집안이나 여자 집안은 각각 상대편의 덕을 보고 선택했을 뿐, 재물 보내는 것을 예로 삼지 않았다."
(『중설』「사군」)

41. 일부일처제의 풍속

일찍 결혼해 어린 나이에 아내를 맞이하는 것은 사람들에게 경박함을 가르치는 것이며, 수없이 많은 첩과 잉첩[32]을 두는 것은 사람들에게 음란함을 가르치는 것이다. 또 신분의 귀천에 따라 첩이나 잉첩 수의 등급이 있다. 일반 백성들은 한 남편이 한 아내를 둔다. (『중설』「사군」)

42. 처가의 힘에 의지하지 마라

대체로 혼인을 논의할 때는 우선 사위될 사람, 또는 며느리될 사람의 성품이나 행실 그리고 그 집안의 법도가 어떠한가를 살펴야 한다. 다만 그 집안의 재산이나 신분을 부러워해서는 안 된다. 사위될 사람이 진실로 어질다면 지금은 빈천해도 앞으로 부귀하게 될 것이다. 사위될 사람이 진실로 어리석다면 지금은 부유하고 권세가 있다고 해도 앞으로 비천하게 될

---

32. 잉첩(媵妾)은 아내가 시집올 때 따라 온 여자를 말한다. 보통 조카딸이나 여동생이 따라왔으며, 고대에는 아내가 갑자기 죽을 때는 잉첩을 아내로 맞이하기도 했다.

것이다.

며느리는 집안의 성쇠를 결정짓는 사람이다. 다만 한 때의 부귀를 흠모해 장가간다면 며느리는 친정 집안의 부귀를 믿고서 남편을 가볍게 여기고 시부모에게 오만하게 굴지 않을 사람이 드물 것이다. 이렇게 해서 교만한 마음과 질투하는 마음이 날로 커진다면 훗날 걱정거리가 어찌 끝이 있겠는가? 가령 아내의 재산으로 부자가 되고, 아내의 권세로 높은 관직에 오른다고 해도 대장부다운 의지와 기개를 가진 사람이라면 부끄러워하지 않을 수 있겠는가? (『온공서의』)

43. 딸과 며느리의 차이

안정에 사는 호선생이 다음과 같이 말했다. "딸을 시집보낼 때는 반드시 내 집보다 나은 집안으로 보내야 한다. 내 집보다 나으면 딸이 시집 사람들을 반드시 공손하고 조심하는 태도로 섬길 것이다. 며느리를 맞이할 때는 반드시 내 집보다 못한 집안에서 데려와야 한다. 내 집보다 못하면 며느리가 시부모를 섬길 때에 반드시 며느리의 도리를 지킬 것이다"
(『송명신언행록』)

44. 절개를 잃기보다 굶어 죽는 게 낫다

어떤 사람이 이천선생에게 물었다.

"과부를 아내로 삼는 것은 도리에 어긋난 일인 듯합니다. 어떻습니까?"

"그렇다. 아내를 맞이한다는 것은 자신의 짝을 찾는 것이다. 만약 절개를 잃은 사람을 아내로 맞이해 자신의 짝으로 삼는다면 자기도 절개를 잃는 것이 된다."

그가 또 물었다.

"가난하고 의탁할 곳 없는 외로운 과부는 재혼해도 됩니까?"

"이것은 단지 후세 사람들이 추위와 굶주림으로 죽을까봐 두려워 이런 말을 한 것이다. 추위와 굶주림으로 죽는 것은 매우 작은 일이지만 절개를 잃는 일은 매우 큰일이다." (『이정전서』)

45. 암탉이 울면 화를 부른다

부인은 집안에서 음식을 만들어 올리는 일을 주로 하므로 오직 술과 밥 그리고 의복의 예를 일삼아야 한다. 나라에서는 정치에 참여하지 않도록 해야 하며, 집에서는 집안 일을 주관하지 않도록 해야 한다. 만약 총명하고 재주와 지혜가 있어 고금을 통달하고 있더라도, 마땅히 남편을 보좌해 남편의 부족한 면을 보충하도록 권유할 뿐이다. 반드시 암탉이 새벽에 울어 화를 부르는 일이 없도록 해야 한다. (『안씨가훈』)

46. 강동과 업하의 차이

강동 지역[33]의 부녀자들은 거의 서로 사귀고 노는 일이 없었기 때문에 혼인한 집안끼리도 간혹 십 수년 동안 얼굴을 알지 못했다. 단지 편지와 말을 전하고 선물을 보냄으로써 은근한 정을 표시했다.

업하 지역의 풍속은 아내가 집안 일을 전담하며, 옳고 그름에 대해 다투고 송사를 하며, 밖에 나가 사람들을 만나고 집안에서 손님들을 접대하며, 아들을 대신해 관직을 구하며, 남편을 위해 억울한 일을 호소한다. 이것은 항(恒)과 대(代) 지방에 남아 있는 풍습이다. (『안씨가훈』)

47. 형제는 타인이 될 수 없다

사람이 있고 난 다음에 부부가 있으며, 부부가 있고 난 다음에 부자가 있으며, 부자가 있고 난 다음에 형제가 있다. 한 집안의 친족은 이 셋 뿐이다. 여기서부터 구족(九族)에 이르기까지 모두 이 세 친족에 바탕을 둔다. 그러므로 이 관계는 인륜에 중요한 것이기에 돈독하게 하지 않을 수 없다.

형제라는 것은 형체는 나누어져 있지만 기운을 같이 하는 사람들이다. 어릴 때는 부모가 왼손으로 형의 손을 이끌고 오른손으로 아우를 이끌며, 형은 앞에서 부모의 옷을 잡아당기고 아우는 뒤에서 부모의 옷깃을 잡아당기며 같이 다닌다. 밥은 같은 밥상을 사용해서 먹으며, 옷은 물려가면서 입으며, 공부는 같은 내용을 이어가면서 하며, 타향에서 공부할 때는 같은 곳을 택한다. 비록 행실이 도리에 어긋나는 사람이라 하더라도 형제 중에 서로 사랑하지 않을 수 없다.

장성하게 되면 각기 자신의 아내만을 아내로 사랑하며, 자신의 자식만

---

33. 강동(江東) 지역은 양(梁)나라의 도읍인 남경(南京)을 중심으로 한 양자강 하류의 남쪽 지방을 말한다.

을 자식으로 사랑하기 때문에 비록 형제의 정이 두터운 사람이라도 조금은 정이 약해지지 않을 수 없다. 원래 여자 동서 사이는 형제 사이에 비하면 관계는 멀고 정은 약하기 마련이다. 지금 관계가 멀고 정이 약한 동서들에게 친하고 두터운 형제들의 정을 생각해 친하게 지내도록 요구하는 것은, 마치 네모난 그릇에 둥근 뚜껑을 덮은 것과 같아서 반드시 맞지 않다. 오직 우애하고 공경하는 마음을 지극하게 해서 자신의 아내 말만 듣고 흔들리지 않아야 형제간의 정이 소원해지지 않을 것이다. (『안씨가훈』)

48. 아내는 화목한 가정의 바탕

유개 중도[34]가 다음과 같이 말했다.

"돌아가신 선친께서는 집안을 효성스럽고 또 엄격하게 다스렸다. 매월 초하루와 보름날에 자제들과 며느리들은 마루 아래에서 절하고 나서 손을 올리고 얼굴은 숙여 선친의 훈계를 들었다. 선친께서는 이렇게 말씀하셨다.

'집안 형제들 가운데 의롭지 않은 이가 없지만, 모두 장가들어 아내가 집안에 들어오게 되면 다른 성들이 서로 모여 잘하고 못하는 것들을 다투게 된다. 서로 비방하는 말들이 물이 스며들 듯이 날마다 귀에 들리게 되며, 자기의 처와 자식을 편애하며 재물을 사사로운 목적으로 모으게 된다. 이렇게 되면 형제간의 정이 어그러지게 되며, 마침내 재산을 나누어 따로

---

34. 유개(柳開)는 송대의 사상가로 자가 중도(中塗)이며, 호는 하동(河東)이다. 경학에 능통했으며 시문을 잘 지었다. 저서로는 『하동집』이 있다.

살며 원수처럼 서로를 미워하게 된다. 이것들은 모두 너희 부인들이 만드는 것이다. 남자들 중에 뜻이 강해 몇 사람이나 부인의 말에 현혹되지 않을 수 있겠는가? 나는 이런 경우를 본 적이 많다. 너희들이야 어찌 이런 일이 있을 수 있겠느냐'

자제와 며느리들이 물러나와서는 두렵고 조심스러워 감히 불효하는 일은 한 마디도 입밖에 내지 못했다. 우리 집안은 지금까지 선친의 말씀에 힘입어 집안을 온전히 보전할 수 있었다."(『유중도찬숙모목부인묘지』)

49. 형제간의 우애

오늘날은 형제간의 우애를 알지 못하는 사람이 많다. 시골 마을의 무지한 백성들도 먹을 것 하나를 얻으면 반드시 먼저 부모에게 드린다. 이것은 무슨 까닭이겠는가? 자신의 입보다 부모님의 입을 더 소중하게 여기기 때문이다. 옷 한가지를 얻어도 반드시 먼저 부모에게 드린다. 이것은 무슨 까닭이겠는가? 자신의 몸보다 부모의 몸을 더 소중하게 여기기 때문이다. 개나 말의 경우에도 마찬가지다. 부모가 키우던 개와 말은 자신의 개와 말보다 반드시 특별하게 대한다. 그런데 유독 부모가 낳은 자식들은 자신이 낳은 자식보다 덜 사랑하며, 심한 경우에는 원수처럼 미워한다. 세상 사람 모두가 이와 같으니 참으로 알 수 없는 노릇이다. (『이정전서』)

50. 형제 사이는 보답이 없다

『시경』「소아·사간」에 '형과 동생은 서로 사랑할 것이요, 서로 같아져서는 안 된다'고 했다. 이것은 형제가 서로 사랑할 따름이며, 나쁜 점을 서로 배우지 말아야 한다는 말이다. 유(猶)는 '닮는다'는 말이다. 사람의 마음은 대체로 은혜를 베풀다가도 그에 상응하는 보답을 받지 못하면 그만두는 데 문제가 있다. 그러므로 은혜를 끝까지 베풀지 못하는 것이다. 서로 상대의 나쁜 점을 배우지 말고, 자신이 무한정 은혜를 베풀어야 한다. (『장자전서』)

51. 공경하는 벗이 진정한 벗

근래에 세상 사람들의 마음이 천박해져 서로 기뻐하고 아무런 거리낌 없이 지내는 것을 서로 뜻이 맞는다고 하고, 원만해서 모나지 않은 것을 서로 좋아하고 사랑한다고 한다. 이와 같은 우정이 어떻게 오래 갈 수 있겠는가? 오래도록 우정을 유지하려면 반드시 서로 공경해야 한다. 임금과 신하, 친구 사이에는 모두 마땅히 공경을 위주로 해야 한다. (『이정전서』)

52. 벗에게는 항상 겸손하라

오늘날의 벗들은 부드러운 태도로 아첨 잘하는 사람을 택해 서로 사귀며, 어깨를 치고 옷소매를 잡아당기는 것을 의기가 투합한다고 여긴다. 하지만 한 마디 말이라도 마음에 들지 않으면 금방 화를 내면서 서로 대한다.

벗을 사귈 때는 서로 몸을 낮추어 겸손한 태도를 가지려고 항상 노력해야 한다. 그러므로 벗 사이에 공경을 위주로 하는 사람들만이 날로 서로 친해져 서로를 발전시켜 주는 효과를 가장 빨리 얻을 수 있다. (『장자전서』)

53. 전임자에 대한 예의

관청에서 동료로서 사귀는 것과 전임자와 후임자가 직무를 인수인계하는 것에는 형제간의 의리가 있다. 따라서 그들의 자손들에게도 대대로 가르쳐 그 의리를 지키도록 해야 한다. 선배들은 이것을 실천하는 데 노력했지만, 오늘날 사람 중에 이것을 아는 사람은 드물다.

또 옛날에 자기를 관직에 추천해 준 사람과 일찍이 자신의 전임 안찰관이었던 사람에 대해서는 나중에 자신의 관직이 그들보다 높아졌다고 하더라도, 선배들은 모두 자리를 사양하고 아랫자리에 앉았다. 풍속이 이와 같다면 어떻게 사람이 순후해지지 않겠는가? (『동몽훈』)

54. 친척을 돌본 범문정공

범문정공이 참지정사가 되었을 때에 여러 자식들에게 다음과 같이 말했다.

"내가 가난할 때에 너희 어머니와 함께 부모를 봉양했는데, 너희 어머니는 몸소 불을 때어 밥을 지었으나 부모에게 올릴 달고 맛있는 음식이 충분한 적이 없었다. 그런데 지금은 넉넉한 봉급을 받기에 부모님을 잘 모시

고 싶어도 살아 계시지 않는다. 너희 어머니도 일찍 세상을 떠났으니 내게
는 가장 한스럽고 안타까운 일이다. 그러니 어찌 차마 너희들에게 부귀의
즐거움을 누리게 할 수 있겠느냐!

오현(嗚縣)에는 우리 범씨 친척들이 매우 많이 있는데, 내게 친근한 이
도 있으며 소원한 이도 있다. 하지만 우리 조상들이 보신다면 모두 같은
자손일 뿐, 친근하고 소원한 차이가 없을 것이다. 정말로 조상의 뜻이 친
근한 이와 소원한 이에 대한 구별을 두지 않는다면 굶주리고 추위에 떠는
이들을 어찌 구휼하지 않을 수 있겠는가? 조상 때부터 덕을 쌓은 지 백여
년만에 그 보답이 내게서 나타나 높은 관직을 얻게 되었다. 만약 혼자 부
귀영화를 누리고 친척들을 돌보지 않으면 훗날 어떻게 지하에서 조상들
을 만나보며, 지금 무슨 면목으로 집안의 사당에 들어갈 수 있겠는가.”

그리하여 특별히 받은 봉급과 하사품을 항상 친척들에게 골고루 나누
어 주고, 가난한 친척을 돕고 혼인과 장례 비용을 충당하기 위한 의전(義
田)과 의택(義宅)을 설치했다. (『송명신언행록』)

55. 가장의 역할과 임무

집안의 어른이 되어서는 반드시 예법을 삼가 지켜 여러 자제들과 집안
사람들을 통솔해야 한다. 가장은 집안 식구들에게 직책을 나누어 일을 맡
기고 그 결과를 책임지도록 해야 한다. 재물을 사용하는 데 대한 규정을
만들어서 수입에 따라 지출을 하도록 하며, 가산(家産)의 유무에 맞추어
윗사람과 아랫사람의 옷과 음식, 그리고 관례·혼례 같은 길사(吉事)나 장
례 같은 흉사(凶事)의 비용을 지급한다. 이 모든 것은 규정을 두어 균등하

지 않음이 없도록 해야 한다. 재량해서 쓸데없는 비용을 줄이고, 화려하고
사치스러운 것을 금지시키며 항상 반드시 약간의 여유를 두어 뜻밖의 일
에 대비해야 한다. (『온공가의』)

셋. '수양의 길'의 뜻을 넓힌다 [廣敬身]

56. 결과에 집착하지 마라

동중서[35]가 "어진 사람은 마땅히 해야 할 일을 바르게 행할 뿐 그 일에 대한 이익 여부를 따지지 않으며, 사물의 당연한 이치를 밝힐 뿐 그 결과를 계산하지 않는다"라고 말했다. (『한서』「동중서전」)

57. 원만한 지혜와 방정한 행실

손사막[36]이 "담은 커야 하고 마음은 작아야 하며, 지혜는 원만해야 하고

---

35. 동중서(董仲舒)는 한나라 때의 유학자로, 어릴 때부터 『공양전』, 『춘추』 같은 경학에 능통했으며 경제 때에 박사가 되었다. 무제 때에 '천인삼책'(天人三策) 이란 대책을 발표하여 강도상(江都相)이 되었으며, 후에 재이설(災異說)로 인 해 투옥되기도 했다. 무제가 유학을 국교로 정한 데에는 동중서의 영향이 크 며, '천인상감설'로 한대 유학의 기초를 닦았다. 저서에는 『춘추번로』(春秋繁 露), 『동자문집』(董子文集) 등이 있다.

36. 손사막(孫思邈)은 당나라 때의 학자로, 노장사상에 정통했고 특히 음양학과 의약학에 조예가 깊었다. 조정의 부름에 나아가지 않고 민간에 남아 백성들의 의사로서 살아갔다. 저서에 『천금요방』(千金要方), 『섭생진록』(攝生眞錄) 등이

행실은 방정해야 한다"라고 말했다. (『당서』「은일열전」)

58. 군자의 길

옛 말에 "선을 따르는 것은 높은 곳을 올라가는 것처럼 힘들고, 악을 따르는 것은 아래로 떨어지는 것처럼 쉽다"라는 것이 있다. (『국어』「주어」)

59. 양보는 지나치지 않는다

효우선생 주인궤는 세상을 피해 숨어살면서 부모를 봉양했다. 일찍이 자제들에게 훈계하기를 "평생 길을 양보해도 백보를 굽히지 않으며, 평생 밭두둑을 양보해도 한뙈기 밭을 잃지 않는다"라고 하였다. (『당서』「은일열전」)

60. 뜻은 높게, 의지는 굳세게

주렴계 선생[37]이 다음과 같이 말했다.

있다.

37. 주렴계(周濂溪)는 북송의 사상가로 이름은 돈이(敦頤), 자는 무숙(茂叔)이다. 여산에 은거하면서 정호, 정이 같은 학자를 길러냈으며, 『태극도설』(太極圖說), 『통서』(通書) 같은 저작을 남겼다. 그의 사상은 송명리학의 성립에 커다란 영향을 미쳤다.

"성인은 하늘과 같아지기를 바라고, 현인은 성인과 같아지기를 바라고, 선비는 현인과 같아지기를 바란다. 이윤과 안연은 대현인이다. 이윤은 자신의 군주가 요임금·순임금과 같은 명군이 되지 못하는 것을 부끄럽게 생각했으며, 한 명의 백성이라도 안주할 곳을 얻지 못하면 마치 자신이 시장 바닥에서 회초리를 맞는 것처럼 여겼다. 안연은 분노를 다른 사람에게 옮기지 않았으며, 같은 잘못을 두 번 저지르지 않았으며, 석달 동안 인을 어기지 않았다.

이윤이 뜻하던 것을 자신의 뜻으로 삼고 안연이 배우던 것을 스스로 배운다면, 그들보다 나으면 성인이 될 것이요, 그들에 미친다면 현인이 될 것이요, 그들에게 미치지 못한다 해도 또한 훌륭하다는 명성은 잃지 않을 것이다."(『통서』)

61. 마음에 간직하고 행동으로 옮겨라

성인의 도는 귀로 들어와 마음에 간직되는 것이다. 마음속에 쌓이면 덕행이 되고, 행동으로 옮겨지면 세상을 편안히 하는 사업이 된다. 저 문장만을 일삼는 사람은 비루하다. (『통서』)

62. 잘못을 고치는 데 용감하라

중유는 남들이 자신의 잘못을 지적해주는 것을 좋아했기 때문에 영예로운 이름이 길이 전해졌다. 오늘날의 사람들은 자신에게 잘못이 있어도 남들이 충고해 주는 것을 좋아하지 않는다. 마치 병을 숨기고 의사를 싫어해 몸이 죽게 될지라도 깨닫지 못하는 것과 같다. 아아! 슬픈 노릇이다! (『통서』)

63. 공부란 마음을 잡는 것

성현의 천 마디, 만 마디 수많은 말은 다만 사람들이 이미 놓아 버린 마음을 거두어 몸으로 다시 되돌리려고 하는 것에 지나지 않는다. 그렇게 하면 스스로 향상하여 아래에서 사람의 일을 배워 위로 하늘의 이치를 통달할 수 있다. (『이정전서』)

64. 마음이 있는 곳

마음은 가슴속에 있어야 한다. (『이정전서』)

65. 전일한 마음

다만 몸을 가지런하고 엄숙하게 하면 곧 마음이 전일해진다. 마음이 전일해지면 저절로 도리에 어긋난 부정하고 사악한 행동들이 없어진다. (『이정전서』)

66. 마음이 가는 길

이천선생은 『예기』 「표기」에 나오는 "군자가 장엄하고 공경하면 날마다 굳세어지고 안일하고 방자하면 날마다 게을러진다"는 말을 매우 좋아했다. 대개 보통 사람의 마음은 조금만 방자해도 날마다 제멋대로 행동하게 되고, 스스로 단속하면 날마다 행동이 법도에 맞게 된다. (『이정전서』)

67. 겉이 화려할수록 속은 병든다

사람은 자신의 몸을 받드는 음식이나 옷과 같은 외면적인 물건에 대해서는 모든 것이 좋기를 바라면서도, 자신의 몸과 마음만은 좋기를 바라지 않는다. 좋은 물건을 얻었을 때는 도리어 자신의 몸과 마음이 이미 먼저 나빠졌음을 알지 못한다. (『이정전서』)

68. 네 개의 경구

안연이 사사로운 욕심을 이기고 예로 돌아가기 위해 지켜야 할 조목을 묻자, 공자는 "예가 아니면 보지 말고, 예가 아니면 듣지 말고, 예가 아니면 말하지 말고, 예가 아니면 행동하지 말아야 한다"고 대답했다.

보고, 듣고, 말하고, 행동하는 이 네 가지는 몸에서 일어나는 작용이다. 이것들은 마음에서 나와 외부에 반응하기 때문에 외물과의 접촉을 제약하는 것이 마음을 바르게 기르는 방법이다. 안연은 이 말을 실천했기 때문에 성인의 경지로 나아갈 수 있었던 것이다. 후세에 성인을 배우는 사람들도 마땅히 가슴속에 간직하고 잊지 말아야 할 것이다. 이 때문에 경계하는 말[箴]을 지어 자신을 경계한다.

보기에 관한 경계의 말은 다음과 같다. 마음이란 것은 본래 빈 것이기에 사물과 반응해도 아무런 흔적이 없다. 하지만 그 마음을 잡는 데는 요체가 있는데, 보는 것이 법칙이 된다. 물욕으로 눈앞이 가리워지면 마음도 그쪽으로 옮겨지기에 외부에서 제재해 마음을 편안하게 해야 한다. 사욕을 이기고 예로 돌아가길 오래도록 하면 마음이 성실해질 것이다.

듣기에 관한 경계의 말은 다음과 같다. 사람이 떳떳한 도리를 가지고 있는 것은 천성에 바탕한다. 하지만 예가 아닌 말을 들으면 지혜가 외물에 유혹되고 동화되어 결국 올바른 도리를 잃게 된다. 탁월한 선각자들은 그칠 줄을 알았으므로 뜻을 정할 수 있었다. 그래서 사악한 것이 마음에 들어오는 것을 막고 성실한 마음을 보존해 예가 아니면 듣지 않는다.

말하기에 관한 경계의 말은 다음과 같다. 사람 마음의 움직임은 말을 통해 밖으로 나타난다. 말을 할 때는 조급하고 망령된 말을 꺼내지 말아야 마음이 안정되고 전일해진다. 더군다나 말이라는 것은 일상사의 가장 중요한 것으로서 한 마디 말로 전쟁을 일으킬 수도 있고 우호적인 관계를 불러올 수도 있다. 길한 것과 흉한 것, 영광과 치욕도 모두 말이 불러오는 것들이다. 말을 너무 쉽게 하면 믿을 수가 없고, 말을 너무 번거롭게 하면 따분해진다. 내 말이 방자하면 남의 말도 내 뜻을 거스르고, 가는 말이 도리에 어긋나면 오는 말도 도리에 위배된다. 그러므로 법도에 맞는 말이 아니면 말하지 말아 옛 사람의 가르침을 공경해야 한다.

행동하기에 관한 경계의 말은 다음과 같다. 명철한 사람은 마음이 움직이는 기미를 알아 생각을 성실하게 하고 뜻 있는 선비는 행실에 힘써 행동이 도리에 어긋나지 않도록 한다. 이치를 따르면 여유가 있고, 사사로운 욕심을 따르면 위태로울 뿐이다. 비록 잠깐 사이라도 잘 생각하고 두려워하고 조심하는 마음으로 자신을 지켜야 한다. 이 같은 습관이 성품과 함께 이루어지면 성현의 경지에 도달할 수 있을 것이다. (『이정전서』)

69. 사람의 세 가지 불행

사람에게는 세 가지 불행이 있다. 첫째는 어린 나이에 높은 관직에 오르는 것이며, 둘째는 부형의 권세에 힘입어 좋은 벼슬을 하는 것이며, 셋째는 뛰어난 재주로 문장에만 능숙한 것이다. (『이정전서』)

70. 선비의 책임

학문을 하는 사람이 예의를 버리면 배불리 먹고 온종일 일없이 시간을 보내는 천한 백성과 다를 바가 없다. 그가 하는 일은 입고 먹는 것과 잔치하고 노는 즐거움을 넘지 못한다. (『장자전서』)

71. 자신에게 엄격하라

범충선공[38]이 자제들에게 다음과 같이 당부했다.

"지극히 어리석은 사람도 남을 꾸짖는 데는 밝고, 총명한 사람이라도 자기를 용서하는 데는 어둡다. 너희들은 항상 남을 꾸짖는 마음으로 자신을 꾸짖고, 자기를 용서하는 마음으로 남을 용서해라. 그러면 성현의 경지에 이르지 못할까봐 근심할 필요가 없을 것이다." (『송명신언행록』)

72. 기상(氣象)을 알아라

후배들 중에 처음 학문을 시작하는 사람은 반드시 먼저 기상(氣象)이 어떤 것인지를 이해해야 한다. 기상이 좋을 때는 모든 일이 이치에 맞게 잘 이뤄진다. 기상은 말씨와 몸가짐의 가벼움과 무거움, 빠름과 느림에서 충분히 볼 수 있다. 군자와 소인이 여기에서 나누어질 뿐 아니라, 귀함과 천함, 장수와 요절이 모두 이것 때문에 정해진다. (『여형공잡지』)

73. 타인에게 관대하라

자신의 결점은 발견해서 고쳐야 하지만, 남의 결점은 관대하게 대해야 한다. 스스로 자기의 결점을 발견해서 고치려고 하면 밤낮으로 자신을 점검해 조금이라도 미진한 점이 있으면 마음에 부끄러움이 있게 된다. 그렇다면 어떻게 다른 사람을 점검할 겨를이 있겠는가? (『여형공잡지』)

---

38. 범충선공(范忠宣公)은 북송의 정치가로 범중엄의 둘째 아들이다. 이름은 순인 (純仁)이며, 자는 요부(堯夫)이며, 충선은 그의 시호다. 관직은 상서복야, 중서 시랑에 이르렀으며, 강직한 성품으로 인해 자주 파면당했다.

74. 후배와 선배

대체로 선배들은 일을 주도면밀하고 치밀하게 하는 경우가 많고, 후배들은 일을 빠뜨리고 소략하게 하는 경우가 많다. (『여형공잡지』)

75. 사람은 누구나 선인이다

'은혜와 원수를 분명히 한다'〔恩讎分明〕는 이 네 글자는 도를 터득한 사람의 말이 아니며, '착한 사람이 없다'〔無好人〕는 이 세 글자는 덕있는 사람의 말이 아니다. 뒤에 배우는 사람들은 이런 말들을 경계해야 한다.
(『여형공잡지』)

76. 생활규범 열 네 가지

말은 반드시 성실하고 믿음직스럽게 한다. 행동은 독실하고 경건하게 한다. 음식은 삼가고 절제해야 한다. 글씨는 반듯하고 바르게 써야 한다.
용모는 단정하고 장중하게 가져야 한다. 의관을 엄숙하고 정제되게 한다. 걸음걸이는 편안하고 침착하게 한다. 한가하게 있을 때는 자세를 바르게 하고 고요히 있어야 한다.
어떤 일을 할 때는 반드시 계획을 세워서 시작한다. 말을 입밖에 낼 때는 실천할 수 있는지 여부를 생각하고 한다. 보편적인 덕을 굳게 지킨다. 어떤 일을 승낙할 때는 신중하게 대답해야 한다. 선을 보았을 때는 자신이

한 일처럼 기쁘게 여기고, 악을 보면 마치 자기의 병처럼 여겨야 한다.

이 열 네 가지는 내가 깊이 살피지 못한 것이다. 그래서 이것을 써서 자리 모퉁이에 붙이고 아침저녁으로 보고 자신을 경계하고자 한다.

(『송명신언행록』)

77. 대장부는 천하를 위해 일한다

사람은 모름지기 일체의 세상맛에 담박해야 하고, 부귀한 생활을 기대하지 말아야 한다. 맹자는 '마루의 높이가 몇 길이나 되고, 음식을 한 상 가득 늘어놓으며, 시중드는 사람을 수백 명이나 두는 지위에 오르더라도 나는 그렇게 하지 않겠다'라고 했다. 배우는 자는 반드시 먼저 이런 부귀해지려는 욕심을 제거하고 항상 스스로 분발해야만 더럽고 낮은 데로 떨어지지 않을 것이다.

나는 항상 제갈공명을 좋아했다. 그가 한나라 말에 남양 땅에서 직접 밭을 갈면서 제후들에게 명예와 영달을 구하지 않았다. 훗날 비록 유비의 초빙에 응해 산과 물을 끊어 천하를 삼등분하고, 장수와 정승을 겸하는 막중한 병권을 잡아 얻지 못할 것이 없고 이루지 못할 것이 없는 지위에 올랐어도 후주(後主)에게 다음과 같이 말했다.

"성도에 뽕나무 8백 그루와 척박한 농지 15경(頃)이 있어 자손들이 먹고 입을 여유가 있습니다. 그리고 저도 밖에 나와 있기에 별도로 이익을 꾀하거나 도모할 필요가 없습니다. 별도로 생계를 위한 일을 하지 않았기에 한 자, 한 치의 땅도 늘린 적이 없습니다. 신이 죽는 날에 곳간에 남는 곡식이 없고, 창고에 남은 재물이 없도록 해서 폐하를 저버리지 않도록 하겠습니다.”

훗날 그가 죽었을 때 과연 그의 말과 같았다. 이런 사람이야말로 진실로 대장부라고 할 수 있다. (『호씨전가록』)

78. 자신을 경계하는 열 네 가지

범익겸[39]의 좌우명이 다음과 같았다.

“첫째, 조정에서 하는 일의 이롭고 해로움과 변방에서 오는 보고와 관원의 임명에 대해 말하지 말라.

둘째, 지방관리들의 장단점, 잘잘못을 말하지 말라.

셋째, 여러 사람들이 저지른 잘못이나 악행을 말하지 말라.

넷째, 관직에 나가는 일이나 시세를 좇고 권력에 아부하는 말을 하지 말라.

다섯째, 재산이나 이익의 많고 적음, 가난을 싫어하고 부유함을 구하는 말을 하지 말라.

여섯째, 음란하고 외설스런 말과 남을 놀리고 업신여기는 말을 하지 말고 여자의 미모에 대한 평가를 하지 말라.

일곱째, 남에게 물건을 요구하거나 술과 음식을 요구하는 일을 말하지 말라.”

또 다음과 같이 말했다.

---

39. 범익겸(范益謙)은 송대의 사상가로 이름은 충(沖)이고 자는 원장(元長)이다. 성품이 의로웠고 강직했으며, 고종에게 『춘추좌전』을 강의했다.

"첫째, 다른 사람이 편지를 부탁하면 뜯어 보거나 묵혀 두지 말라.

둘째, 남과 함께 앉아 있을 때 사적인 글을 엿보지 말라.

셋째, 남의 집에 들어가서 남의 서간이나 출납부 같은 글을 보지 말라.

넷째, 남에게 빌린 물건을 훼손시키거나 돌려 주지 않아서는 안 된다.

다섯째, 음식을 먹을 때는 가리거나 버리지 말라.

여섯째, 남과 함께 있을 때는 자신에게 편한 것만 택하지 말라.

일곱째, 남의 부귀를 보고 감탄하고 부러워하거나 헐뜯지 말라.

위와 같은 일을 범하는 사람은 그 마음 씀씀이가 어질지 못함을 알 수 있다. 이것들을 어기는 것은 본래의 마음을 보존하고 몸을 닦는 데에 매우 해롭기 때문에 이 글을 써서 자신을 경계한다."

79. 옛 사람과 오늘날 사람

호자[40]가 다음과 같이 말했다.

"오늘날의 선비들이 문장과 기예를 배워 관직에 진출하려는 마음을 바꾸어 자신이 방기한 마음을 거둬들이고 몸을 아름답게 수양한다면 어찌 옛 사람만 못하겠는가! 하지만 부형들이 문장과 기예를 익히도록 자제들에게 명하고, 벗들이 벼슬에 나아가는 것을 서로에게 권면한다. 그래서 사

---

40. 호자(胡子)는 북송의 사상가이며 호안국의 아들로 이름은 굉(宏), 자는 인중(仁仲)이다. 어려서는 양시(楊時)에게 배우고, 뒤에는 장식(張栻)에게서 배웠다. 세간에서 오봉(伍峯)선생으로 불렸다. 저서에 『지언』(知言), 『황왕대기』(皇王大紀) 등이 있다.

람들은 그 방면으로 나아갈 뿐, 마음을 돌이키지 않아 마음이 황폐해져도 다스리지 않는다. 그러므로 이유로 모든 일의 성취가 옛 사람을 따라가지 못하는 것이다."(『호씨지언』)

80. 학문을 하는 이유

책을 읽고 학문을 하는 까닭은 본래 닫힌 마음을 열고 사물에 대한 안목을 밝게 해 행동하는 데 이로움을 주고자 해서이다.

부모를 봉양할 줄 모르는 사람은 옛 사람들이 부모의 뜻을 먼저 파악하고 안색을 살피고, 목소리를 부드럽게 하고 기운을 낮추며, 힘들고 수고로움을 싫어하지 않고 맛있고 연한 음식을 만들어 올리는 것을 보고 깜짝 놀라면서 부끄러워하고 두려워해 이것을 실행하려고 독서하고 학문을 하는 것이다.

임금을 섬길 줄 모르는 사람은 옛 사람들이 각기 자신의 직분을 지키고 다른 사람의 영역을 침범하지 않으며, 임금이 위태로운 것을 보면 자신의 목숨을 바치며, 정성을 다해 간언하고 바로잡아서 나라를 이롭게 하는 것을 보고, 측은하게 자신을 돌아보고 이들을 본받으려고 독서를 하고 학문을 하는 것이다.

평소에 교만하고 사치한 사람은 옛 사람들이 공손하고 검소해 재물을 절약하며, 자신의 몸을 낮추어 처신하며, 예를 가르침의 근본으로 삼고 경건함을 몸가짐의 바탕으로 삼는 것을 보고 놀라면서 낯빛을 가다듬고 교만한 마음을 억제하려고 독서를 하고 학문을 하는 것이다.

평소에 재물에 비루하고 인색한 사람은 옛 사람들이 의리를 소중하게 여기고 재물을 가볍게 여기며, 사심과 욕심이 적으며, 부귀가 충만한 것을 싫어하며, 곤궁한 사람들을 도와주고 가난한 사람들을 불쌍히 여기는 것을 보고 얼굴을 붉히며 뉘우치고 부끄러워해 쌓아둔 재물을 베풀려고 독서를 하고 학문을 하는 것이다.

평소에 사납고 포학한 사람은 옛 사람들이 조심하고 자신을 억제하며, 강한 이빨은 깨져도 부드러운 혀는 남는다는 이치를 생각하며, 남의 허물과 잘못을 감싸주며, 현인들을 존중하고 뭇 사람들을 포용하는 것을 보고 힘없이 기운을 잃어 마치 입고 있는 옷도 감당하지 못하는 듯이 하려고 독서를 하고 학문을 하는 것이다.

평소에 비겁하고 나약한 사람은 옛 사람들이 삶과 죽음의 이치에 통달해 삶과 죽음을 천명에 맡기며, 굳세고 정직하며, 자신의 주장을 펼 때는 반드시 신념이 있으며, 복을 구하는 데도 간사하지 않은 것을 보고 굳세게 떨치고 일어나 두려워하지 않기 위해 독서를 하고 학문을 하는 것이다.

이외에도 모든 행실이 마찬가지다. 비록 완벽한 선에 도달하지 못한다고 해도 지나치거나 심한 것을 제거하고 배워서 아는 것을 행하면 이루지 못할 것이 없을 것이다. 세상 사람들은 글을 읽어도 단지 말만 할 뿐이고 실천하지는 못한다. 무인(武人)이나 속된 아전들이 다 함께 비웃고 비방하는 것은 사실 이것 때문이다.

또 수십 권의 책을 읽고는 곧 스스로 높고 큰 체하여 연장자를 능멸하고 소홀히 하며, 동년배들을 경멸하고 업신여기는 자가 있다. 사람들이 그를 원수나 적처럼 미워하며, 올빼미처럼 싫어한다. 이와 같다면 배움은 유익함을 구하려고 하는 것인데도, 도리어 자신을 해치게 돼 배우지 않는 것보다 못하게 된다. (『안씨가훈』)

81. 학문의 입문서 『대학』

『대학』은 공자가 남긴 책으로 초학자들이 덕에 들어가는 문이다. 오늘날 옛 사람들이 학문하던 차례를 볼 수 있는 것은 오직 이 책이 남아 있기 때문이며, 그 나머지 중에는 『논어』나 『맹자』만한 책이 없다. 그러므로 배우는 사람이 반드시 이것에 의거해 배운다면 거의 학문의 길에 어긋나지 않을 것이다. (『이정전서』)

82. 『논어』, 『맹자』를 읽는 법

『논어』나 『맹자』를 볼 때는 반드시 숙독하고 그 뜻을 깊이 생각해 성인의 말을 자신의 절실한 문제로 생각해야지, 단지 성인이 하는 한바탕 이야기로만 생각해서는 안 된다. 이 두 책을 읽고 자신의 절실한 문제로 여긴다면 일생 동안 얻을 바가 많을 것이다. (『이정전서』)

83. 항상 자신의 문제로 생각하라

『논어』를 읽는 사람이 오직 책 속에서 제자들이 질문한 것을 곧 자기의 질문으로 생각하고, 성인이 대답한 것을 오늘날 자신의 귀로 들었다고 생각한다면 자연히 깨달음이 있을 것이다. 만약 『논어』나 『맹자』를 깊이 탐구해 그 의미를 깊이 탐구하고 음미해 점차로 함양해 나갈 수 있다면 뛰어난 자질을 이룰 수 있을 것이다. (『이정전서』)

84. 『중용』을 읽는 법

『중용』에 나오는 글들은 반드시 구절구절마다 이해한 다음, 그 글들을 서로 관련지어 글 전체의 뜻을 분명히 알도록 해야 한다. (『장자전서』)

85. 육경을 읽는 법

육경[41]은 반드시 한 책에만 집착하지 말고 돌아가며 계속 읽어 이해하도록 해야 한다. 그렇게 하면 그 뜻이 참으로 무궁할 것이다. 자신의 학문이 한 계단 올라가면 또 다른 높은 견해를 갖게 될 것이다. (『장자전서』)

86. 어떻게 공부할 것인가

대체로 후학들이 학문을 할 때는 우선 반드시 학문을 하는 까닭이 무엇인지를 알아야만 한다. 그래서 가고 머무르는 때나 말하고 침묵하는 일상생활이 모두 도리에 부합되도록 해야 한다.

학업은 반드시 엄밀하게 과정을 세워 하루도 그대로 넘기거나 게을리해서는 안 된다. 반드시 매일 한 가지 경서(經書)와 자서(子書)를 읽되, 많이 읽을 것이 아니라 다만 정독하고 숙독하도록 해야 한다. 반드시 조용한

---

41. 유가의 여섯 가지 경서, 즉 『역경』, 『서경』, 『시경』, 『춘추』, 『악기』, 『예기』를 말한다. 하지만 『악기』는 없어지고 오늘날에는 오경만 남아 있다.

방에 단정히 앉아 2, 3백 번을 읽어 한 글자, 한 구절을 모두 분명하게 이해하도록 해야 한다.

또 매일 앞서 배운 3일 내지 5일 동안의 내용을 50번에서 70번 정도 통독하고 암송해서 한 자라도 그냥 지나쳐서는 안 된다. 역사서는 매일 반드시 한 권 내지 반 권 이상을 읽어야 비로소 역사에 대한 안목을 키울 수 있다. 반드시 스승을 좇아 배우고, 의심나는 부분은 곧바로 질문해서 옛 성인들이 어떤 마음을 가졌는지를 밝히고 힘을 다해 이를 따라야 한다.

지도하고 바른 길로 인도하는 것은 스승이 해야 할 일이며, 바르지 못한 행실이 있으면 조용히 바로잡아 경계하는 것은 친구의 임무이다. 뜻을 정하고 앞으로 나가는 것은 반드시 자신이 해야 할 일이므로 다른 사람에게 의지하기 어렵다. (『여사인잡기』)

87. 가랑비에 옷젖는 것처럼

오늘 한 가지 일을 기억하고 내일 한 가지 일을 기억해 이런 일을 오래도록 하면 사물의 이치를 자연히 꿰뚫게 된다. 오늘 한 가지 이치를 밝히고 내일 한 가지 이치를 밝혀 이런 일을 오래도록 하면 사물의 이치에 자연히 흠뻑 젖어들게 된다. 오늘 한 가지 어려운 일을 행하고 내일 한 가지 어려운 일을 행해 이런 일을 오래도록 계속하면 마음이 저절로 견고해질 것이다. 의심나고 어려운 문제들이 봄날 얼음 풀리듯 풀어지고, 즐거운 마음으로 이치에 따르는 것은 오랫동안 공부를 해서 얻어지는 것이지, 우연히 되는 것은 아니다. (『동몽훈』)

88. 두려워할 만한 후배

선배가 전에 "후배 중에 재주가 남보다 뛰어난 사람은 두려워할 필요가 없다. 오직 글을 읽을 때에 깊이 생각하고 근본적인 이치를 따지고 궁구하는 것만이 두렵다"고 했다. 또 "독서를 할 때에 깊이 생각하는 것만이 두렵다"고 했다. 성현의 말은 의리가 정밀하고 깊기 때문에 오직 깊이 생각해야만 터득할 수가 있기 때문이다. 거칠고 소홀하며 번거롭게 마음쓰기를 싫어하는 사람은 결코 이치를 파악할 수가 없다. (『동몽훈』)

89. 책을 소중히 다뤄라

남에게 책을 빌릴 때는 모두 반드시 아끼고 보호해야 한다. 본래 책이 찢어지거나 망가져 있으면 이것을 보수해서 완전하게 만드는 것도 사대부들이 해야 할 여러 가지 일 가운데 하나이다.

제양 땅의 강록이란 사람은 책을 미처 다 읽지 못했을 때는 아무리 급한 일이 있어도 반드시 덮고 가지런히 정돈한 다음에 일어났다. 그러므로 책을 손상시키지 않았기에 사람들은 그가 책을 빌려 달라고 하면 싫어하지 않았다.

어떤 사람은 책상 위에 책을 어지럽게 벌려 놓거나, 부(部)나 질(秩)로 된 책들을 여기저기 흩어놓아 어린애나 비첩들이 더럽히고 비비람이나 벌레들에 의해 훼손되는 경우가 많다. 이것은 참으로 덕을 더럽히는 행위이다.

나는 매번 성인의 책을 읽으면서 엄숙하고 경건한 마음으로 대하지 않는 경우가 없다. 그런 까닭에 종이에 오경(伍經)의 말뜻과 성현의 이름이 적혀 있으면 다른 용도로 감히 쓰지 않았다. (『안씨가훈』)

90. 공부하는 방법

군자가 사람을 가르칠 때는 순서가 있다. 먼저 작은 것과 가까운 것을 전해 준 다음에 큰 것과 먼 것을 가르친다. 이 말은 먼저 가까운 것과 작은 것만을 전해 주고 뒤에 먼 것과 큰 것을 가르치지 않는다는 말은 아니다. (『이정전서』)

91. 한 유학자의 불교비판

성인의 도가 밝아지지 않는 까닭은 이단이 방해하기 때문이다. 옛날에 방해하던 양주(楊朱)와 묵적(墨翟) 같은 이단의 해악은 이론이 깊지 않아 알기가 쉬웠지만, 오늘날의 이단은 심오해서 옳고 그름을 분별하기 힘들다. 그리고 옛날에는 당시 사람들의 우매함을 이용해 현혹했지만, 오늘날에는 사람들의 고명한 식견을 이용해서 현혹한다.

오늘날의 이단인 불교는 스스로 신묘한 이치를 궁극적으로 파악하고 만물이 변화하는 이치를 안다고 하지만, 지금까지 사람이 알지 못하던 이치를 알게 하고 사람이 이루지 못했던 일을 이루기에는 부족하다. 그리고 인간의 일에 두루 미치지 않은 바가 없다고 말하지만, 실제로는 인간이 지켜야 할 도리에서 벗어나 있다. 또 깊고도 미묘한 이치를 통달했다고 하지만, 요순의 도에 들어갈 수가 없다. 오늘날 세상에서 학문하는 사람들은 천박하고 좁으며, 고집스럽고 침체한 곳으로 빠지지 않으면 반드시 이 불교로 들어온다.

성인의 도가 밝혀지지 않게 된 때로부터 거짓되고 요망한 설들이 다투어 일어나 백성들의 눈과 귀를 막아 버리고 세상을 더럽고 탁한 곳에 빠뜨려 버렸다. 아무리 뛰어난 재주와 명석한 지혜를 가진 사람도 보고 듣는 데 집착해, 술에 취한 듯 몽롱하게 살다가, 꿈꾸듯 죽어가기에 스스로 이단에 빠져 있음을 깨닫지 못한다.

이것은 모두 성인의 바른 길에 잡초가 우거지고, 성인의 도에 들어가는 문이 막혀 버렸기 때문이다. 그 길을 닦고 문을 연 다음에야 성인의 도에 들어갈 수 있을 것이다. (『이정전서』)

제6편 착한 행동 [善行]

이 편은 한대(漢代) 이후의 현자들이 행한 선한 행실을 기록해 놓은 것으로
「교육의 길」〔立敎〕, 「인간의 길」〔明倫〕, 「수양의 길」〔敬身〕의 가르침을 실증했다.
모두 81편으로 「입교'를 실증한다」〔實立敎〕, 「'명륜'을 실증한다」〔實明倫〕,
「'경신'을 실증한다」〔實敬身〕의 세 부분으로 구성돼 있다.

하나. '교육의 길'을 실증한다 [實立敎]

1. 엄한 부모와 독실한 스승

여형공의 이름은 희철이며, 자는 원명으로 신국 정헌공[1]의 맏아들이다. 정헌공은 집에 있을 때에는 대범하고 무게가 있고 말이나 행동이 과묵했으며 세속적인 일에 신경을 쓰지 않았다. 그리고 신국부인은 엄격하면서 법도가 있었다. 아들을 몹시 사랑했지만, 아들이 매사에 법도를 좇아 실천하도록 가르쳤다.

여형공이 겨우 열 살이 됐을 무렵이다. 몹시 춥거나 더운 날씨, 또는 비가 내리는 날씨에도 부모를 온종일 모시고 서 있으면서 부모가 앉으라고 명하지 않으면 결코 앉지 않았다. 날마다 반드시 관을 쓰고 띠를 맨 정제된 차림으로 어른을 만나 뵈었다. 평소에 날씨가 매우 덥더라도 부모와 어른을 곁에서 모실 때에는 두건과 버선, 행전을 벗지 않았으며 의복이 흐트러지지 않도록 조심했다. 걸어서 드나들 때는 다방이나 주막 같은 곳에 들

---

1. 신국정헌공(申國正獻公)은 북송의 정치가로 이름은 공저(公著)이며, 자는 회숙(晦叔)이고, 시호는 정헌(正獻)이다. 관직은 상서우복야(尚書右僕射)에 이르렀으며, 사마광과 함께 국정을 장악해 왕안석의 개혁정치를 반대했다. 죽은 다음에 신국공으로 추존됐다.

어가는 적이 없었으며, 시장이나 거리에서 쓰는 비속한 말과 음란한 음악도 듣는 적이 없었다. 또 바르지 않은 글과 예에 맞지 않는 색깔은 한번도 보는 적이 없었다.

정헌공이 영주의 통판으로 있을 때에 마침 구양공[2]이 지주사로 있었다. 초천지가 문충공의 빈객으로 있었는데, 몸가짐이 의연하고 방정했기에 정헌공은 그를 초빙해 여러 아들들을 가르치도록 했다. 초선생은 제자들이 조그만한 잘못을 저질러도 단정히 앉아서 그들을 불러 서로 마주해 앉았다. 날이 저물고 밤이 새도록 한 마디 말도 하지 않다가 제자들이 두려움으로 자리에 엎드려 죄를 빈 다음에야, 선생은 목소리와 얼굴빛을 조금 부드럽게 했다.

이때에 공의 나이가 십여 세였다. 안으로는 정헌공과 신국부인이 엄격하게 가르쳤고, 밖으로는 초선생이 독실하게 교화하고 인도했다. 그래서 공의 덕행과 사람됨이 뭇 사람들과 크게 달랐다. 여형공은 '사람으로 태어나 안에 어진 부형이 없고 밖에 엄한 스승과 벗이 없으면서 성공하는 사람은 드물다'라고 말했다. (『여씨가전』)

2. 가법이 엄격한 장씨 집안

여형공의 장부인은 대제를 지낸 장온지의 작은 딸이었다. 부모들은 그

---

2. 구양공(歐陽公)은 북송의 사상가로 이름은 수(修), 자는 영숙(永叔)이고, 시호는 문충공(文忠公)이다. 문장이 뛰어났으며 당송팔대가의 한 사람이다. 저서에 『신당서』(新唐書), 『신오대사』(新伍代史) 등이 있다.

녀를 가장 귀여워했지만, 평소에 작은 일에 이르기까지도 반드시 법도 있
게 가르쳤다. 이를테면 음식을 먹을 때에 밥이나 국은 더 먹는 것을 허락
했지만 생선이나 고기는 더 주지 않았다. 이 무렵에 장공은 이미 대제 하
북도전운사로 있었다.

　부인이 여씨집안에 시집을 갔는데, 부인의 어머니는 신국부인의 언니
였다. 하루는 부인의 어머니가 딸을 보러 왔는데 집 뒤에 냄비와 가마솥
따위가 있는 것을 보고 매우 언짢게 생각했다. 그녀는 동생인 신국부인에
게 "어떻게 어린애들이 사사롭게 음식을 만들어 먹도록 해서 집안의 법
도를 무너뜨리는가"라고 말했다. 이처럼 장씨 집안의 가법이 엄격했다.
(『동몽훈』)

3. 학생을 쫓아 버린 양성

　당나라의 양성이 국자사업[3]으로 있을 때의 이야기다. 하루는 학생들을
불러 "학문을 하는 것은 나라에 충성하고 부모에 효도하기 위해서다. 제
군들 중에 오랫동안 부모에게 문안을 드리지 않은 자가 있는가?"라고 물
었다. 이튿날 양성을 뵙고 집으로 돌아가 부모를 봉양하겠다는 학생이 스
무 명이나 되었다. 삼년이 되도록 집으로 돌아가 부모를 모시지 않은 자가
있자, 양성은 그를 내쫓아 버렸다. (『당서』「초행열전」)

3.　국자(國子)는 오늘날의 국립대학에 해당한다. 고대 중국의 최고 교육기관으로
　　수, 당, 원, 명, 청은 국자감으로 불렸으며, 진나라에서는 국자학, 북제에서는
　　국자시로 불렸으며 청말에 폐지됐다. 사업(司業)은 국자감의 수석교수이다.

4. 자신을 위한 학문

안정선생 호원의 자는 익지다. 선생은 수당 이래로 벼슬을 하려는 사람들이 과거를 보기 위해 시부(詩賦) 같은 글짓는 것만을 숭상하고 경서 공부는 버려 두며, 구차하게 녹봉과 이익만을 추구하는 것을 근심했다. 소주와 호주 두 주의 교수가 되자, 규율과 약속을 엄격하게 지켜 자신이 먼저 솔선수범했다. 선생은 찌는 듯한 더운 날씨에도 반드시 하루종일 관복을 입고 제자들을 만났으며, 스승과 제자 사이의 예절을 엄격하게 지켰다. 또 경서를 해석할 때에 중요한 뜻이 있는 곳에 이르면 학생들에게 자기 자신을 다스린 다음에 남을 다스려야 하는 까닭을 간곡하게 설명했다.

이런 가르침 때문에 배우는 학생들이 천여 명이나 되었다. 그들은 날마다 마음의 때를 벗겨내고 몸을 닦았으며, 문장을 지을 때도 모두 경전의 뜻에 의거해 반드시 이치를 밝혔다. 그들은 선생의 말을 믿었으며 행실을 돈독하게 닦았다. 선생이 후에 태학의 교수가 되었을 때는, 배우려는 사람들이 사방에서 몰려들어 교사(校舍)에 모두 수용할 수가 없었다.

선생이 호주의 학교에 있을 때에 경의재와 치사재를 설치했다. 경의재에는 기질이 명민하고 그릇이 큰 사람을 뽑아 머물도록 했으며, 치사재에는 사람마다 각각 한 가지 일을 전공하게 하고, 또 다른 한 가지 일을 겸해서 익히도록 했다. 이를테면 백성을 다스리는 일, 군사를 다스리는 일, 수리(水利), 산수(算數) 따위와 같은 것이다. 그는 태학에 있을 때도 그렇게 했다.

그의 제자들이 사방에 흩어져 있었다. 제자들은 현명한 사람은 현명한 대로 어리석은 사람은 어리석은 대로 모두 법도를 지켰으며, 행동이 단아하고 조심스러웠다. 그들의 말과 행동거지를 보면 묻지 않아도 선생의 제

자라는 것을 알 수 있었으며, 학자들이 서로 선생이라고 부를 때는 묻지
않아도 호공을 가리킨다는 것을 알 수 있었다. (『송명신언행록』)

5. 인재 양성의 길

명도선생이 조정에서 다음과 같이 진언했다.

"천하를 다스릴 때는 풍속을 바로잡고 현명한 인재를 얻는 것을 근본으
로 삼아야 합니다. 우선 예를 갖추어 옆에 있는 어진 선비와 백관들에게
명령을 내려 덕행과 학문을 두루 갖춰 모든 사람의 사표가 될 만한 사람들
을 정성을 다해 찾도록 하십시오. 그 다음에는 뜻이 돈독하고 학문을 좋아
하며 자질이 뛰어나고 행실이 훌륭한 사람이 있으면 예를 갖춰 대우하고
서울에 모이도록 해야 합니다. 그들이 서울에 모이면 아침저녁으로 함께
올바른 학문을 강론하고 밝히도록 해야 합니다.

그들이 강론해야 할 도리는 반드시 인륜에 바탕을 두고 사물의 이치를
밝히는 것이어야 합니다. 그 가르침의 내용은 『소학』의 물 뿌리고 쓸며 응
대하고 대답하는 데서부터 시작해 효(孝), 제(悌), 충(忠), 신(信)의 덕목을
수양하며 예(禮)와 악(樂)에 맞춰 행동하도록 하는 것입니다. 배우는 사람
들을 유도하고 격려해 차츰차츰 이런 덕목이 갖추어지도록 하는 데는 모
두 절차와 순서가 있습니다. 그 요점은 선한 일을 실천하고 자신의 몸을
수양해 교화가 천하에 이르도록 하는 것입니다. 그렇게 하면 시골 사람도
성인의 도에 도달할 수 있을 것입니다.

학문과 행실이 모두 여기에 맞는 사람이면 덕을 갖추었다고 볼 수 있습
니다. 재능과 식견이 뛰어나 선을 지향할 수 있은 사람을 선택해 매일 스

승의 가르침을 받게 하고, 그 중에서 학문이 뛰어나고 덕행이 높은 사람을 선발해 태학의 스승으로 삼고, 그 다음 인물들은 분류해서 천하의 학교에서 가르치도록 해야 합니다.

선비를 뽑아서 학교에 입학시킬 때는 현(縣)의 학교에서 우수한 사람을 주(州)의 학교에 추천해서 올리고, 주학(州學)에서는 이들을 귀빈으로 대접한 다음 다시 태학에 추천합니다. 태학에서는 이들을 모아서 가르치고, 해마다 어진 사람과 유능한 사람을 조정에서 의논해야 합니다.

선비를 선발하는 방법은 모두 성품과 행실이 단정하고 깨끗하며, 집에서는 부모에게 효도하고 어른을 공경하며, 예의와 염치가 있으며, 학문에 통달해 있으며, 백성을 다스리는 도를 밝게 깨우치고 있는 사람을 뽑아야 합니다.”(『이정전서』)

6. 학교제도 비판과 개혁

이천선생이 학교제도를 상세히 살펴보고 다음과 같이 말했다.

“대체로 학교는 서로 예의를 앞세우는 곳인데도, 달마다 시험을 치러 경쟁시키는 것은 결코 학생들을 가르치고 키우는 방법이 아니다. 매월 치르는 시험을 폐지하고 과제물을 내는 것으로 대체해야 한다. 그래서 과제물을 제대로 내지 못하는 사람이 있으면 학관이 불러서 가르쳐야 하고, 다시는 성적의 높고 낮음을 고정시켜서는 안 된다.

존현당을 세워 천하의 덕망 있는 선비들을 맞아들이며, 국학에 입학하는 정원을 줄여 이익으로 유혹하는 종래의 폐단을 없애야 한다. 또 번잡한 행정상의 문서를 생략해 교관들이 맡은 교육 본연의 임무에 충실하도록 하고 몸가짐을 바르게 가지도록 독려해 교화가 제대로 이뤄지도록 해야 한다. 그리고 대빈재와 이사재를 설치하며, 천하의 선비들이 국학을 구경할 수 있도록 관광법을 제정해야 한다."

이와 같은 내용들이 수십 조항이나 되었다. (『이정전서』)

7. 남전여씨의 향약

남전여씨의 향약은 다음과 같았다.

"함께 약속을 맺은 사람은 덕행과 사업을 서로 권면하고, 과실이 있으면 서로 바로잡아 주며, 예의바른 풍속으로 서로 사귀며, 어려움이 생겼을 때는 서로 돕는다. 선한 일이 있으면 문서에 기록하며, 잘못이 있거나 약속을 위반한 사람이 있어도 마찬가지로 기록해 둔다. 세 번 규약을 어기면 벌을 주고, 잘못을 고치지 않으면 제명한다." (『송사』「여대방열전」)

8. 학문을 닦아가는 단계

명도선생은 사람들을 다음과 같이 가르쳤다. 사물의 이치를 미루어 지식을 밝히는 단계에서 지극히 선한 곳에 머무를 줄 아는 단계로 나아가며, 뜻을 정성스럽게 하는 단계에서 천하를 태평하게 하는 단계로 나아가며, 물 뿌리고 쓸며 응대하고 대답하는 소학의 가르침에서 이치를 궁구하고 본성을 모두 발현하는 궁리진성의 단계로 나아가도록 해 가르침의 순서와 차례가 있었다.

　세상의 학자들이 삶과 가까운 것은 버려 두고 고원한 것만 추구하며, 낮은 곳에 있으면서도 높은 것을 엿보는 경향이 있다. 선생은 이처럼 경솔하게 스스로 위대한 체하지만, 결국은 아무것도 얻지 못하는 것을 못마땅하게 여겼다. (『이정전서』)

둘. '인간의 길'을 실증한다 [實明倫]

9. 도적도 감동시킨 강혁

강혁이 어릴 때에 아버지를 잃고 홀어머니와 함께 살았다. 세상이 어지러워 도적이 여기저기서 일어나자, 강혁은 어머니를 업고 난리를 피해 도망갔다. 온갖 험난하고 위태로운 일을 겪으면서도 항상 풀뿌리를 캐고 나무 열매를 따서 어머니를 봉양했다.

그는 피난을 다니면서 여러 차례 도적을 만났다. 도적이 때때로 위협해서 데려가려고 하면, 그는 갑자기 눈물을 흘리면서 노모가 있음을 말하고 놓아 줄 것을 애걸했다. 애걸하는 그의 목소리가 정성스럽고 간곡해 사람들을 감동시키기에 충분했다. 도적들은 이 때문에 차마 그를 어떻게 하지 못했으며, 때때로 난리를 피할 수 있는 곳을 가르쳐 주기도 했다. 그래서 마침내 두 모자가 모두 난리에 무사히 살아남을 수 있었다.

그들은 여기저기를 떠돌다가 하비까지 오게 되었다. 가난하고 곤궁했기 때문에 찢어진 옷에 신발도 신지 않은 옹색한 차림으로 품팔이하면서 어머니를 봉양했다. 그렇지만 어머니의 몸을 편안하게 하는 물건은 갖추지 않은 것이 없었다. (『후한서』)

10. 쫓겨나서도 문안을 드린 설포

　설포는 학문을 좋아하고 행실이 돈독했다. 아버지가 후처를 맞이하고
는 설포를 미워해 분가시켜 내보내자, 그는 밤낮으로 울부짖으며 차마 집
을 떠나지 못했다. 아버지가 몽둥이로 때리며 내쫓자, 그는 하는 수 없이
집 밖에 오두막집을 짓고 살았다. 하지만 아침마다 집에 들어와 물 뿌리고
청소를 했는데, 아버지는 화를 내며 또다시 쫓아냈다. 그러자 마을 입구에
오두막집을 짓고는 아침저녁으로 문안인사 올리는 것을 그만두지 않았
다. 일년 남짓 이렇게 하자, 부모는 부끄러워하며 그를 돌아오도록 했다.
나중에 부모의 상을 당했을 때는 슬퍼함이 지나칠 정도였다.

　얼마 지나지 않아 아우의 아들이 재산을 나누어 따로 살기를 요구하자,
설포는 만류할 수가 없어 자신의 재산 중에 절반을 나누어 주었다. 노비를
나눌 때는 늙은 사람을 끌어오면서 "이 사람들은 나와 함께 일한 지가 오
래되었으므로 네가 부릴 수 없을 것이다"라고 했다. 밭과 집을 나눌 때는
황폐한 밭과 기울어진 농막을 가지면서 "이것들은 내가 젊었을 때에 관리
하던 것이어서 미련을 가지고 있다"고 했다. 또 그릇과 물건을 나눌 때는
썩고 부서진 것들을 가지면서 "이것들은 내가 평소에 입고 먹던 것이어서
내 몸과 입에 편하다"라고 했다. 아우의 아들이 자주 재산을 거덜내자, 그
때마다 다시 구제해 주었다. (『자치통감』)

11. 하늘을 감동시킨 왕상의 효

　왕상은 성품이 효성스러웠다. 일찍 어머니를 여의고, 계모 주씨의 성품

이 자애롭지 않아 자주 왕상을 헐뜯었다. 이 때문에 아버지에게도 사랑을 잃었다. 그래서 아버지는 매번 소똥을 치우도록 시켰는데, 그때마다 왕상은 더욱 공손하고 조심스런 태도를 가졌다. 부모가 병에 걸리면 옷띠를 풀지 않았으며, 약을 끓일 적에 반드시 직접 맛보았다.

한번은 어머니가 살아 있는 물고기를 먹고 싶어했는데, 그때는 날씨가 추워 얼음이 얼어 있었다. 왕상이 옷을 벗고 얼음을 깨고서 물고기를 잡으려고 했다. 그런데 갑자기 얼음이 저절로 깨지면서 잉어 두 마리가 튀어나와 잡아서 돌아왔다. 어머니가 또 참새구이를 먹고 싶어하자, 다시 참새 수십 마리가 그의 방안으로 날아 들어왔다. 그래서 왕상은 이것을 잡아서 어머니께 대접했다. 마을에서는 놀라고 감탄해 효성이 하늘을 감동시켜 그렇게 된 것이라고 말했다. 붉은 사과가 열매를 맺자, 어머니는 그것을 지키도록 했다. 비가 오고 바람이 불 때마다 왕상은 과일이 떨어질까 나무를 안고 울곤 했다. 그는 이처럼 효성이 독실하고, 마음이 순수하고 지극했다. (『진서』「왕상열전」)

12. 눈물에 말라죽은 잣나무

왕부의 자는 위원이다. 아버지 왕의가 위나라 안동장군 사마소의 사마로 있을 때, 동관의 전투에서 오나라의 군대에 패배했다. 사마소가 여러 사람들에게 물었다.

"얼마 전에 있었던 일은 누가 그 잘못을 책임져야 하겠는가?"

왕의가 "원수에게 책임이 있습니다"라고 대답하자, 화가 난 사마소는 "사마는 나에게 죄를 돌리려고 하는가" 라고 말하고는 왕의를 끌어내 목을 베어 죽여 버렸다.

왕부는 아버지가 비명에 죽은 것을 애통하게 여기며 숨어 제자들을 가르치고 살았다. 조정에서 세 번이나 부르고 군국에서 일곱 번이나 등용하려 했지만, 모두 취임하지 않고 묘 옆에 오두막집을 짓고 살았다. 아침저녁으로 항상 묘에 가서 절을 하고 꿇어앉아 잣나무를 붙잡고 슬프게 울었다. 그의 눈물이 나무에 닿으면 그 나무는 말라죽어 버렸다. 『시경』을 읽다가 「육아」(蓼莪)의 "슬프고 슬프다. 우리 부모여! 나를 낳으시느라 수고하셨네"라는 구절에 이르면, 세 번 반복해서 외우며 눈물을 흘리지 않은 적이 없었다. 그래서 제자들은 모두 「육아」를 빼고 읽지 않았다.

왕부는 집이 가난했기 때문에 직접 농사를 지었는데, 식구 수를 계산해 밭을 갈고 옷 입을 사람을 생각해 누에를 쳤다. 간혹 몰래 도와주려는 사람이 있었지만 왕부는 어떤 도움도 받지 않았다. 사마씨가 위나라를 찬탈하고 진나라를 세우자, 왕부는 평생 궁궐이 있는 서쪽을 향해 앉지 않아 진나라에 신하노릇을 하지 않겠다는 뜻을 보였다. (『진서』「혼우열전」)

13. 몸으로 이불을 데운 왕연

진나라 서하 사람 왕연은 부모를 섬길 적에 온화하고 기쁜 표정으로 받들어 모셨다. 여름에는 베개와 자리에 부채질을 하고, 겨울에는 자신의 몸으로 이불을 따뜻하게 했다. 한겨울에 자신은 항상 온전한 옷이 없으면서도 부모에게는 맛있는 음식으로 극진히 대접했다. (『진서』「혼우열전」)

14. 시어머니에게 젖을 먹인 당부인

유빈이 다음과 같이 말했다.

"최산남의 형제와 자손들이 번성한 모습은 그 지방의 집안들 중에서 견줄 만한 곳이 드물다. 산남의 증조할머니인 장손부인은 나이가 많아 이가 없었는데, 할머니인 당부인은 시어머니를 효성스럽게 모셨다. 매일 아침 머리를 빗고 치포건을 쓰고 비녀를 꽂은 다음, 시어머니가 계시는 곳에 가서 섬돌 아래에서 절하고는 곧바로 마루로 올라가 시어머니에게 젖을 먹였다. 그래서 장손부인은 수년 동안 곡식을 먹지 않았지만, 건강하고 편안할 수 있었다.

하루는 장손부인의 병이 위중해 어른과 아이들이 모두 모였다. 장손부인은 '나는 며느리의 은혜를 갚을 길이 없구나. 며느리의 자식과 손자들이 모두 며느리처럼 효도하고 공경했으면 좋겠구나. 이렇게 된다면 최씨 집안이 어찌 번창하고 커지지 않겠는가'라고 말했다." (『당서』「유빈열전」)

15. 아버지의 똥을 맛본 유검루

남제의 유검루가 잔릉현의 현령으로 부임했다. 현에 도착한 지 열흘도 안돼, 아버지 유이(庾易)가 집에서 병에 걸렸다. 검루는 갑자기 마음이 놀라면서 온몸에 식은땀이 흘러 그날로 관직을 버리고 집으로 돌아오자, 집안 식구들이 모두 그의 갑작스런 귀가를 놀라워했다. 이 때는 아버지의 병이 시작된 지 이틀째였다. 의원이 '병이 차도가 있는지 심해지는지 알려면 똥이 단지 쓴지 맛보는 수밖에 없습니다'하고 말했다. 아버지가 설사를 하

자, 검루는 곧장 똥을 가져와서 맛보았다. 맛을 보면 볼수록 더욱 달고 미
끄러워지자, 검루의 마음은 더욱 걱정스럽고 괴로웠다. 그래서 밤만 되면
매번 북극성을 향해 머리를 조아리며 자신이 아버지의 병을 대신 앓기를
빌었다. (『남사』 「유검루열전」)

16. 천지의 죄인으로 자처한 하자평

해우현의 현령인 하자평은 어머니 상을 당했을 때 관직을 버리고 집으
로 돌아왔다. 그는 어머니의 죽음을 지나치게 슬퍼해 몸이 손상되고 예를
벗어나기도 했다.[4] 매번 몸부림치며 통곡할 때마다 갑자기 숨이 끊어졌다
가 깨어나곤 했다.

이 때는 마침 대명[5] 말기였다. 동쪽 지방에 흉년이 든데다 계속되는 전란
으로 팔 년 동안이나 장례를 치르지 못했다. 하자평은 밤낮으로 울부짖으
며 항상 초상 때에 한 어깨를 드러내고 머리를 묶은 차림대로 있었다. 겨울
에도 솜옷을 입지 않고 여름에도 시원한 곳에 가지 않았으며, 하루에 쌀 몇
홉으로 죽을 쑤어 먹었을 뿐, 소금이나 채소도 밥상에 올리지 않았다.

거처하고 있는 집이 무너져 바람과 햇빛도 제대로 가리지 못하자, 형의
아들인 백흥이 지붕을 덮고 수리를 하려고 했다. 하지만 하자평은 내켜하

---

4. 예는 미치지 못하는 것뿐만 아니라, 넘치는 것까지도 예가 아니라고 보고 있
   다. 상사(喪事)때에 슬픔을 표시하지 않는 것도 예가 아니지만 지나치게 슬퍼
   하는 것도 예가 아니다. 지나친 슬픔으로 몸이 수척해지고 뼈가 앙상하게 드
   러나는 정도로 몸을 망쳐서는 안 된다는 것이다.
5. 유유(劉裕)가 세운 남조(南朝)의 송나라 연호이다.

지 않으며, "나는 어머니를 장사지내지도 못한 천하에 몹쓸 죄인일 뿐이
다. 어떻게 집을 덮을 수 있겠는가"라고 말했다.

회계 태수로 있던 채흥종이 그를 매우 불쌍하게 여기고, 그의 효행을 가
상히 여겨 무덤을 만들어 장사지내도록 했다. (『남사』「효의열전」)

17. 수십 년만에 만난 모자

주수창이 일곱 살 때에 옹주의 수령으로 있던 아버지가 주수창의 어머
니 유씨를 내쫓아 평민에게 시집가도록 했다. 그래서 어머니와 자식이 서
로 소식을 알지 못한 지 오십 년이 지났다. 주수창이 사방을 돌아다니며
그의 어머니를 찾았지만 끝내 찾지 못했다. 그래서 술과 고기를 먹는 일이
드물었으며, 다른 사람과 말할 때는 곧잘 눈물을 흘리곤 했다.

희녕 초에 주수창은 관직을 버리고 진 땅으로 들어가면서 집안 사람들
과 헤어지며 '어머니를 만나지 않으면 다시는 돌아오지 않겠다'라고 맹세
했다. 길을 가다 동주의 한 여관에 머무르게 되었는데 우연히 어머니 유씨
를 만났다. 어머니 나이는 이때 이미 70여 세나 되었다.

옹주 태수 전명일이 그 사실을 조정에 보고하자, 천자는 조서를 내려 주
수창을 다시 관직에 등용했다. 이 일로 세상 사람들이 모두 그의 효성을
알게 되었다. 주수창이 다시 군수가 되자, 어머니가 사는 곳과 가까운 하
중부의 통판으로 가서 이복동생과 누이동생을 데리고 돌아왔다. 함께 산
지 수년만에 어머니가 돌아가시자, 주수창은 슬픔으로 흐르는 눈물 때문
에 거의 실명할 정도였다. 그는 이복동생들을 더욱 돈독하게 보살피고 그
들에게 밭과 집을 사주어 살도록 했다. 또 집안 사람들에 대해서도 더욱

극진하게 은정을 베풀었다. 아버지를 여읜 조카딸 두 명을 시집보냈으며, 그의 집안 중에 장사지낼 수 없는 사람들을 위해 십여 차례 장례를 지내주기도 했다. 그의 천성은 이처럼 어질었다. (『송사』「효의열전」)

18. 불교와 유교

이천선생의 집안에서는 초상을 치를 때에 불교 의식을 사용하지 않았다. 낙양에서 살 때에 또한 한 두 집안이 교화되어 불교 의식을 사용하지 않았다. (『이정전서』)

19. 언제나 한결 같았던 곽광

곽광[6]이 궁궐문을 드나든 지 20여 년이나 되었지만, 조심하고 삼갔기 때문에 잘못을 저지르는 적이 없었다. 그의 사람됨이 침착하고 조용하며 세심했기 때문에 매번 궁궐을 드나들며 문에서 내릴 때 나가고 머무르는 곳이 일정했다. 낭관(郞官)과 복야(僕射)들이 몰래 표시를 해두고 보았는데, 한 자 한 치도 틀리지 않았다. (『한서』「곽광열전」)

---

6. 곽광(霍光)은 전한의 정치가(?~68)로, 자는 자맹(子孟)이며, 시호는 선정(宣政)이다. 곽거병의 이복동생이었지만 곽거병과는 달리 성격이 신중하고 조심스러웠다. 소제(昭帝)가 죽고난 다음에 창읍왕이 제위에 올랐지만 그가 무도한 것을 보고 폐위시키고 선제(宣帝)를 세웠다. 그는 대사마, 대장군의 지위에 올라 정치를 전담했다.

20. 한무제도 두려워한 급암

급암[7]은 경제 때에 태자세마가 되었는데, 그의 엄격한 성격 때문에 다른 사람들이 꺼려했다. 무제가 즉위해 급암을 불러 주작도위로 삼았지만 자주 직언을 함으로써 그 자리에 오래 있을 수 없었다. 그 즈음 태후의 아우인 무안후 전분이 승상이 되었는데, 일년에 녹봉을 이천 석이나 받는 관리들이 그에게 절하고 알현해도 전분은 답례를 하지 않았다. 하지만 급암은 전분을 볼 때도 절하지 않고 단지 손을 모아 인사만 할 뿐이었다.

무제가 당시에 학문을 하는 선비들을 초청하고 있었다. 무제가 대신들에게 말했다.

"나는 이러이러하게 하고자 한다."

그 말을 듣고 급암이 말했다.

"폐하는 마음속에 많은 욕심을 가지고 있으면서 겉으로만 인의를 행하려고 하십니다. 그런 마음으로 어떻게 요임금과 순임금의 치적을 본받을 수 있겠습니까."

무제가 분노로 얼굴빛이 변하면서 조회를 중지시키자, 주위에 있던 대신들이 모두 급암이 벌을 받지 않을까 두려워했다. 무제는 조정에서 물러나와서는 사람들에게 말했다.

"심하구나! 급암의 우직함이여!"

여러 신하들이 간혹 급암을 나무라면 급암은 다음과 같이 말했다.

---

7. 급암(汲黯)은 한대의 정치가이다. 복양(濮陽) 출신으로 자는 장유(長孺)이다. 기질이 강직했으며 황로사상의 영향으로 청정한 정치를 주장했다. 경제(景帝) 때에 태자선마(太子洗馬)가 됐으며 무제 때는 회양태수(淮陽太守)에 이르렀다.

"천자가 대신과 보필하는 신하를 두는 까닭이 어찌 순종과 아첨으로 천자의 뜻에 영합해 천자를 불의에 빠뜨리도록 하는 것이겠는가? 이미 벼슬자리에 있으니, 비록 자신의 몸을 사랑한다 해도 어찌 조정을 욕되게 버려둘 수 있겠는가?"

급암은 몸이 약해 자주 병에 걸렸다. 병에 걸린 지 석달이 지나 무제가 휴가를 주는 경우가 여러 차례 있었지만 끝내 병이 낫지 않았다. 마지막으로 엄조가 급암에게 휴가를 주도록 요청하자, 무제가 엄조에게 물었다.

"급암은 어떤 사람이라고 보는가?"

"만약 급암이 직책을 맡아 벼슬자리에 있으면 다른 사람보다 나을 게 없습니다. 하지만 어린 임금을 도와 왕업을 지키도록 하면 맹분이나 하육으로 자처하는 용맹한 장수라도 그의 절개를 빼앗을 수 없을 것입니다".

"그렇다. 옛날에 사직을 지키는 신하가 있다고 했는데, 급암이 이에 가까운 신하일 것이다."

하고 무제가 말했다.

대장군 위청이 궁중에서 임금을 모실 때 무제는 평상 가장자리에 걸터앉아 그를 만나 보았으며, 승상 공손홍이 한가할 때 알현하면 무제는 간혹 관도 쓰지 않은 채 만났다. 그러나 급암을 만날 때에는 관을 쓰지 않고는 만나지 않았다. 무제가 한번은 군막에 앉아 있었는데, 급암이 나와서 일을 아뢰려고 했다. 무제는 관을 쓰지 않고 있다가 급암이 오는 것을 바라보고는 휘장 안으로 피하고서 사람을 시켜 그가 올린 보고서를 재가했다고 한다. 그는 이처럼 임금에게 공경과 예우를 받았다. (『한서』「급암열전」)

21. 자신의 말을 책임진 고윤

처음에 위나라 요동공 적흑자는 태무제에게 총애를 받았다. 그는 병주에 사신의 임무를 띠고 간 적이 있었는데, 그곳에서 베 천 필을 뇌물로 받은 사실이 발각되었다. 적흑자는 저작랑 고윤과 상의했다.

"임금이 나에게 물으시면 사실대로 말해야 하겠는가? 아니면 숨겨야 하겠는가?"

"공은 임금과 국사를 논하시던 총애받는 신하입니다. 죄를 사실대로 고하면 용서를 받을 수도 있을 것입니다. 거듭 속이는 짓을 해서는 안 됩니다."

하고 고윤이 말했다. 그러나 중서시랑 최감과 공손질은 반대했다.

"만일 사실대로 말한다면 무슨 벌을 받을지 예측할 수 없습니다. 잠시 숨겨두는 것이 좋습니다."

이 말을 듣고 적흑자는 고윤을 원망했다.

"그대는 어째서 사람을 죽을 곳으로 유인하는가?"

라고 말하고는 태무제를 뵙고 사실대로 대답하지 않았다. 태무제는 그가 거짓말을 한 것을 알고는 격노해 죽여 버렸다.

태무제는 고윤을 시켜 태자에게 경서를 가르치도록 했다. 당시에 사도로 있던 최호가 역사서에 태무제를 비평한 일로 체포당하자, 태자가 고윤에게 말했다.

"내가 들어가서 황제를 만나뵙고 그대를 살 길로 인도하겠소. 만약 황제께서 물으시거든 다만 내 말만 따르시오."

태자가 태무제를 뵙고 말했다.

"고윤의 성격은 소심하고 속도 좁은 데다 직위마저 미천합니다. 저술은 모두 최호가 한 것이니, 고윤의 죽음은 사면해 주시길 청합니다."

태무제가 고윤을 불러서 물었다.

"국서는 모두 최호가 지었는가?"

"신이 최호와 함께 지었습니다. 그러나 최호는 관장한 일이 많으므로 총괄하여 결재하였을 뿐이고, 저술은 제가 최호보다 많이 했습니다"

하고 고윤이 대답하자, 태무제는 화가 나서 말했다.

"고윤의 죄가 최호보다 심한데, 어떻게 살기를 바라겠는가?"

옆에 있던 태자가 두려워하여 말했다.

"폐하의 위엄이 엄중하시고 고윤은 미천한 신하인지라, 정신이 혼란스러워 순서를 잃고 잘못 말한 것일 뿐입니다. 제가 지난번에 물어보니, 모두 최호가 지은 것이라고 했습니다."

태무제가 고윤에게 물었다.

"정말 태자가 말한 것과 같으냐."

"신의 죄를 제 온 가족을 죽여도 마땅하기에 함부로 거짓말로 속일 수 없습니다. 태자 전하는 신이 모시고 강론한 지가 오래됐습니다. 태자 전하는 신을 불쌍하게 생각해 저의 목숨을 구하고자 하신 것입니다. 사실은 신에게 묻지 않으셨으며 신 또한 그런 말을 한 적이 없었습니다. 감히 정신이 혼란스럽다고는 할 수 없습니다."

태무제는 태자를 돌아보며 말했다.

"정직하구나! 이런 일은 사람의 심정으로는 하기 힘든 데도 고윤이 능히 해냈도다. 죽음을 앞에 두고서도 말을 바꾸지 않는 것이 믿음이고, 신하가 되어 임금을 속이지 않는 것이 곧음이다. 특별히 그의 죄를 면제해 주고 그의 정직함을 표창하겠노라."

라고 말하고는 마침내 그를 사면했다.

얼마 뒤에 태자가 고윤을 꾸짖으며 말했다.

"내가 그대를 죽음에서 벗어나게 해주고자 했는데, 그대는 왜 따르지 않았소?"

"신은 최호와 함께 실제적으로 역사책을 같이 만들었습니다. 의리상 죽음과 삶, 영화와 오욕을 저 혼자만 달리 할 수는 없습니다. 진실로 세자 전하께서 죽은 목숨을 다시 살려 주시려는 은혜를 입었지만, 본심을 어기고 구차하게 죽음만을 면하는 것을 신은 원하지 않습니다."

라고 고윤이 말하자, 태자는 놀라며 칭찬해 마지않았다. 고윤이 물러나와 사람들에게 말했다.

"내가 동궁이 시킨 대로 따르지 않은 것은 적흑자에게 속이지 말라고 했던 나 자신의 말을 저버릴까 두려워했기 때문이다."(『북사』「고윤열전」)

22. 정당한 과정을 거쳐라

이군행 선생의 이름은 잠이고, 건주 사람이다. 수도에 들어가면서 사주에 도착해 머무르자 그의 제자가 먼저 가겠다고 청했다. 이군행이 그 까닭을 묻자 제자가 "과거볼 날짜가 가까워졌습니다. 먼저 서울에 도착해 개봉부의 호적을 올려 시험에 응시하려고 합니다"라고 대답했다. 이군행이 허락하지 않으며 다음과 같이 말했다.

"너는 건주 사람이다. 그런데 개봉부의 호적에 올리는 것은 임금을 섬기려고 하면서 먼저 임금을 속이는 것이다. 이것이 어떻게 옳다고 할 수 있겠는가? 차라리 몇 년 늦더라도 그런 일을 해서는 안 된다."(『동몽훈』)

23. 관리의 가난은 희소식

최현위의 어머니 노씨가 한번은 현위를 꾸짖으며 말했다.

"내가 너의 이종형인 둔전낭중 신현어를 만났을 때, 그는 '아들이 관직에 종사하고 있을 때 어떤 사람이 와서 당신 아들이 가난하고 궁핍해 살기 어렵더라고 말하면 이것은 좋은 소식이다. 그러나 만약 아들에게 재물이 풍족하며 옷이 가볍고 말이 살지더라는 소리가 들리면, 이것은 나쁜 소식이다'라고 말했다. 나는 이전부터 이 말이 매우 타당하다고 생각한다.

근래에 친족과 외척들 중에 관직에 있는 사람이 돈이나 선물을 자신의 부모에게 올리면 부모는 단지 기뻐할 줄만 알고 끝내 그 물건이 어디에서 나온 것인지를 묻지 않는다. 이것이 자신의 녹봉을 받아쓰고 남은 것이라면 진실로 훌륭한 일이지만 만약 그것이 도리에 맞지 않게 얻은 것이라면 이는 도둑놈과 무엇이 다르겠는가? 비록 요행히 큰 죄는 면할 수 있다고 해도 자기 마음에 부끄럽지 않겠는가?"

최현위는 어머니의 가르침을 따르고 받들어 청렴하고 근신하는 사람으로 세상 사람들의 칭찬을 받았다. (『당서』「최현위열전」)

24. 차분함과 더딤의 차이

대제 유기지[8]가 처음 과거에 급제했을 때에 두 명의 동료와 함께 참지

---

8. 유기지(劉器之)는 북송의 정치가로 이름은 안세(安世)이고, 자는 기지(器之)이다. 사마광에게서 학문을 배웠으며, 벼슬이 간의대부(諫議大夫)에 이르렀다.

정사 장관을 찾아 뵈었다. 세 사람이 함께 몸을 일으켜 가르침을 청하자,
장관이 말했다.

"나는 관직을 맡은 후로 항상 네 글자를 지켰는데, 부지런함〔勤〕·삼가
함〔謹〕·온화함〔和〕·차분함〔緩〕이었다."

말하는 도중에 한 젊은이가 그 말에 대해 질문했다.

"저는 부지런함·삼가함·온화함에 대해서는 이미 충분히 들었습니다만
차분함에 대해서는 가르침을 아직 들은 적이 없습니다."

그러자 장관이 정색을 하고 엄숙한 목소리로 말했다.

"내 언제 자네에게 일을 더디게 해서 제 때에 처리하지 못하도록 가르
쳤는가. 다시 말하지만 세상 어떤 일이든 바쁘게 처리해서 그르치지 않는
것이 있단 말인가." (『송명신언행록』)

25. 호안정의 문하생들

안정선생의 문하생들은 늘 옛날을 고찰하고 백성을 사랑할 줄 안다. 그
렇다면 정사를 행하는 데에 무슨 어려움이 있겠는가. (『이정전서』)

강직한 성품으로 널리 세상에 알려졌으며, 사람들은 그를 원성(元城)선생으로
불렀다.

26. 남들의 인정을 요구하지 마라

젊었을 때부터 여형공은 다른 사람들에게 벼슬자리를 천거해 주길 부탁하는 일이 없었다. 그의 아들 순종이 회계에서 벼슬살이를 하고 있을 때 자신을 알아주기를 요구하지 않느냐고 어떤 사람이 나무라자 순종이 다음과 같이 대답했다.

"내가 맡은 직책과 일을 부지런히 행하고 그밖의 것에 대해서도 신중하게 하지 않는 일이 없다. 이것이 내가 남들이 알아주기를 구하는 나만의 방법이다."(『동몽훈』)

27. 맹세를 끝까지 지킨 부인

한나라 진 땅의 어떤 효성스런 며느리가 나이 열 여섯에 시집왔지만 자식이 없었다. 그의 남편이 변방을 지키러 가게 되었는데 막 떠나려고 하면서 아내에게 부탁했다.

"나는 나의 생사를 알 수가 없소. 다행히 늙은 어머니가 계시지만 봉양할 다른 형제가 없소. 내가 돌아오지 못하더라도 당신은 기꺼이 내 어머니를 봉양해 주겠소?"

"그렇게 하겠습니다."

하고 그 아내가 대답했다.

결국 남편은 죽고 돌아오지 못했다. 하지만 며느리가 시어머니를 봉양하는 태도는 이전과 조금도 변하지 않았으며, 시어머니의 며느리에 대한 자애와 며느리의 시어머니에 대한 사랑은 날이 갈수록 더욱 두터워졌다.

길쌈하는 일로 생계를 꾸려 가며 끝내 다시 시집갈 생각을 하지 않았다.

남편의 삼년상을 마치자, 그녀의 친정부모는 딸이 자식도 없이 일찍 홀로 된 것을 애처롭게 여겨 데려다가 다시 시집보내려고 했다. 이에 그 부인이 말했다.

"남편이 떠날 때 저에게 노모를 봉양하도록 부탁했는데, 저는 그렇게 하겠노라고 약속했습니다. 남의 노모를 봉양하면서 끝까지 책임지지 못하고 더구나 그렇게 하겠다고 약속하고서 신용을 지키지 못한다면 앞으로 어떻게 세상에 살아갈 수 있겠습니까."

라고 말하고는 자살하려고 했다. 이에 그녀의 친정부모도 두려워서 감히 시집보내려 하지 못하고 마침내 시어머니를 봉양하도록 했다. 이십팔 년만에 시어머니가 팔십여 세의 나이로 천수를 누리고 별세하자, 그 부인은 밭과 집과 재물들을 모두 팔아서 장사지내고 끝까지 제사를 받들었다.

회양 태수가 이 사실을 조정에 보고하자, 임금은 사람을 시켜 황금 40근을 하사하고 부역을 면제해 죽을 때까지 부역에 나가지 않도록 했다. 세상 사람들은 그녀를 '효부'라고 불렀다. (『후한서』「열녀전」)

28. 남편의 뜻을 따른 소군

한나라 포선의 아내인 환씨는 자가 소군이다. 포선이 일찍이 소군의 아버지에게 글을 배웠는데, 소군의 아버지는 그의 품성이 청빈한 것을 기특하게 여겨 딸을 시집보냈다. 시집가는 길에 많은 재물을 함께 보내자 포선이 달가워하지 않으며 아내에게 말했다.

"당신은 부유하고 교만하게 자랐고 아름답게 꾸미는 것이 습관이 됐

지만, 나는 진실로 가난하고 미천한 몸이기에 그와 같은 예를 감당할 수
없소."

라고 하자, 아내가 말했다.

"아버님께서는 당신이 덕행을 닦고 검소한 태도를 지키기 때문에 저를
시집보내셨습니다. 이미 남편으로 받들기로 하였으니 오직 당신의 말씀
을 따르겠습니다."

포선이 이 말을 듣고서 웃으며 말했다.

"그와 같이 할 수 있다면 그것은 나의 뜻이오."

이에 아내는 하인들과 의복, 장식품을 모두 되돌려 보내고 짧은 삼베치마
로 갈아 입고서 포선과 함께 작은 수레를 끌고 마을로 돌아왔다. 시어머니
뵙는 예를 마치고, 물동이를 들고 물을 길어 부인으로서의 도리를 행했다.
소군의 그런 모습을 보고 온 마을과 나라가 그를 칭찬했다. (『한서』「열녀전」)

29. 코를 베고 맹세한 영녀

조상의 사촌동생인 문숙의 아내는 초군 하후문령의 딸로, 이름은 영녀
였다. 문숙이 젊은 나이에 죽자 상을 마치고 난 뒤에 그녀는 나이도 젊고
자식이 없는 것을 이유로 친정에서 반드시 자기를 다시 시집보낼 것이라
고 생각해 마침내 머리털을 자르고 재혼하지 않으리라고 맹세했다. 그후
과연 친정에서 시집보내려고 하자, 영녀는 이 말을 듣고 다시 칼로 두 귀
를 베고 조상에게 의지하며 살았다. 조상이 사형을 당하고 조씨 일족도 모
두 죽자, 영녀의 숙부는 조정에 글을 올려 조씨와의 혼인 관계를 끊고 강
제로 영녀를 데리고 돌아갔다.

이때 하후문령이 양주의 관리로 있었다. 그는 자신의 딸이 젊은 나이에 절개를 지키는 것이 불쌍하기도 하고 더구나 조씨 가문에 살아남은 혈족마저 없는 것을 보고 그녀가 수절하려는 생각을 그만두기를 기대했다. 그래서 몰래 사람을 보내 마음을 움직여 보았다. 그러자 영녀는 탄식하고 눈물을 흘리면서 말했다.

"생각해 보니, 그렇게 하는 것이 옳겠습니다."

친정에서는 이 말을 믿고서 다소 느슨하게 감시했다. 이에 영녀는 몰래 침실로 들어가 코를 칼로 자르고는 이불을 뒤집어쓰고 누웠다. 그의 어머니가 불러봐도 말을 해도 대답하지 않으므로 이불을 들추었는데, 피가 흘러 침상과 자리에 가득했다. 온 집안 식구들이 놀랐으며 가서 보고는 슬퍼하지 않는 사람이 없었다.

어떤 사람이 이를 보고 말했다.

"사람이 세상을 살아가는 것은 가벼운 먼지가 약한 풀에 붙어 있는 것과도 같은데, 어째서 이토록 고생을 하는가? 또한 남편의 집안은 이미 망해서 모두 죽고 없는데, 누구를 위해서 절개를 지키려고 하는가."

그러자 영녀가 대답했다.

"내가 듣기에 어진 사람은 흥망때문에 자신의 절개를 고치지 않고, 의로운 사람은 살고 죽는 것 때문에 자신의 마음을 바꾸지 않는다고 한다. 조씨 문중이 한창 전성하던 때에도 오히려 끝까지 절개를 지키려고 했다. 하물며 지금은 그들이 멸망했는데, 내 어떻게 차마 버릴 수 있겠는가. 내가 어떻게 금수와 같은 행동을 할 수 있겠는가."(『삼국지』「위지」)

30. 죽음으로 시어머니를 지킨 며느리

당나라 정의종의 아내 노씨는 경서와 사서를 대략 섭렵했으며, 시부모를 섬기면서 며느리로서의 도리를 잘 지켰다. 한번은 밤중에 강도 수십 명이 몽둥이를 들고 북을 치면서 담을 넘어 들어오자, 집안 사람들은 모두 도망쳐 숨고 오직 시어머니만 그대로 방에 남아 있었다. 노씨는 시퍼런 칼날도 무서워하지 않고 시어머니 곁으로 달려갔다. 그래서 도적들에게 거의 죽을 정도로 매를 맞았다.

도적들이 물러간 뒤에 집안 사람들이 물었다.

"어째서 유독 당신만 무서워하지 않았습니까?"

그러자 노씨가 대답했다.

"사람이 짐승과 다른 까닭은 사람에게 인과 의가 있기 때문입니다. 이웃 마을에 위급한 일이 있어도 오히려 서로 달려가서 구하는데, 하물며 시어머니를 내버려 둘 수 있겠습니까. 만약 시어머니가 큰 화를 당했다면, 어찌 혼자만 살아 남을 수 있겠습니까?" (『당서』「열녀열전」)

31. 죽음으로 절개를 지킨 자매

당나라 봉천에 사는 두씨의 두 딸은 시골서 자랐지만 어려서부터 지조가 있었다. 영태 연간에 떼도적 수천 명이 그 마을을 노략질했다. 두 딸은 모두 아름다운 용모를 지녔는데, 언니의 나이는 열아홉이었고, 동생은 열여섯이었다. 바위 굴 사이에 숨어 있는 이들을 도적들이 끌어낸 다음 협박해서 앞세우고 갔다. 이들은 깊이가 수백 자나 되는 계곡에 이르렀을 때에

언니가 갑자기,

"나는 죽을지언정 욕을 당할 수는 없다."

라고 말하고는 절벽 아래로 떨어져 죽었다. 도적들이 놀라고 있었는데, 동생도 뒤이어 몸을 던져 다리가 부러지고 얼굴이 깨져 피가 흘렀다. 이에 마침내 도적들이 동생을 버리고 갔다.

경조윤 제오기는 그들의 곧은 절개를 가상하게 여겨 조정에 아뢰자, 임금은 조서를 내려 그 마을의 거리에 정문(旌門)을 세워 표창하고 그 집안의 부역을 영원히 면제해 주었다. (『당서』「열녀열전」)

32. 자신을 매질한 목용

목용은 어려서 아버지를 여의고 형제 네 사람이 재산과 살림을 공유했다. 그러나 각각 아내를 맞이하자, 마침내 그 아내들이 재산을 나누어 따로 살기를 요구했으며, 싸우고 다투는 일도 자주 일어났다. 목용은 매우 분노하며 한탄했다. 그래서 문을 걸어 잠그고 스스로를 매질하며 말했다.

"목용아! 네가 몸을 닦고 행실을 삼가해 성인의 도리를 배운 까닭은 세상의 풍속을 바로잡으려는 것이다. 그런데 어째서 집안조차 바로잡지 못하느냐."

이 말을 들은 아우들과 그 아내들이 모두 머리를 조아리며 사죄했다. 결국 다시 우애가 돈독해졌고 집안도 화목해졌다. (『후한서』「독행열전」)

33. 형제와 재산

소경이 남청하의 태수로 일하던 시절, 관내 백성 중에 을보명 형제가 토지 때문에 다투고 있었다. 여러 해가 지나도록 판결이 나지 않아, 각각 서로 증인으로 끌어들인 숫자가 마침내 백 명이나 되었다. 소경은 을보명 형제를 불러 타일렀다.

"세상에 얻기 어려운 것은 형제이고, 구하기 쉬운 것은 토지이네. 가령 토지를 얻었더라도, 형제 사이의 마음을 잃는다면 어찌하겠는가."

라고 말하고는 눈물을 흘렸다. 이에 모든 증인들도 눈물을 흘리며 울었다. 을보명 형제는 머리를 조아리고 밖에 나가 다시 생각해 보겠다고 빌었다. 그들은 분가해서 따로 산 지 10년만에 마침내 돌아와 함께 살았다. (『북제서』「순리열전」)

34. 계모를 회개시킨 왕람부부

왕상의 이복동생인 왕람의 어머니 주씨는 왕상을 함부로 대했다. 왕람이 서너 살 때 왕상이 매맞는 것을 보고 갑자기 눈물을 흘리면서 이복형을 껴안았다. 그리고 열다섯 살이 되면서 매번 어머니에게 간곡하게 말하자, 왕람의 어머니도 흉악한 짓을 조금 멈추었다. 주씨가 자주 도리에 어긋나는 일을 왕상에게 시키면 왕람도 함께 일을 했다. 또한 왕상의 아내를 모질게 부리면 왕람의 아내도 달려가서 함께 그 일을 했다. 그러자, 주씨는 왕람 내외가 하는 것을 보고 마침내 왕상 내외에 대한 무도한 짓을 그만두었다.

35. 아들을 버린 등유부부

진나라 우복야로 있던 등유가 영가말년에 석륵에게 패해 포로가 됐다. 포로로 끌려가던 중 사수를 지나다가, 등유는 처자식을 소와 말에 싣고 도망쳤다. 하지만 다시 도적을 만나 소와 말을 빼앗긴 채 그의 아이와 동생의 아들인 수를 업고 걸어서 도망쳤다. 등유는 두 아이를 모두 안전하게 지킬 수 없다고 판단해 아내에게 말했다.

"내 아우가 일찍 죽고 오직 자식 하나만 남아 있소. 도리상 동생의 후사를 끊을 수는 없는 노릇이니 응당 우리 아이를 버려야 할 것이오. 다행히 우리가 살아남을 수 있다면 나는 뒤에 다시 자식을 둘 수 있을 것이오"라고 하자, 아내는 울면서 그의 말을 따랐다. 마침내 자신의 자식을 버리고 떠났는데, 끝내 그에게 후사가 없었다.

당시 사람들은 등유의 행동을 의롭게 여기고 또 슬퍼하며 말했다.

"하늘이 알지 못해 등백도에게 아들을 주지 않았다."

아우의 아들인 수는 등유가 죽었을 때에 아버지의 상과 같은 삼년상을 지냈다. (『진서』「양리열전」)

36. 역병도 어쩌지 못한 유곤

진나라 함녕 연간에 전염병이 크게 유행했다. 그로 인해 유곤의 두 형은 모두 죽고 그 다음 형인 유비도 위태로워졌다. 전염병의 기세가 한창 기승을 부려 부모와 여러 아우들은 모두 밖에서 머물렀지만 유곤은 혼자서 형 곁에 머물며 떠나지 않았다. 여러 어른들이 떠나도록 강권하자 그가 말했다.

"천성이 병을 두려워하지 않습니다."

하고는 직접 형을 부축하고 밤낮으로 잠을 자지 않고 돌보았으며 또 틈틈이 죽은 두 형의 관을 어루만지며 구슬피 울었다. 백여 일이 지나자, 전염병의 기세가 수그러들었고 집안 사람들도 마침내 돌아왔다. 돌아와 보니 유비의 병은 어느 정도 차도가 있었고, 유곤 또한 아무런 탈이 없었다.

이에 어른들이 모두 말했다.

"남다르구나, 이 사람은! 보통 사람들이 지킬 수 없는 것을 지키고, 보통 사람들이 할 수 없는 것을 행동으로 옮겼구나. 날씨가 추워진 다음에야 소나무와 잣나무가 뒤늦게 시든다는 것을 알 수 있다더니, 비로소 전염병도 그를 감염시킬 수 없음을 알겠구나."(『진서』「효우열전」)

37. 양춘과 양진의 형제애

양파의 집안은 대대로 덕이 도탑고 또 의리와 겸양을 독실하게 갖추어 형제들이 마치 아버지와 자식처럼 서로를 섬겼다. 양춘과 양진은 공손하고 겸손해 형제가 아침이면 대청에 모여 하루종일 서로 마주보면서 시간을 보내고 방안에 들어가는 적이 없었다. 맛있는 음식이 한 가지 있더라도 형제가 모이지 않으면 먹지 않았다. 대청마루 사이에 종종 휘장으로 칸막이를 만들어 자거나 쉬는 곳으로 삼아 가끔 휴식을 취했으며, 돌아와서는 다시 함께 담소를 나누었다.

양춘이 늙었을 때 한 번은 다른 곳에서 술에 취해 돌아오자, 양진은 형을 부축해 방에 들어가 쉬게 하고는 자신은 방문 앞에서 옷을 입은 채 자면서 안부를 살폈다.

양춘과 양진은 나이 육십이 넘어서 모두 삼공의 지위에 올랐지만, 양진은 항상 아침저녁으로 형을 뵙고 문안인사를 했다. 문안인사를 할 때는 아들과 조카들이 계단 아래에 서 있었으며, 양춘이 앉으라고 명하지 않으면 양진은 함부로 앉지 않았다.

양춘이 매번 가까운 곳에 나가서 해가 지도록 돌아오지 않으면 양진은 먼저 밥을 먹지 않고, 양춘이 돌아오길 기다린 다음에 함께 밥을 먹었다. 밥을 먹을 때는 양진이 손수 숟가락과 젓가락을 바쳤으며, 식사의 상태를 살피기 위해 모든 음식을 먼저 맛보았으며 양춘이 먹으라고 한 다음에야 먹었다. 양진이 사주자사로 있을 때에 양춘은 서울 집에 있었다. 계절마다 나오는 맛있는 것이 있으면 그때마다 심부름 보내는 사람을 통해 음식을 부쳤으며, 만약 혹시라도 보내지 못하면 먼저 입에 넣지 않았다. 한 집안에 남녀 식솔이 백여 명을 헤아리고 시마복을 입는 친족[9]들이 함께 밥을 지어먹었지만 집안에서는 이간질하는 말이 없었다. (『북사』「양파열전」)

38. 형의 소를 죽인 아우

수나라 이부상서 우홍의 아우 우필은 술을 좋아하고 술주정이 심했다. 한번은 술에 취해 우홍의 수레를 끄는 소를 활로 쏘아 죽였다. 우홍이 집

---

9. 시마복(緦麻服)은 오복(伍服) 중의 하나로 가장 비중이 가벼운 상복을 말한다. 이 상복을 입어야 하는 경우는 고조부모를 같이하는 친척, 즉 팔촌에 해당하는 친척이 죽었을 때이다. 팔촌은 상복을 입는 마지막 친족이며, 복을 입는 기간은 석 달이었다.

에 돌아오자 그의 아내가 맞이하며 말했다.

"시숙이 소를 쏘아 죽였습니다."

"죽은 소로 포를 만드시오."

라고 대답할 뿐 우홍은 듣고 나서도 그다지 이상하게 여기지도 않고 따로 묻지도 않았다.

우홍이 자리에 앉자, 그의 아내가 다시 말했다.

"시숙이 소를 쏘아 죽였습니다. 이상한 일입니다."

하지만 우홍은,

"이미 알고 있소."

라고 말하고는 태연자약한 얼굴로 계속해서 글을 읽었다.

(『수서』「우홍열전」)

39. 수염을 불태운 이적

당나라 영공 이적의 관직은 복야로 존귀한 몸이었는데도, 그의 누님이 병들었을 때는 반드시 직접 누님을 위해 불을 때 죽을 끓였다. 한번은 불에 그의 수염을 그을리자, 누님이 말했다.

"종과 시녀들이 많은데, 어째서 이처럼 스스로 고생하는가?"

그러자 이적이 다음과 같이 말했다.

"어찌 사람이 없어서 그러는 것이겠습니까? 생각해보니, 이제 누님도 늙었고 저도 늙었습니다. 비록 자주 누님을 위해 죽을 끓이고 싶어도 언제 다시 그럴 수 있겠습니까." (『당서』「이적열전」)

40. 아버지같은, 아이같은 봉양

사마온공은 그의 형 백강과 우애가 특히 돈독했다. 백강의 나이가 여든 살이 되자, 온공은 형을 엄한 아버지처럼 받들고 어린아이처럼 보살폈다. 매번 식사 후에 조금만 시간이 지나면,

"배고프시지 않습니까?"

하고 물었다. 또 날씨가 조금만 차가우면 형의 등을 어루만지며,

"옷은 얇지 않습니까?"

하고 물었다. (『송명신언행록』)

41. 질서는 호칭에서 비롯된다

최근의 명망 있는 가문 중에 오직 조씨 집안만이 이도(以道)가 자제들에 대한 거듭된 훈계를 함으로써 모두들 법도가 있었다. 그들은 모여 살면서 서로 부를 때 외가 쪽의 어른이면 반드시 '무슨 성 몇째 아저씨, 또는 몇째 형'이라고 불렀으며, 여러 고모나 대고모의 남편에게는 반드시 '무슨 성 고모부, 또는 무슨 성 대고모부'라고 부르지 함부로 자(字)를 부르지 않았다. 그리고 그들이 아버지의 친구에 대해서도 반드시 '무슨 성 몇째 어른'이라고 해서 함부로 자를 부르는 경우가 없었다. 당시에 오랜 전통을 가진 명망 있는 집안에서도 모두 이와 같이 하지 못했다. (『동몽훈』)

42. 백금을 서로 양보한 백성

포효숙공이 서울의 시장으로 있을 때 한 백성이 찾아와 말했다.

"백금 백량을 저에게 맡긴 사람이 죽었기에 그 아들에게 다시 돌려 주려고 했습니다. 그러나 그가 받으려고 하지 않습니다. 원컨대 그를 불러서 백금을 돌려 주십시오."

라고 말했다. 포효숙공이 그 아들을 불러서 백금을 주려고 했으나, 그는 받으려 하지 않으면서,

"돌아가신 부친께서는 백금을 남에게 맡긴 적이 없었습니다" 하고 사양하고서 계속 두 사람은 서로 양보했다. 여형공이 이 말을 듣고 말했다.

"세상에 '좋은 사람이 없다'〔無好人〕는 말을 즐겨 말하는 사람은 스스로 자신의 마음을 해치는 사람이라고 말할 수 있다. 옛 사람이 '사람은 모두 요순과 같은 성인이 될 수 있다'라고 한 말을 여기에서도 보고 알 수 있다."(『동몽훈』)

43. 만석군 석분의 가정교육

만석군 석분이 벼슬을 그만두고 집에 돌아와 있었다. 그는 궁궐 문을 지날 때에 반드시 수레에서 내려 종종걸음으로 지나갔으며, 임금이 타는 말을 보면 반드시 수레의 가로나무대를 잡고 몸을 굽혀 예의를 표시했다. 하급 관리로 있는 자손이 집에 돌아와 뵈려고 해도 만석군은 반드시 조복(朝服)을 입고 만났으며, 그의 이름을 함부로 부르지 않았다. 자손들에게 잘못이 있으면 꾸짖지도 않고 방 한편의 구석에 앉아 밥상만 마주하고는 먹

지 않았다. 그런 후에 여러 자식들이 서로 꾸짖고 그 중에서 나이 많은 이가 사죄의 표시로 웃옷을 벗고 몇 번 용서를 빌고 잘못을 고쳐야 비로소 용서했다.

자손 중에 성인식을 올릴 나이가 된 사람이 옆에 있으면 한가하게 있더라도 반드시 관을 쓰고 온화한 자세로 있었으며, 하인들을 부드럽게 대했지만 신중한 태도를 잃지 않았다.

임금이 가끔 음식을 하사하면 반드시 머리를 조아리고 몸을 엎드려서 먹었는데, 마치 임금이 앞에 있는 듯했다. 상례를 치를 때는 매우 슬퍼했으며 자손들도 그의 가르침을 따라서 또한 그와 같이 했다. 그래서 만석군 집안의 효도하고 근신하는 행실은 나라 전체에 소문이 퍼졌다. 때문에 제·노 지방의 선비들도 만석군 집안의 질박한 행실에는 모두들 스스로 미치지 못한다고 생각했다.

큰아들 건(建)은 낭중령(郎中令)이 되었고, 작은아들 경(慶)은 내사(內史)가 됐다. 건이 늙어서 흰머리가 성성했지만 만석군은 여전히 아무런 탈이 없었다. 건은 닷새마다 세목(洗沐)휴가를 받아 집으로 돌아오면 아버지를 뵙고 직접 시중드는 사람의 방으로 들어갔다. 그리고는 시중드는 사람에게 아버지의 속옷이나 땀에 젖은 옷이 있는지를 몰래 물어보고는, 이것들을 가져다가 직접 빨았다. 건은 모시는 사람에게 빤 옷을 다시 건네주며 만석군이 모르게 하라고 부탁하면서 항상 이렇게 빨래를 했다.

한번은 내사인 경이 술에 취해 돌아왔는데 바깥문에 들어오면서 수레에서 내리지 않았다. 만석군이 이 말을 듣고 밥을 먹지 않자, 경은 두려워 웃옷을 벗고 사죄했지만 용서하지 않았다. 이에 온 집안 사람들과 건이 웃옷을 벗고 빌자, 만석군은 경을 꾸짖었다.

"내사는 존귀한 사람이라서 마을에 들어오면 마을 어른들도 모두 달아

나 숨는다. 그러니 잘난 내사께서 수레에 편안히 앉아 집으로 들어오는 것은 너무나 당연한 일이겠지."

라고 하며 그를 내쳤다. 그래서 경과 모든 자식들은 마을 문에 들어서면 수레에서 내려 종종걸음으로 집에 달려왔다. (『한서』「만석군열전」)

44. 재산은 자식을 게으르게 만든다

소광이 태자태부로 있었다. 글을 올려 버슬을 그만두고 고향으로 돌아가게 해 달라고 빌자 임금은 황금 20근을 특별히 더 하사했으며, 태자는 황금 50근을 선물했다. 소광이 고향으로 돌아와 날마다 집안 식구에게 술과 음식을 마련하도록 시키고 친척과 친구, 빈객들을 초대해 함께 즐겼다. 그는 자주 집 사람에게 황금이 얼마나 남았는지를 묻고는 빨리 팔아서 음식을 장만하라고 재촉했다. 그렇게 살면서 한 해가 넘자, 소광의 자식들은 소광과 형제간인 노인 중에 소광이 믿고 좋아하는 사람에게 몰래 말했다.

"저희들은 아버님이 살아계시면서 가업의 기반을 어느 정도 세우길 바랐는데, 지금 와서는 먹고 마시는 비용으로 황금도 다 떨어져 가고 있습니다. 어른께서 부친을 권고하고 설득해서 밭과 집을 마련하게 하십시오."

이에 노인은 소광에게 전답을 마련해 놓을 것을 한가한 시간을 틈타 말했다. 그러자 소광이 다음과 같이 말했다.

"내 어찌 노망이 들어서 자손들을 생각하지 않았겠습니까? 생각해 보니, 옛날에 일구던 밭과 집이 그대로 있기에 자손들이 그곳에서 부지런히 노력하면 충분히 먹고 입을 것을 해결하고 다른 사람들처럼 살 수 있을 것입니다. 지금 다시 재산을 보태 주어 풍족하게 살도록 하는 것은 자식들에게 게으름을 가르쳐 주는 꼴입니다.

사람이 어질면서 재산이 많으면 그의 뜻을 상하게 되고, 어리석으면서 재산이 많으면 허물을 더하게 됩니다. 거기다가 부자는 여러 사람들에게 원망을 받기 쉽습니다. 나는 아직 자손들을 교화시키지 못했기에 그들에게 허물을 더하거나 원망을 사게 하는 일은 하고 싶지 않습니다. 또한 이 황금은 성왕께서 늙은 신하를 은혜롭게 기르기 위해 주신 것입니다. 그러므로 마을 사람이나 친척들과 함께 즐기고 임금이 내려 주신 은혜를 같이 누리면서, 나의 남은 인생을 마치는 것도 옳은 일이 아니겠습니까.”
(『한서』「소광열전」)

45. 자식에게 편안함을 물려준 방공

방공은 성 안에 들어간 적이 없었으며 그들 부부는 늘 손님을 대하는 것처럼 서로를 공경했다. 유표가 그를 방문했을 때 방공은 밭두둑 위에서 밭가는 일을 멈추었고 아내와 자식들은 앞에서 김을 매고 있었다. 유표는 그의 처자들을 가리키며 “선생은 고생스럽게 땅을 갈고 살면서 관청의 녹 따위는 좋아하지 않으니 훗날 자식들에게 무엇을 물려주려 합니까?”라고 하자, 방공이 대답했다.

“세상 사람들은 모두 자손들에게 위태로움을 물려주지만, 오늘날 저만 홀로 자손들에게 편안함을 물려줍니다. 물려주는 것 같지는 않지만, 그렇다고 물려주는 것이 없지는 않습니다.”

이 말은 들은 유표는 탄식을 하며 떠나갔다. (『후한서』「일민열전」)

46. 도연명의 시가 아름다운 이유

도연명[10]이 팽덕현(彭澤縣)의 현령이 되었을 때 가족을 데려가지 않고 혼자서 부임했다. 그는 시종 한 명을 자신의 아들에게 보내면서 편지에 다음과 같이 썼다.

"네가 아침저녁으로 쓰는 비용을 스스로 마련하기 힘들 것 같아서 이 시종을 보낸다. 네가 나무하고 물긷는 수고를 이 사람이 도울 것이다. 이 사람 또한 남의 자식이므로 잘 대우해야 한다."

47. 동심원처럼 퍼지는 애정

최효분 형제의 성품은 효성스럽고 의리가 있으며 인자하고 후덕했다. 아우 효위 등이 형인 효분을 받들어 모실 때는 공손하고 순종하는 예의를 철저히 지켰다. 자리에 앉거나 식사를 하며, 형에게 오거나 물러날 때에 효분이 명령하지 않으면 함부로 하지 않았다. 첫닭이 울면 일어나서 우선 얼굴빛을 온화하게 했으며, 한 푼의 돈이나 한 자의 비단도 자신들의 방에 들여놓지 않았으며 길흉사로 써야 할 물건이 있으면 형제들이 모여서 나누어 주었다. 여러 아내들도 서로 매우 친하게 지내면서 있으면 있는 대

---

10. 도연명(陶淵明)은 남북조시대의 시인(365~427)이다. 진(晉)의 심양(尋陽) 출신으로 이름은 잠(潛)이며 자는 원호(元亮)이다. 연명은 그의 또 다른 이름이다. 일찍부터 좨주(祭酒), 팽덕령 등의 관직에 올랐지만 후에는 시를 지으며 살았다.

로, 없으면 없는 대로 함께 나누며 지냈다.

효분의 숙부인 진이 죽은 뒤 효분의 형제들은 숙모 이씨를 마치 자신들을 낳아 준 어머니처럼 받들었다. 아침저녁으로 문안인사를 드리면서 따뜻했는지 시원했는지 물어보았다. 나가고 들어올 때는 반드시 말씀을 드리고 얼굴을 보여주었으며, 집안의 크고 작은 일을 한결같이 물어서 결정했다. 형제들이 나다닐 때마다 얻은 것이 있으면 한 자, 한 치 이상의 물건은 모두 이씨의 창고에 넣어두었으며, 계절마다 필요한 것을 나누어 주는 일은 이씨가 스스로 결정했다. 이십여 년 동안이나 이처럼 이씨를 모셨다. (『북사』「최연열전」)

48. 한 유학자의 엄숙한 생활

왕응은 평상시 집에 있을 때도 몸가짐을 엄숙하게 했다. 자제들은 관복을 입지 않으면 만나뵐 수 없었기에 집안은 조정처럼 엄숙했다. 그는 집안을 네 가지의 법도, 즉 부지런하고 검소하며, 공손하고 남에게 너그러운 태도로 이끌었으며, 집안의 네 가지의 예법, 즉 관(冠)·혼(昏)·상(喪)·제(祭)로 바로잡았다. 성인의 말이 적혀 있는 책과 관복과 예식에 쓰는 물건은 남에게 빌리지 않았으며, 담과 지붕과 집기는 반드시 견고하고 질박하게 만들어 "쓸데없는 비용을 없애야 한다"고 했다. 또 문으로 들어오는 길에 심은 과일나무도 반드시 질서정연하게 심어 "어지럽게 하지 말아야 한다"라고 말했다. (『문중자』)

49. 세 번 참으면 살인도 면한다

장공예 집안은 9대를 이어 한 곳에서 살았는데 북제와 수나라, 당나라에서 모두 그의 집에 정문(旌門)을 세워 표창했다. 당나라 인덕 연간에 고종이 태산에 봉선(封禪)[11]을 마치고, 그의 집에 들렀다. 장공예를 불러서 친척들을 화목하게 하는 방법을 묻자 그는 붓과 종이로 대답하겠다고 청하고는 '참을 인(忍)'자를 백여 번 써서 바쳤는데, 그 의미는 다음과 같다.

'종족이 화목하지 못한 까닭은 존경받는 어른이 의복이나 음식을 고르게 분배하지 못하거나 항렬이 낮고 나이가 적은 사람들이 예의를 갖추지 못하기 때문이다. 그러면 서로 원망하고 비난하게 되어 마침내 다투게 된다. 만일 서로 참을 수만 있다면 집안은 화목하게 된다.' (『구당서』「효우열전」)

50. 닭이 강아지를 품은 까닭

한문공[12]이 '동생행'이란 시를 지었는데, 그 내용은 다음과 같다.

---

11. 태산은 산동성(山東城) 태안부(泰安府)에 있는 명산으로 이곳에서 제사를 지낸다는 것은 곧 그 시대가 태평성대하다는 것을 의미한다. 역대 임금들도 태산에서 봉선을 함으로써 자신들의 치적을 남기려고 했다. 봉(封)은 흙으로 제단을 쌓아 하늘에 제사지내는 것을 말하고 선(禪)은 땅을 깨끗하게 치워서 산천에 제사지내는 것을 말하는 것으로 임금이 하늘과 산천에 제사를 지내던 일을 말한다.

12. 한문공(韓文公)은 당대의 시인(768~824)이다. 등주 남양 출신으로 자는 퇴지(退之)이고, 시호는 문(文)이다. 당송팔대가의 한 사람으로 유종원 등과 함께 변려문을 비판하고 고문운동을 펼쳤다. 관직은 이부시랑(吏部侍郎)에 이르렀

"회수는 동백산에서 흘러나와 동쪽으로 멀리 내달려 천리를 쉬지 않네. 비수는 그 옆에서 나오지만 천리를 흐르지 못하고 백리쯤 가다가는 회수로 접어드네. 수주의 속현 중에 안풍(安豊)이 있으니, 당나라 정원(貞元) 연간에 고을 사람 동생소남(董生召南)이 그곳에 은거하며 의를 실천하였도다. 자사(刺史)가 천거하지 못하니 천자가 그의 명성을 듣지 못하네. 벼슬과 봉록은 문 앞에 이르지 않고 문밖에는 오로지 아전이 날마다 와서 세금을 징수하고 게다가 돈까지 요구하네.

아! 동생이여. 아침이면 나가 밭을 갈고, 밤이면 돌아와 옛 사람의 책을 읽어 종일토록 쉬지 않네. 산에 가서 땔나무를 하기도 하고 물에 가서 고기를 잡기도 하는구나. 부엌에 들어가 맛있는 음식을 장만하고 마루에 올라가 안부를 물으니 부모는 근심스러워하지 않고 처자식은 원망하지 않는구나.

아! 동생이여. 효성스럽고도 인자하건만 남들은 알지 못하고 오직 하늘만이 알아 기쁘고 좋은 일을 시도 때도 없이 내려 주시는구나. 집에 새끼를 낳은 지 얼마 되지 않은 개가 밖으로 먹이를 구하러 나가자 닭이 와서 강아지들에게 먹이를 먹이는구나. 뜰에서 벌레와 개미를 주워 먹여도 먹지 않고 강아지는 소리내어 슬피 울기만 하니, 닭이 방황하고 머뭇거리며 오랫동안 떠나지 못하다가 날개를 덮어 주고 어미개 돌아오길 기다리는구나.

아! 동생이여. 누가 그대의 행실에 버금갈 수 있으리오. 세상 사람들은 부부가 서로를 괴롭히고 형제간에도 원수가 되며 임금의 녹을 먹으면서

으며, 사후에 예부상서(禮部尚書)로 추존됐다. 그는 후대의 문학에 큰 영향을 끼쳐 '한문공'이라 불렸다.

부모를 근심시키는데, 이 또한 무슨 마음인가?

아! 동생이여. 그대의 행실에 견줄 이가 없네." (『창려집』)

51. 부자가 한결같았던 유씨 집안

당나라 하동절도사 유공작은 귀족들 사이에서 법도 있는 집안으로 가장 유명했다. 중문 동쪽에 작은 서재가 있었는데, 조회에 참석하지 않는 날이면 매일 이른 새벽에 그곳으로 나가, 여러 자식들과 중영은 모두 의관을 정제하고서 중문 북쪽에서 문안 인사를 올렸다. 유공작이 집안 일을 처리하고, 손님을 접대하고, 동생 공권과 여러 사촌 동생들과 두 번 모여 식사를 하며 아침부터 저녁까지 서재를 떠나지 않았다.

저녁 때 촛불을 가져오면 자제 가운데 한 사람에게 경서나 사서를 가져오도록 해서 직접 한 번 읽고 나서 벼슬살이나 집안 다스리는 도리를 강론했다. 어떤 때는 글을 논하기도 했으며 어떤 때는 거문고를 듣다가 인정[13]의 종소리가 들린 다음에 잠자리에 들었다. 그러면 자식들은 중문 북쪽에서 다시 밤문안 인사를 올렸다. 이렇게 이십 여 년을 했지만 하루도 바꾸는 적이 없었다.

흉년을 만나면 자식들에게 모두 거친 음식을 먹게 하고는 다음과 같이 말했다.

"옛날 우리 형제가 단주자사로 있던 선군을 모실 적에 선군은 우리 형제의 학문이 이뤄지지 않았다고 해서 고기먹는 것을 허락하지 않으셨다.

---

13. 인정(人定)은 사람이 잠자리에 드는 시간으로 밤 열 시 경을 말한다.

나는 감히 그 일을 잊을 수가 없다."

고모·누이·누이동생·조카딸 중에 아버지가 돌아가셨거나 남편이 죽은 이가 있으면 촌수가 멀더라도 반드시 사윗감을 택해 시집보내려고 했으며, 모두에게 나무에 조각한 화장대와 수를 놓아 물들인 무늬 있는 비단을 혼수품으로 마련해 주었다. 그러면서 유공작은 항상,

"반드시 혼수품이 풍부하게 갖추어지길 기다리는 것보다는 시집가는 시기를 놓치지 않는 것이 중요하지 않느냐?"고 말했다.

공작이 죽자 중영은 한결같이 그 법도를 지켰으며 작은 아버지인 공권을 아버지처럼 섬겼다. 그래서 심한 병이 아니면 공권을 뵐 적에 의관을 정제하지 않는 경우가 없었다. 중영이 경조윤과 염철사로 있을 때에 밖에 나갔다가 거리에서 공권을 만나면 반드시 말에서 내려 단정히 홀을 잡고 서서 공권이 지나가기를 기다리고, 지나간 다음에 비로소 말에 올라탔다. 공권이 늦게 돌아오면 반드시 의관을 정제하고 말머리에서 맞이했다. 공권은 그만두라고 자주 말했지만 끝내 중영은 높은 관직에 있으면서도 조금도 고치지 않았다.

공작의 아내 한씨는 상국을 지낸 한휴의 증손녀이다. 한휴 집안의 법도가 엄격하고 검소해 사대부 집안의 모범이 되었다. 유씨 집안에 시집온 지 3년이 지나도록 젊은이와 어른을 막론하고 그녀가 이를 드러내 놓고 웃는 것을 본 적이 없었으며 늘 무늬 없는 비단을 입을 뿐, 화려한 비단이나 수 놓은 비단을 입는 적이 없었다. 친정으로 돌아가 부모를 찾아뵐 때는 황금과 푸른 옥으로 꾸민 가마를 타는 대신 대나무로 얽어 만든 가마를 타고 두 명의 하녀만 걸어서 따르도록 했다. 항상 고삼과 황련과 웅담을 갈아 알약을 만들어 자식들이 늦게까지 공부할 때는 이것을 먹도록 주어 애써 공부하는 데 도움이 되도록 했다. (『온공가범』)

52. 키우는 개도 주인을 닮는다

강주 진씨 집안은 칠백여 명이나 되었지만 매번 식사할 때마다 넓은 자리를 펴놓고 어른과 아이들이 차례대로 앉아 함께 식사를 했다. 그 집안에서 키우는 개가 백여 마리 있었는데, 모두 한 우리 안에서 밥을 먹었다. 한 마리라도 오지 않으면 다른 개들도 먹지 않았다. (『오대서』「남당세가」)

53. 봉건적 공동체를 이룬 이씨 집안

온공(溫公)이 다음과 같이 말했다.

"우리나라의 공경들 중에서 선대의 법을 지켜 오래도록 쇠퇴하지 않을 수 있었던 집안은 오직 돌아가신 재상 이방[14]의 집안뿐이다. 자손들이 몇 대를 거치면서 이백여 명이나 됐지만 함께 살면서 같이 밥을 지어먹었다. 그리고 토지와 집세로 얻은 수입과 관직의 봉급은 모두 한 창고에 모아 두고 식구 수를 계산해 날마다 식량을 나눠 주었다. 결혼과 장례에 필요한 비용은 모두 일정한 액수를 정해 두고 자식들에게 일을 나누어 맡겨 처리하도록 했다. 이런 법은 대부분 이상국의 아들인 한림학사 종악이 만든 것이다." (『온공집』)

---

14. 이방(李昉)은 송대의 사상가이다. 자는 명원이며, 시호는 문정(文正)이다. 상국은 관직으로 백관의 우두머리를 말한다. 저서에 『태평어람』(太平御覽), 『태평광기』(太平廣記), 『문원영화』(文苑英華) 등이 있다.

셋. '수양의 길'을 실증한다 [實敬身]

54. 자신에게 솔직한 제오륜

어떤 사람이 제오륜에게 "공께서도 사사로운 마음이 있습니까?"라고 묻자 그는 다음과 같이 대답했다.

"옛날에 어떤 사람이 나에게 천리마를 준 적이 있었다. 나는 비록 받지는 않았지만 삼공(三公)이 모여 인물을 선발하고 천거하는 일이 있을 때마다 그 사람이 마음속에 생각났다. 그러나 끝내 등용하지는 않았다. 그리고 내 조카가 지난번에 병들었을 때에 하룻밤에 열 번을 찾아갔지만, 돌아와서는 편안히 잠들었다. 하지만 내 자식이 병이 났을 때는 비록 한 번도 가서 병세를 살펴보지는 않았지만 밤새 잠을 이루지 못했다. 이런 행동들에 어떻게 사심이 없다고 말할 수 있겠는가." (『후한서』「제오륜열전」)

55. 부인에게 시험당한 유관

유관은 갑작스런 일을 당하더라도 급하게 말하거나 서두르는 기색을 보인 적이 없었다. 그래서 그의 부인은 유관이 화를 내도록 시험해 보려고 했다. 그가 조회를 나가기 위한 준비를 마친 것을 보고는 계집종에게 고기국을 올리는 체 하다가 관복 위에 엎질러 옷을 더럽히도록 시켰다. 계집종이 황급하게 엎지른 것을 수습하려 하자, 유관은 말소리나 표정의 변화없이 천천히 말했다.

"네 손을 국에 데었느냐?"

그의 성품과 도량이 이와 같았다. (『후한서』「유관열전」)

56. 고향에서 예를 지켜라

장담[15]은 근엄하고 예를 좋아했으며 행동거지에 법도가 있었으므로, 아무도 보지 않는 방에 혼자 있으면서도 반드시 자신의 몸가짐을 바르게 가졌다. 아내와 자식을 만날 때에도 엄한 임금과 같은 태도를 취했으며, 마을에 있을 때는 자상하게 말을 건네고 얼굴빛을 바르게 가졌기에 삼보[16]도 그를 본보기로 삼았다.

장담은 건무초에 좌풍익이 되었다. 휴가를 받아 고향인 평릉으로 돌아갈 때에 관청의 문을 보고는 말에서 내려 걸어갔다. 그러자, 주부(主簿)가 앞으로 나와 "사또께서는 지위가 높고 덕망이 중후하시니, 이처럼 가볍게 행동하셔서는 안 됩니다."라고 말하자, 장담이 다음과 같이 대답했다.

"예에 '관청 앞에서는 수레나 말에서 내리며, 임금이 타는 말을 보면 예

---

15. 장담(張湛)은 후한의 평릉인으로, 자는 자효(子孝)이다. 관직은 태자태부(太子太傅)에 이르렀으며 성품이 올곧고 강직하기로 유명하다.

16. 삼보(三輔)는 수도인 장안의 행정과 관리를 책임지는 경조윤(京兆尹), 좌풍익(左馮翊), 우부풍(右扶風)을 말한다.

의를 표한다'고 했고, 공자도 마을에서는 삼가고 겸손한 모습이었다고 한다. 부모의 마을에서는 극진한 예를 다해야 한다. 어찌 가볍다고 말하는가?"(『후한서』「장담열전」)

57. 하늘도 알고 귀신도 안다

양진이 천거한 형주의 무재[17] 왕밀이 창읍의 수령이 됐다. 양진에게 감사의 인사를 드리면서 황금 열 근을 가지고 가서 바치자 양진이 말했다.

"나는 그대를 아는데, 그대는 어째서 나를 알지 못하는가?"

"늦은 밤이라 아무도 모를 겁니다."

"하늘이 알고 귀신이 알고 내가 알고 그대가 아는데, 어찌 아는 이가 없다 말하는가?"

라고 양진이 다시 말하자 왕밀은 부끄러워하며 물러갔다.

(『후한서』「양진열전」)

58. 잠시도 예를 떠나지 않은 모용

모용이 친구들과 함께 나무 아래에서 비를 피하고 있었다. 다른 사람들

---

17. 무재(茂才)는 수재(秀才)와 같은 의미로 재주가 뛰어난 사람을 지칭한다. 후한 광무제 유수(劉秀)의 이름을 피해 무재라고 불렀다. 후대에 와서는 과거에 합격한 사람에게 수재란 명칭을 부여하기도 했다.

은 모두 편안히 걸터앉아 서로 대하였으나, 모용은 혼자 무릎을 꿇고 앉아 더욱 공손한 태도를 취하고 있었다. 곽림종이 지나가다가 이것을 보고 이상하게 여겨 마침내 그와 이야기를 나누게 되었고 이로 인해 곽림종은 그의 집에 하룻밤 머물기를 청했다. 다음날 아침 모용이 닭을 잡아 반찬을 만들자 곽림종은 자신을 위해 마련하는 것이라고 생각했다. 조금 뒤에 닭고기는 자신의 어머니에게 공양하고 자신은 나물 반찬으로 손님과 함께 밥을 먹는 것이었다. 곽림종은 일어나 절을 하고는 "그대는 어진 사람이다"라고 말했다. 이 일로 곽림종은 모용에게 학문하기를 권해 그는 마침내 덕망 높은 인물이 됐다. (『후한서』「곽태열전」)

59. 도박과 유희는 시간 낭비

도간이 광주자사로 있으면서 고을에 일이 없을 때는 아침에 벽돌 백 장을 집 밖으로 옮기고 저녁에 다시 이것을 집 안으로 옮겼다. 어떤 사람이 그 까닭을 묻자 그가 말했다. "나는 지금 중원을 회복하는 데 힘을 기울이고 있다. 편안한 채로 시간을 보내면 마음이 해이해져 그 일을 감당하지 못할까 두렵기 때문이다." 그는 항상 이와 같이 자신의 뜻을 가다듬고 부지런히 힘을 쏟았다.

후에 그는 형주자사가 되었다. 도간은 성품이 총명하고 명민해 관리로서의 직무에 충실했으며 태도가 공손하면서 예에 일치하고 사람으로서의 도리를 지키기를 좋아했다. 온종일 무릎을 모으고 단정히 앉아 변방의 일을 천만 가지나 처리하면서도 소홀히 하는 일이 없었다. 멀고 가까운 곳에서 온 모든 편지와 글에 대해 직접 답장을 썼지만 붓과 글이 물 흐르는 듯

막히는 적이 없었으며 관계가 먼 사람들도 모두 직접 만났지만 문 앞에 머물러 있는 손님이 없었다.

그는 항상 사람들에게 다음과 같이 말했다.

"위대한 우임금은 성인이었는데도 일초의 시간도 아까워했다. 보통 사람들도 마땅히 일분 일초의 시간을 아껴야 한다. 그런데 어떻게 편안히 놀면서 술 취한 채 시간을 헛되이 보낼 수 있겠는가. 살아서는 당대에 보탬을 주지 못하고, 죽어서 후세에 알려지지 않는다면 이것은 스스로 자신을 포기하는 짓이다."

여러 보좌관들 중에 잡담을 하거나 놀면서 일하지 않는 자가 있으면, 술잔과 도박기구, 바둑이나 장기 등을 모두 가져다가 강에 던져 버리도록 했다. 그런 짓거리를 한 아전이나 장수에게는 매를 치며 다음과 같이 말했다.

"노름은 돼지 치는 노예들이나 하는 짓이고, 노자와 장자의 허황된 말은 선왕의 법도에 맞지 않으니 행해서는 안 된다. 군자는 마땅히 자신의 의관을 정제하고 위엄 있는 모습을 갖춰야 한다. 어떻게 머리를 풀어헤치고 허황된 생각을 한다고 해서 스스로 크게 통달했다고 말할 수 있겠는가."(『후한서』「도간열전」)

60. 중요한 것은 재주가 아니라 품성

왕발·양형·노조린·낙빈왕은 모두 문학 분야에서 뛰어난 명성을 얻었으므로 세상 사람들은 이들을 사걸(四傑)이라고 불렀다. 그러나 배행검은 그들을 다음과 같이 평가했다.

"선비가 원대한 꿈을 이루기 위해서는 도량과 식견을 앞세우고 글재주는 뒤로 해야 한다. 왕발 등은 문학에 뛰어난 재주가 있지만, 품성이 가볍고 조급하며 중후하지 못해 자신의 감정을 쉽게 드러낸다. 그러니 어떻게 이들이 벼슬을 할 수 있는 그릇이겠는가? 그나마 양형의 성격은 침착하고 안정되어 있으므로 당연히 수령 정도의 벼슬은 누릴 수 있겠지만, 나머지는 제명에 죽을 수 있으면 다행이다."

그 후에 과연 왕발은 남해에 빠져 죽었고 노조린은 영수에서 몸을 던졌으며, 낙빈왕은 처형을 당했다. 양형만 영천의 수령이 되어 모두 배행검의 말처럼 되었다. (『자치통감』)

61. 의로움에 용감했던 공감

공감은 의를 행할 때는 마치 하고 싶어하는 것을 하는 것처럼 앞뒤를 재지도 않았으며 이익이나 녹봉에 대해서는 나약한 사람처럼 두려워 피하고 겁을 내며 물러났다. (『창려집』)

62. 공사를 구별했던 유공작 부자

유공작이 변방의 절도사로 있을 때 그의 아들이 영내로 들어올 때마다 군읍에서는 이것을 몰랐다. 절도사의 영내로 들어온 뒤에는 출입할 때마다 영문 밖에서 말에서 내렸으며, 막하(幕下)에 있는 손님들을 '어른'이라 불러 모두 그의 절을 받도록 했다. 그리고 그들과 웃으며 거리낌없이 대하는 경우가 없었다. (『유씨가훈』)

63. 유중영 집안의 가법

유중영은 예에 따라 행동했다. 집에 있을 때는 일이 없어도 손을 모아 쥐고 단정히 앉아 있었으며, 중문 안에 있는 서재에서 나올 때에는 항상 의관을 갖추었다. 세 번이나 절도사를 지냈지만 마구간에는 좋은 말이라고는 없었으며 옷에서 향내를 풍기는 일도 없었다. 그는 일을 마치고 오면, 반드시 독서를 했는데 손에서 책을 놓는 일이 없었다. 유씨 집안의 가법은 다음과 같았다.

'관직에 있을 때는 임금에게 상서로운 일이 있었다고 아뢰지 않으며, 중과 도사에게 도첩을 발부하지 않으며, 뇌물을 받은 관리는 용서하지 않는다. 변방에 나가 있을 때는 가난한 사람을 구제하고 고아를 돕는 일을 시급하게 여겨야 한다. 물난리나 가뭄 같은 재해가 있으면 반드시 미리 앞서 곡식을 빌려 주되, 군대의 식량 중에서 반드시 좋은 것으로 넉넉하게 주고, 체납된 조세는 반드시 면제해 준다. 관사와 역사는 반드시 증축하고 꾸미며, 화려하고 성대하게 손님들에게 잔치를 베풀고 군사들을 위로한다. 신임 절도사와 임무를 교대할 때는 식량 창고와 비단과 돈을 보관하는 곳간이 처음 부임할 때보다 반드시 더 넘쳐나도록 한다. 영내에 부모가 없는 가난한 양반의 딸 중에 시집갈 나이가 된 아가씨가 있으면 모두 신랑감을 택한 다음 자신의 봉급에서 혼수비용을 마련해 시집보내 준다.' (『유씨가훈』)

64. 탐욕과 권력은 재앙을 부른다

왕애가 정승의 자리에 있으면서 이권을 장악하고 있었다. 두씨에게 시집간 딸이 집에 돌아와서는 '옥세공장이가 비녀 한 개를 팔면서 모양이 기이하고 정교하다고 70만 전을 요구합니다'라고 말하며 부탁했다. 그러자 왕애는 '70만 전은 나의 한달치 봉급이다. 어찌 너에게 그 돈을 아끼겠는가마는 비녀 한 개가 70만 전이면 이것은 요망한 물건이다. 이 물건에는 반드시 재앙이 따를 것이다'라고 말했다. 그러자 딸은 감히 다시는 말을 꺼내지 못했다.

몇 달 뒤에 딸이 어느 집 결혼 모임에서 돌아와 왕애에게 말했다.

"저번에 말한 비녀는 풍외랑의 아내의 머리 장식물이 됐습니다."

풍외랑은 바로 풍구를 말한다. 왕애가 탄식하며 말했다.

"풍구가 한갓 낭리(郎吏)로 있으면서 그의 아내는 70만 전이나 되는 머리 장식물을 가지고 있으니, 어떻게 그가 오래갈 수 있겠는가?'

풍구는 재상 가속의 문인으로 있었는데, 가속과 매우 친밀하게 지냈다. 가속의 하인 중에 주인의 신임을 믿고 자못 거들먹거리며 은혜를 베풀려는 자가 있기에 풍구가 불러서 주의를 주었다. 그런 일이 있은 지 열흘도 지나지 않아 어느 날 새벽 풍구는 가속을 만나러 갔다. 하인 두 사람이 지황주를 가지고 와서 마시라고 주었는데, 풍구가 그것을 마시고는 곧바로 죽어 버렸다. 가속은 눈물을 흘리며 슬퍼했지만 끝내 그가 죽은 이유를 알지 못했다.

다음 해에 왕애와 가속도 모두 화를 당했다. 아! 왕애가 진귀한 노리개나 기이한 재화를 요망한 물건으로 여긴 것은 진실로 사리를 꿰뚫어 본 말이었지만 다만 물건의 요망함만 알았을 뿐, 임금의 은총이나 화려한 권력의 요망함이 그런 물건보다 더 심한 줄은 몰랐다. 풍구는 낮은 지위에 있으면서도 보화를 탐내 자신의 집안을 바로잡지 못했고, 또 섬기는 사람에게 충성을 다했지만 자신의 몸을 온전하게 보전하지도 못했다. 이것은 말할 만한 것도 못된다. 가속은 자신의 하인들이 문객을 담과 행랑 사이에서 해쳤는데도 알지 못했다. 이런 사람들은 오래 부귀를 누리고자 해도 어떻게 누릴 수 있겠는가! 이것은 비록 하나의 일이지만 우리에게 여러 가지 가르침을 준다. (『유씨가훈』)

65. 대장부가 품는 뜻

문정공 왕증이 향시, 성시, 정시[18]에 모두 수석으로 합격하자, 어떤 사람이 그를 비꼬았다.

"세 번의 시험에서 모두 장원으로 뽑혔으니, 평생 먹고 입는 것이야 넉넉하겠습니다."

그러자, 공이 정색을 하고 말했다.

"내 평생의 뜻은 따뜻하게 입고 배부르게 먹는 데 있지 않습니다."

(『송명신언행록』)

18. 원문에서는 향시를 발해(發解), 성시를 남성(南省)으로 표현하고 있다. 발해라고 한 것은 향시에서 우등자가 있을 때, 지방관청에서 공문서인 해(解)를 중앙 정부에 발송해서 시험을 보도록 했기 때문이다. 남성은 상서성의 다른 이름으로, 향시에 합격한 사람을 남성에 모아 시험을 치르도록 했기 때문에 남성시 혹은 성시라고 한다.

66. 대장부는 천하를 위해 울고 웃는다

문정공 범중엄은 젊었을 때부터 절개와 지조가 있었기에 부귀와 빈천, 남들의 비방이나 칭찬, 기쁨이나 슬픔 등에 한번도 마음이 동요하지 않았다. 그는 언제나 느껍게 세상의 일에 깊은 관심을 기울였다. 일찍부터 그는,

"선비는 천하 사람들이 근심하기 전에 근심해야 하며, 천하 사람들이 모두 즐거워한 뒤에 즐거워해야 한다."

라는 말을 외우고 다녔다.

그가 윗사람을 섬기고 사람들을 대할 때는 한결같이 자신의 신념에 따라 행동했으며, 이해관계에 따라 쫓아가거나 버리지 않았다. 그가 하는 일에 대해서는 자신의 방법으로 최선을 다한 다음에, "그 일에 대해 나 자신은 마땅히 이와 같이 할 뿐이다. 성공 여부는 나에게 달려 있지 않다. 비록 성현이라도 반드시 성공한다고 장담할 수는 없는데, 내 어찌 구차하게 성공을 말하겠는가"라고 말했다. (『구양문충공문집』)

67. 남에게 부끄럼이 없는 삶

사마온공이 일찍이 "나는 남보다 뛰어난 점이 없다. 다만 내가 평생토록 한 일 중에는 남에게 말 못할 것이 없을 뿐이다"라고 말했다.

(『송명신언행록』)

68. 한결같은 삶

관영은 예전부터 나무 평상에 앉았었는데, 오십여 년이 지나도록 다리를 쭉 뻗는 일이 없었다. 그래서 그 나무 평상 위에 무릎이 닿는 곳은 모두 닳아서 뚫어졌다. (『삼국지』「위지」)

69. 잡스런 욕망을 버려라

정헌공 여공저는 어릴 적부터 마음을 다스리고 본성을 기르는 것을 근본으로 삼아 공부에 전념하였다. 그래서 불필요한 관심과 욕망을 줄였으며, 맛있는 음식을 적게 먹었으며, 말을 빨리 하거나 갑자기 얼굴빛을 바꾸지도 않았다. 조급한 걸음걸이를 하지 않았으며 나태한 얼굴빛을 가지는 일이 없었다. 비웃음이나 비속하고 천박한 말은 입밖으로 내뱉은 적이 없었으며 세속적인 이익, 번잡하고 화려한 일, 음악이나 유희, 연회에서부터 바둑이나 장기, 진귀한 구경거리에 이르기까지 담박한 그의 성품은 그 어느 것도 좋아하지 않았다. (『여씨가전』)

70. 엄격함과 온화함의 겸비

명도선생이 종일 단정히 앉아 있을 때는 마치 진흙으로 빚어 만든 인형 같았지만 사람을 만날 때는 온몸에 온화한 기운이 넘쳐흘렀다.(『이정전서』)

71. 일상생활에서의 공부

명도선생이 글씨를 쓸 때에는 매우 정성스러웠다. 한번은 사람들에게 "글씨를 정성스럽게 쓰는 것은 글씨를 잘 쓰려고 하는 것이 아니라 바로 그것이 배우는 일이기 때문이다"라고 말했다. (『이정전서』)

72. 말은 모든 공부의 시작

충정공 유안세가 사마온공을 만나서 평생토록 실천할 만한 마음을 다하고 몸가짐을 바르게 하는 요체를 물었다.

그러자 온공은 "그것은 성실함일 것"이라고 답했다. 다시 유안세는 이를 위해서 무엇을 먼저 해야 하느냐고 묻자, 온공은 "말을 함부로 하지 않는 데서 시작해야 한다"고 대답했다.

유안세는 처음에 이것을 매우 쉬울 거라 여겼다. 그러나 물러나와서 자신이 행한 일과 말한 것을 비교해 보고 반성해 보니 서로 충돌하고 모순되는 것들이 너무 많았다. 칠 년 동안이나 힘껏 노력한 다음에야 겨우 그것을 성취할 수 있었다. 이때부터 말과 행동이 일치하고 안과 밖이 서로 호응해 어떤 일을 당해도 마음이 편안하고 항상 여유가 있었다. (『송명신언행록』)

73. 바른 자세를 잃지 않은 유공

유공이 손님을 맞아 이야기를 나눌 때에는 오랜 시간이 지나도 몸을 옆으로 기대지 않았으며 항상 어깨와 등은 꼿꼿했다. 몸은 조금도 움직이지 않았으며 손과 발마저 움직이지 않았다. (『송명신언행록』)

74. 지성을 근본으로 한 절효선생

서적의 자는 중거로 처음에 안정선생에게서 배웠다. 그는 학문에 마음을 기울이고 실천하는 데 힘써 다시는 관직에 나가지 않았다. 그의 학문은 지성을 근본으로 삼았으며 어머니를 지극한 효성으로 섬겼다. 그가 스스로 다음과 같이 말한 적이 있다.

"처음 안정선생을 뵙고 물러나올 때 머리가 조금 기울어졌다. 그러자, 안정선생이 갑자기 큰소리로 '머리는 바르게 가져야 한다'고 말씀하셨다. 나는 이 말을 듣고 '머리만 바르게 할 것이 아니라 마음도 바르게 해야 한다'고 스스로 생각했다. 그때부터 사악한 마음을 감히 가질 수가 없었다."

죽은 뒤에 시호를 절효선생이라고 했다. (『송명신언행록』)

75. 검소함과 깨끗함을 즐겼던 문중자

문중자는 검소하면서도 깨끗한 옷을 입었다. 게다가 여벌의 옷이 없었다. 무늬가 화려한 비단이나 수를 놓은 비단은 집에 들이지 않았다.

그는 "군자는 황색과 백색이 아니면 입지 않고 부인은 푸른색과 청록색 옷만 있으면 된다"고 말했다. (『중설』「사군편」)

76. 청백리 고씨 삼형제

고시랑 형제 세 분[19]은 모두 깨끗하고 좋은 벼슬자리에 있었다. 그러나 손님을 초청한 경우가 아니면 고깃국과 고기 산적을 같이 먹지 않았으며, 저녁식사에는 무우와 박만 먹을 뿐이었다. (『유빈가훈』)

77. 자식도 재상이 되는가

문정공 이항은 봉구문 밖에 살 집을 지었는데, 대청 앞 뜰이 겨우 말 한 마리 돌릴만한 정도였다. 어떤 사람이 너무 좁다고 말하자 공은 웃으면서 말했다.

"집은 마땅히 자손에게 물려주어야 하는 것이다. 이 집은 재상의 청사로 쓰기에는 진실로 좁다고 할 수 있지만 태축이나 봉례같은 낮은 관직의 청사로 쓰기에는 너무 넓다." (『송명신언행록』)

---

19. 맏이는 고익(高釴)으로, 자는 교지(翹之)이며, 이부시랑을 거쳐 동주자사를 역임했다. 둘째는 고수(高銖)로 자는 권중(權仲)이며 예부상서, 태상경이 됐다. 셋째 고개(高鍇)는 자가 약금(弱金)이며 예부시랑을 거쳐 안악관찰사를 역임했다. 모두 시랑을 거쳤으므로 고시랑 삼형제라고 한 것이다.

78. 부귀는 오래 지속되지 않는다

문절공 장지백은 재상이 됐지만 여전히 하양의 장서기로 있을 때처럼 생활했다. 친한 친구가 그에게 충고를 하며 말했다.

"지금 공은 적지 않은 봉록을 받는데도 이처럼 검소하게 생활합니다. 비록 스스로는 청렴하고 검소하다고 생각하겠지만, 세상 사람들은 공손홍이 삼베 이불을 덮은 것과 같다는 비난을 할 것입니다. 공도 조금은 여러 사람들이 하는 대로 따르는 것이 좋을 듯합니다."

그러자, 문절공이 탄식하며 말했다.

"지금의 내 봉급이면 온 집안 식구들이 비단옷을 입고 쌀밥을 먹어도 근심할 것이 없다. 그런데 사람의 마음은 검소하게 살다가 사치스러워지기는 쉽지만, 사치하게 살다가 검소해지기는 어려운 일이다. 내가 어떻게 항상 지금 수준의 봉급을 유지할 수 있으며 이 몸이 어떻게 영원히 살아 있을 수 있겠는가? 하루아침에 오늘과 달라지는 날에는 사치에 젖은 식구들이 갑자기 검소한 생활을 할 수가 없어 반드시 잘못을 저지르게 될 것이다. 내가 벼슬자리에 있거나 떠나거나, 몸이 살아 있거나 죽거나 상관없이 한결같은 하루 하루여야만 할 것이다."(『온공가범』)

79. 옛날과 오늘날의 술자리

선친이 군목판관으로 계실 때 손님이 오면 늘 술자리를 마련하셨다. 어떤 때는 세 순배, 어떤 때는 다섯 순배를 돌려 술을 마셨지만 일곱 순배까지는 넘지 않으셨다. 술은 시장에서 사왔고 과일은 배·밤·대추·감 뿐이었고 안주는 단지 포와 젓갈·나물국 뿐이었다. 게다가 그릇은 사기그릇과 옻칠한 나무그릇을 사용했다. 당시에는 사대부들도 모두 그렇게 했으므로 사람들이 서로 비난하지 않았다. 모임은 자주 있었지만 예를 부지런히 실천했으며 물건은 소박했지만 정이 두터웠다.

하지만 요즘의 사대부 집안은 궁궐에서 빚는 방법으로 만든 술이 아니면 안 되고 과일은 먼 지방에서 가져온 진기하고 특이한 것이어야만 한다. 음식도 여러 가지가 아니면 안 되고 그릇이 상에 비좁을 정도가 아니면 감히 손님과 친구를 부르지 못한다. 항상 몇 날 며칠을 술과 음식을 마련한 다음에야 초청하는 글을 보낼 수 있다. 그렇지 않으면 사람들이 다투어 더럽고 인색하다고 비난한다. 그렇기 때문에 요즘의 풍속을 따라 사치하지 않는 사람이 드물다.

아아! 풍속이 이처럼 타락했다! 관직에 있는 사람들이 이것을 막지는 못할 망정 조장해서 되겠는가. (『온공가범』)

80. 청백하게 산 사마온공

우리 집안은 본래 가난한 집안이라 대대로 청백함이 이어져 내려왔다. 나는 본래 화려하고 사치한 것을 좋아하지 않아 젖 먹던 어린아이일 때부터 어른들이 금박, 은박으로 꾸민 화려한 옷을 주면 바로 부끄러워하며 버렸다. 나이 스물에 과거에 급제해 문희연에 참석했을 때 혼자 머리에 꽃을 꽂지 않자, 같은 해 합격한 동료가 '임금이 주신 것이기에 어길 수 없다'고 말해 비로소 꽃 한 송이를 꽂았다.

평생 옷은 추위만 막으면 되었고, 음식은 굶주림을 면할 정도로 배를 채우면 됐다. 그렇다고 때묻고 떨어진 옷을 입어 세상 풍속과 다른 행동으로 이름을 얻으려고도 하지 않았다. 단지 내 본성을 따랐을 뿐이다. (『온공가범』)

81. 가난을 즐길 수 있는 삶

왕신민은 '항상 나물 뿌리를 먹는 가난한 생활을 견뎌낼 수 있는 사람이라면 무슨 일도 할 수 있을 것이다'라고 말한 적이 있다. 호강후는 이 말을 듣고 무릎을 치면서 감탄하고 칭찬했다. (『여씨잡록』)

小學

原文

小學書題

古者小學, 教人以灑掃應對進退之節, 愛親敬長隆師親友之道. 皆所以爲修身齊家治國平天下之本. 而必使其講而習之於幼穉之時, 欲其習與智長, 化與心成, 而無扞格不勝之患也. 今其全書, 雖不可見, 而雜出於傳記者亦多, 讀者往往, 直以古今異宜, 而莫之行. 殊不知其無古今之異者, 固未始不可行也. 今頗蒐輯, 以爲此書, 授之童蒙, 資其講習. 庶幾有補於風化之萬一云爾.

淳熙丁未三月朔朝, 晦菴題

小學題辭

元亨利貞, 天道之常. 仁義禮智, 人性之綱. 凡此厥初, 無有不善, 藹然四端, 隨感而見. 愛親敬兄, 忠君悌長, 是曰秉彝, 有順無彊. 惟聖性者. 浩浩其天. 不加毫末, 萬善足焉. 衆人蚩蚩, 物欲交蔽, 乃頹其綱, 安此暴棄. 惟聖斯惻, 建學立師, 以培其根, 以達其支. 小學之方, 灑掃應對, 入孝出恭, 動罔或悖. 行有餘力, 誦詩讀書, 詠歌舞蹈, 思罔或逾. 窮理修身, 斯學之大. 明命赫然, 罔有內外, 德崇業廣, 乃復其初. 昔非不足, 今豈有餘. 世遠人亡, 經殘教弛, 蒙養弗端, 長益浮靡, 鄉無善俗, 世乏良材, 利欲紛拏, 異言喧豗. 幸兹秉彝, 極天罔墜, 爰輯舊聞, 庶覺來裔. 嗟嗟小子, 敬受此書. 匪我言耄. 惟聖之謨.

一. 立敎

子思子曰, 天命之謂性, 率性之謂道, 修道之謂敎. 則天明, 遵聖法, 述此篇, 俾爲師者, 知所以敎, 而弟子知所以學.

率性 : 성은 인간의 본성이고 솔은 이를 따른다는 말이다

則天明 : 천명은 하늘의 명령을 말하며 칙(則)은 이를 따른다는 말이다

1.

列女傳曰, 古者, 婦人妊子, 寢不側, 坐不邊, 立不蹕, 不食邪味, 割不正不食, 席不正不坐, 目不視邪色, 耳不聽淫聲, 夜則令瞽誦詩道正事. 如此 則生子, 形容端正, 才過人矣.

立不蹕 : 절름발이처럼 한쪽 발을 들고, 다른 한쪽의 발로만 서 있는 모습
瞽 : 눈이 멀어 앞을 못보는 소경
誦詩 : 시를 암송하는 것을 말한다

2.

內則曰, 凡生子, 擇於諸母與可者, 必求其寬裕慈惠, 溫良恭敬, 愼而寡言者, 使爲子師. 子能食食, 敎以右手, 能言, 男唯女兪, 男鞶革, 女鞶絲.

六年, 敎之數與方名. 七年, 男女不同席, 不共食. 八年, 出入門戶, 及卽席飮食, 必後長者, 始敎之讓. 九年, 敎之數日. 十年, 出就外傅, 居宿於外, 學書計, 衣不帛襦袴, 禮帥初, 朝夕, 學幼儀, 請肄簡諒.

十有三年, 學樂誦詩, 舞勺, 成童, 舞象, 學射御. 二十而冠, 始學禮, 可以衣裘帛裝, 舞大夏, 惇行孝悌, 博學不敎, 內而不出. 三十而有室, 始理男事, 博學無方, 孫友視志. 四十, 始仕, 方物出謀發慮, 道合則服從, 不可則去. 伍十, 命爲大夫, 服官政. 七十, 致事.

女子十年, 不出, 姆敎婉娩聽從, 執麻枲, 治絲繭, 織紝組紃學女

事, 以共衣服, 觀於祭祀, 納酒漿籩豆菹醢, 禮相助奠. 十有伍年而
笄, 二十而嫁. 有故, 二十三而嫁. 聘則爲妻, 奔則爲妾.

諸母 : 아버지의 첩, 즉 서모(庶母)를 말한다

可者 : 일을 할 수 있는 사람

敎以右手 : 오른손으로 먹는 것을 가르친다

唯, 兪 : 유(唯)는 빠르게 대답하는 것을 말하며, 유(兪)는 느리게 대답하는 것을
        말한다

襦袴 : 유(襦)는 저고리, 고(袴)는 바지를 말한다

禮帥初 : 초보적인 예의를 배운다

簡諒 : 간단하고 이해하기 쉬운 예절

成童 : 열다섯 살 정도의 사람

博學不敎 : 널리 배울 뿐, 설익은 지식으로 남을 가르쳐서는 안 된다

致仕 : 나이가 많아 관직에서 물러나는 것을 말한다

婉娩聽從 : 말과 태도가 유순하고, 남의 말을 성의 있게 듣고 순종한다

菹 : 김치

醢 : 젓갈

禮相助奠 : 어른을 거들어 제물 올리는 일을 돕는 예절

3.

曲禮曰, 幼子, 常視毋誑, 立必正方, 不傾聽.

幼子 : 어린 자식

毋誑 : 속이지 않는 것을 말한다

4.

學記曰, 古之敎者家有塾, 黨有庠, 術有序, 國有學.

術有序 : 술(術)은 주(州)와 통한다. 주에 있는 학교를 서라고 한다

國有學 : 한 나라에는 수도에 '학'(學)이라는 학교를 두었으며, 태학이라고도 불
　　　 린다

5.

孟子曰, 人之有道也, 飽食暖衣, 逸居而無敎, 則近於禽獸. 聖人
有憂之, 契爲司徒, 敎以人倫, 父子有親, 君臣有義,夫婦有別, 長
幼有序, 朋友有信.

有道 : 사람으로서 지켜야 할 도리

契 : 요임금의 신하. 교육을 담당한 인물로 알려져 있다

司徒 : 교육을 담당하던 관리

6.

舜命契曰, 百姓不親, 伍品不遜, 汝作司徒, 敬敷伍敎, 在寬.
命虁曰, 命汝典樂, 敎胄子, 直而溫, 寬而栗, 剛而無虐, 簡而無
午. 詩言志, 歌永言, 聲依永, 律和聲. 八音克諧, 無相奪倫, 神人
以和.

胄子 : 천자를 제외한 고관대작들의 맏아들

五品 : 부자, 군신, 부부, 장유, 붕우 사이에 있어야 할 질서

和聲 : 소리를 조화시키다

克諧 : 조화가 잘 이뤄진 상태

7.

周禮, 大司徒以鄉三物, 敎萬民而賓興之. 一曰, 六德, 知仁聖義忠和. 二曰, 六行, 孝友睦婣任恤. 三曰, 六藝, 禮樂射御書數. 以鄉八刑, 糾萬民. 一曰, 不孝之刑. 二曰, 不睦之刑. 三曰, 不婣之刑. 四曰, 不弟之刑. 伍曰, 不任之刑. 六曰, 不恤之刑. 七曰, 造言之刑. 八曰, 亂民之刑.

三物 : 세 가지 일, 즉 여섯 가지 덕목, 여섯 가지 행실, 여섯 가지 기술적인 능력을 말한다

亂民 : 백성의 마음을 현혹시켜 어지럽히는 것을 말한다

8.

王制曰, 樂正崇四術立四敎, 順先王詩書禮樂, 以造士. 春秋敎以禮樂, 冬夏敎以詩書.

四術 : 술(術)은 도(道)와 같다. 네 가지 도 즉 시, 서, 예, 악이 덕에 들어가는 길을 뜻한다

四敎 : 시·서·예·악의 가르침

造士 : 선비를 기르는 것을 말한다

9.

弟子職曰, 先生施敎, 弟子是則, 溫恭自虛, 所受是極. 見善從之, 聞義則服, 溫柔孝弟, 毋驕恃力. 志毋虛邪, 行必正直, 游居有常, 必就有德. 顔色整齊, 中心必式, 夙興夜寐, 衣帶必飭. 朝益暮習, 小心翼翼, 一此不懈, 是謂學則.

自虛 : 스스로 겸허한 마음을 가짐

服 : 복은 행(行)과 같은 뜻으로 실행한다는 것을 의미한다

毋驕恃力 : 자신의 힘을 믿고 교만해서는 안 된다는 뜻

必就有德 : 반드시 덕 있는 사람과 사귀도록 한다

夜寐夙興 : 새벽에 일어나 밤늦게 잔다는 말로 부지런히 일하거나 학문을 닦는 것을 말한다

小心翼翼 : 조심하는 모양

10.

孔子曰, 弟子入則孝, 出則弟, 謹而信, 汎愛衆而親仁. 行有餘力, 則以學文.

11.

興於詩, 立於禮, 成於樂.

12.

樂記曰, 禮樂不可斯須去身.

斯須 : 잠시

去身 : 리(離)와 같은 말로 몸에서 떠나는 것을 말한다

13.

子夏曰, 賢賢易色, 事父母能竭其力, 事君能致其身, 與朋友交
言而有信, 雖曰未學, 吳必謂之學矣.

賢賢易色 : 어진 사람을 미인 좋아하는 것처럼 한다는 말

致其身 : 자신의 몸을 바치는 것을 말한다

二. 明倫

　孟子曰, 設爲庠序學校以敎之, 皆所以明人倫也. 稽聖經, 訂賢傳, 述此篇, 以訓蒙士.

聖經 : 성인(聖人)의 글, 경서(經書)
賢傳 : 현인(賢人)의 글
蒙士 : 몽매한 선비

1. 明父子之親

1.

內則曰, 子事父母, 鷄初鳴, 咸盥漱, 櫛縰笄總, 拂髦冠緌纓, 端
韠紳 搢笏, 左右佩用, 偪屨著綦. 婦事舅姑如事父母, 鷄初鳴, 咸
盥漱, 櫛縰笄總, 衣紳, 左右佩用, 衿纓綦屨.

以適父母舅姑之所, 及所, 下氣怡聲, 問衣燠寒, 疾痛苛癢, 而敬
抑搔之, 出入則或先或後, 而敬扶持之. 進盥, 少者奉槃, 長者奉
水, 請沃盥, 盥卒授巾. 問所欲而敬進之, 柔色以溫之, 父母舅姑必
嘗之而後退. 男女未冠笄者, 鷄初鳴, 咸盥漱, 櫛縰拂髦, 總角, 衿
纓, 皆佩容臭. 昧昧而朝, 問何食飮矣. 若已食則退, 若未食則佐長
者視具.

盥, 漱, 櫛, 笄 : 세수하고, 양치질하고, 머리 빗질하고 비녀 꽂는 것을 말한다

緌纓 : 갓끈을 매고 남는 끈을 드리운다

苛癢 : 가려운 곳

左右佩用 : 몸의 좌우 양쪽에 여러 가지 물건을 차는 것을 말한다

抑搔之 : 아프고 가려운 곳을 긁어 준다

總角 : 아직 관례(冠禮)를 행하지 않은 남자의 머리 모양으로 머리를 뿔 모양으
로 꾸민 모습

昧爽 : 먼동이 틀 무렵

2.

凡內外, 鷄初鳴, 咸盥漱, 衣服. 斂枕簟, 灑掃室堂及庭, 布席,
各從其事.

內外 : 온 집안의 모든 남자와 여자
枕簟 : 베개와 잠자리, 즉 침구를 말한다

3.

父母舅姑將坐, 奉席請何鄕. 將衽, 長者奉席請何趾, 少者執牀
與坐. 御者擧几, 斂席與簟. 縣衾篋枕, 斂簟而襡之. 父母舅故之
衣衾簟席枕几 不傳. 杖屨祗敬之, 勿敢近. 敦牟巵匜非餕莫敢用,
與恒飮食非餕莫之敢飮食.

席與簟 : 대자리를 깔고 그 위에 이부자리를 펴는 것을 말한다
祗敬之 : 공경하는 자세를 말한다
餕 : 먹다 남은 음식

4.

在父母舅姑之所, 有命之, 應唯敬對. 進退周旋愼齊, 升降出入
揖遊. 不敢噦噫嚏咳欠伸跛倚睇視, 不敢唾洟. 寒不敢襲, 癢不敢
搔, 不有敬事, 不敢袒裼, 不涉不撅, 褻衣衾不見裏. 父母唾洟不
見, 冠帶垢和灰請漱, 衣裳垢和灰請澣, 衣裳綻裂紉箴請補綴. 少

事長, 賤事貴, 共帥時.

揖遊 : 읍은 앞으로 나갈 때에 몸을 약간 굽히는 것을 말하고, 유는 뒤로 물러
　　　나올 때 몸을 약간 펴는 것을 말한다
跂倚 : 한쪽 발로 비스듬히 서서 몸을 다른 물체에 의지하는 것을 말한다
敬事 : 활쏘기 같은 덕성을 함양하는 일
紉箴 : 바늘에 실을 꿰는 것

5.

曲禮曰, 凡爲人子之禮, 冬溫而夏淸, 昏定而晨省. 出必告, 反必
面. 所遊必有常, 所習必有業, 恒言不稱老.

省 : 부모의 안부(安否)를 살피는 것을 말한다
告 : 밖에 외출을 할 때 부모에게 알리는 것
恒言 : 평상시의 말
不稱老 : 평상시에 자신이 늙었다고 말해서는 안 된다

6.

禮記曰, 孝子之有深愛者, 必有和氣. 有和氣者, 必有愉色. 有愉
色者, 必有婉容. 孝子, 如執玉, 如奉盈, 洞洞屬屬然, 如弗勝, 如
將失之. 嚴威儼恪, 非所以事親也.

愉色 : 즐거운 기색

婉容 : 유순한 용모

洞洞屬屬 : 두려워하고 조심하는 모양

如弗勝 : 감당하지 못할 것 같은 자세를 가지다

如將失之 : 떨어뜨려 잃어버릴 것 같은 자세를 가지다

7.

曲禮曰, 凡爲人子者, 居不主娛, 坐不中席, 行不中道, 立不中門. 食饗不爲槪, 祭祀不爲尸. 聽於無聲, 視於無形. 不登高, 不臨深. 不苟訾, 不苟笑.

聽於無聲 : 부모가 말하기 전에 미리 부모의 뜻을 아는 것을 말한다

不苟訾 : 구차하게 남을 비방하지 않음

8.

孔子曰, 父母在, 不遠遊, 遊必有方.

9.

曲禮曰, 父母存, 不許友以死.

10.

禮記曰, 父母在, 不敢有其身, 不敢私其財, 示民有上下也. 父母在, 饋獻不及車馬, 示民不敢專也.

饋獻 : 대등한 사람에게 물건을 주는 것을 궤(饋)라고 하며, 아랫사람이 윗사람
　　　에게 바치는 것을 헌(獻)이라고 한다

11.

內則曰, 子婦孝者敬者, 父母舅姑之命勿逆勿怠. 若飮食之, 雖
不嗜, 必嘗而待. 加之衣服, 雖不欲, 必服而待. 加之事, 人代之,
己雖不欲, 姑與之而姑使之, 而後復之.

加之事 : 부모가 자기에게 시킨 일
姑與之 : 고(姑)는 우선의 의미, 우선 부모가 대신시키는 사람에게 일을 넘겨
　　　　주라는 뜻

12.

子婦無私貨, 無私蓄, 無私器, 不敢私假, 不敢私與. 婦或賜之飮
食衣服布帛佩帨茝蘭, 則受而獻諸舅姑. 舅姑受之則喜如新受賜,
若反賜之則辭, 不得命如更受賜, 藏以待乏. 婦若有私親兄弟, 將
與之, 則必復請其故, 賜而後與之.

私假 : 사사롭게 남에게 물건을 빌려주는 것을 말한다
佩帨 : 허리에 차는 수건
茝蘭 : 향기 나는 풀

藏以待乏 : 간직하여 보관해 두고 시부모가 필요할 때를 기다린다

復請其故 : 간직해 둔 물건을 다시 청한다

13.

曲禮曰, 父召無諾, 先生召無諾, 唯而起.

諾, 唯 : 낙(諾)은 느리게 대답하는 것이며, 유(唯)는 빠르게 대답하는 것을 말한다

14.

士相見禮曰, 凡與大人言, 始視面, 中視抱, 卒視面, 毋改. 衆皆
若是. 若父則遊目, 毋上於面, 毋下於帶. 若不言, 立則視足, 坐則
視膝.

遊目 : 눈을 이리저리 돌려서 여기저기를 보는 것

毋下於帶 : 띠 있는 것보다 아래를 쳐다보지 않는다

15.

禮記曰, 父命呼, 唯而不諾. 手執業則投之, 食在口則吐之, 走而
不趨. 親老, 出不易方, 復不過時. 親瘠, 色容不盛. 此孝子之疏節
也. 父沒而不能讀父之書, 手澤存焉爾. 母沒而杯圈不能飮焉, 口
澤之氣存焉爾.

執業 : 손에 일감을 잡고 있는 것

走而不趨 : 뛰어가야지 종종걸음으로 가서는 안 된다

色容不盛 : 얼굴빛을 펴지 않는다는 의미로 근심하는 기색이 있음을 말한다

手澤 : 손때

16.

內則曰, 父母有婢子若庶子庶孫甚愛之, 雖父母沒, 沒身敬之不衰. 子有二妾, 父母愛一人焉, 子愛一人焉, 由衣服飮食, 由執事, 毋敢視父母所愛, 雖父母沒, 不衰.

婢子 : 계집종의 자식

庶子庶孫 : 첩의 몸에서 난 아들이나 손자

執事 : 집안 일을 맡아보는 것

視 : 비(比)와 같은 뜻으로 대등하게 본다는 말이다

17.

子甚宜其妻, 父母不說出. 子不宜其妻, 父母曰是善事我, 子行夫婦之禮焉, 沒身不衰

甚宜其妻 : 자신의 아내를 매우 좋아한다

出 : 부부의 관계를 끊고 집에서 내보냄

善事我 : 나를 잘 섬긴다

18.

曾子曰, 孝子之養老也, 樂其心, 不違其志, 樂其耳目, 安其寢
處, 以其飮食忠養之. 是故父母之所愛, 亦愛之, 父母之所敬, 亦敬
之. 至於犬馬 盡然, 而況於人乎

安其寢處 : 저녁에 잠자리를 편안하게 하고 새벽에 거처를 돌본다는 의미

盡然 : 모두 그와 같이 한다

況於人乎 : 하물며 사람에게 있어서랴!

19.

內則曰, 舅沒則姑老, 冢婦所祭祀賓客, 每事, 必請於姑, 介婦
請於冢婦. 舅姑使冢婦, 毋怠不友無禮於介婦. 舅姑若使介婦, 毋
敢敵耦於冢婦. 不敢並行, 不敢並命, 不敢並坐. 凡婦不命適私室,
不敢退. 婦將有事大小, 必請於舅姑.

冢婦 : 맏며느리

毋敢敵耦 : 감히 맞서거나 대등하게 행동하지 못한다는 말

20.

適子庶子祇事宗子宗婦, 雖貴富, 不敢以貴富入宗子之家. 雖衆
車徒, 舍於外, 以寡約入. 不敢以貴富加於父兄宗族.

宗子：종가집의 맏아들

舍於外：집밖에 남겨두는 것을 말한다

寡約：간소한 차림

21.

曾子曰, 父母愛之, 喜而弗忘. 父母惡之, 懼而無怨. 父母有過, 諫而不逆.

22.

內則曰, 父母有過, 下氣怡色柔聲以諫. 諫若不入, 起敬起孝, 說則復諫. 不悅, 與其得罪於鄕黨州閭, 寧孰諫. 父母怒不悅, 而撻之流血, 不敢疾怨, 起敬起孝.

下氣：기운을 낮춤

諫若不入 ; 간곡하게 말해도 받아들여지지 않는다

鄕黨州閭：25가구를 여(閭), 4려를 족, 5족을 당(黨), 5당을 주(州), 5주를 향 (鄕)이라고 한다

23.

曲禮曰, 子之事親也, 三諫而不聽, 則號泣而隨之.

24.

父母有疾, 冠者不櫛, 行不翔, 言不惰, 琴瑟不御, 食肉不至變味, 飮酒不至變貌, 笑不至矧, 怒不至詈. 疾止, 復故.

不櫛 : 머리 빗지 않음(부모의 병을 근심하여 머리를 꾸미지 않는 것을 말한다)

不翔 : 나는 듯이 활개를 치며 걷지 않는다

變味 : 맛이 변한다는 말로, 너무 많이 먹게 되면 맛을 모르게 된다

復故 : 다시 예전대로 행동한다

25.

君有疾飮藥, 臣先嘗之. 親有疾飮藥, 子先嘗之. 醫不三世, 不服其藥.

26.

孔子曰, 父在, 觀其志. 父沒, 觀其行. 三年, 無改於父之道, 可謂孝矣.

27.

內則曰, 父母雖沒, 將爲善, 思貽父母令名, 必果. 將爲不善, 思貽父母羞辱, 必不果.

令名 : 영예로운 이름

果 : 과단성 있게 결행한다

不果 : 결행하지 않는다

28.

祭義曰, 霜露旣降, 君子履之, 必有悽愴之心, 非其寒之謂也.
春, 雨露旣濡, 君子履之, 必有怵惕之心, 如將見之.

濡 : 서리와 이슬이 내려 땅을 적신 것을 말한다

怵惕 : 놀라고 슬퍼하는 것

29.

祭統曰, 夫祭也者, 必夫婦親之, 所以備外內之官也. 官備則具備.

夫婦親之 : 부부가 함께 직접 제사를 지내다

外內之官 : 외(外)는 밖의 일을 맡아보는 제관이며, 내(內)는 안의 일을 맡아보
　　　　는 제관

官備則具備 : 해야 할 일이 갖추어지면 제물도 마련된다

30.

君子之祭也, 必身親莅之. 有故則使人, 可也.

31.

祭義曰, 致齊於內, 散齊於外. 齊之日, 思其居處, 思其笑語, 思
其志意, 思其所樂, 思其所嗜. 齊三日, 乃見其所爲齊者. 祭之日,
入室, 僾然必有見乎其位, 周還出戶, 肅然必有聞乎其容聲, 出戶
而聽, 愾然必有聞乎其嘆息之聲. 是故先王之孝也, 色不忘乎目,
聲不絶乎耳, 心志嗜欲不忘乎心. 致愛則存, 致慤則著. 著存不忘
乎心, 夫安得不敬乎.

僾然 : 희미하게
周還 : 제사를 지내느라 몸을 움직임
肅然 : 숙연하게 움직이는 모양
愾然 : 탄식하는 모양
著存 : 신령이 나타나 존재함

32.

曲禮曰, 君子雖貧, 不粥祭器. 雖寒, 不衣祭服. 爲宮室, 不斬於
丘木.

粥 : 물건을 파는 것
丘木 : 무덤의 언덕에 있는 나무

33.

王制曰, 大夫, 祭器不假. 祭器未成, 不造燕器.

不假 : 남에게서 빌려쓰지 않는 것

燕器 : 몸을 편안하게 하는 기구(器具)

34.

孔子謂曾子曰, 身體髮膚, 受之父母. 不敢毁傷, 孝之始也. 立身行道, 揚名於後世, 以顯父母, 孝之終也. 夫孝, 始於事親, 中於事君, 終於立身. 愛親者不敢惡於人, 敬親者不敢慢於人, 愛敬盡於事親, 而德敎加於百姓, 刑于四海, 此天子之孝也. 在上不驕, 高而不危, 制節謹度, 滿而不溢. 然後能保其社稷, 而和其民人. 此諸侯之孝也. 非先王之法服, 不敢服. 非先王之法言, 不敢道. 非先王之德行, 不敢行. 然後能保其宗廟. 此卿大夫之孝也. 以孝事君則忠, 以敬事長則順. 忠順 不失, 以事其上, 然後能守其祭祀, 此士之孝也. 用天之道, 因地之利, 謹身節用, 以養父母, 此庶人之孝也. 故自天子至於庶人, 孝無終始, 而患不及者未之有也.

不敢慢於人 : 부모를 사랑하는 사람은 사랑하는 마음이 투철하기 때문에 남도
　　미워하지 않는다

刑于四海 : 천하의 본보기가 된다

高而不危 : 높은 자리에 있어도 위태롭지 않음

滿而不溢 : 가득 차도 넘치지 않는다

孝無終始 : 효에는 끝이 없음을 말한다

35.

孔子曰, 父母生之, 續莫大焉. 君親臨之, 厚莫重焉. 是故, 不愛
其親, 而愛他人者, 謂之悖德. 不敬其親, 而敬他人者, 謂之悖禮.

悖德 : 도리에 어긋난 덕
悖禮 : 도리에 어긋나는 예

36.

孝子之事親, 居則致其敬, 養則致其樂, 病則致其憂, 喪則致其
哀, 祭則致其嚴. 伍者備矣然後, 能事親. 事親者, 居上不驕, 爲下
不亂, 在醜不爭. 居上而驕則亡, 爲下而亂則刑, 在醜而爭則兵. 三
者, 不除, 雖日用三牲之養, 猶爲不孝也.

致其樂 : 즐거움을 극진하게 함. 즉, 즐기운 얼굴빛과 온화한 모습으로 부모를
기 쁘게 해드린다
三牲 : 세 가지 희생, 즉 소와 양, 돼지고기를 말한다

37.

孟子曰, 世俗所謂不孝者伍. 惰其四支, 不顧父母之養, 一不孝也.
博奕好飮酒, 不顧父母之養, 二不孝也. 好貨財, 私妻子, 不顧父母
之養, 三不孝也. 從耳目之欲, 以爲父母戮, 四不孝也. 好勇鬪狠, 以
危父母, 伍不孝也.

博奕 : 장기와 바둑

私妻子 : 아내와 자식만을 남모르게 사랑하는 것을 말한다

鬪狠 : 힘으로 싸움을 일삼는 것을 말한다

38.

曾子曰, 身也者, 父母之遺體也. 行父母之體遺, 敢不敬乎. 居處
不莊, 非孝也. 事君不忠, 非孝也. 莅官不敬, 非孝也. 朋友不信,
非孝也. 戰陳無勇, 非孝也. 伍者, 不遂, 災及其親, 敢不敬乎.

行父母之體遺 : 부모가 주신 몸을 받들면서 행동한다

莊 : 장중한 태도

莅官 : 관직생활을 하는 것

39.

孔子曰, 伍刑之屬, 三千, 而罪莫大於不孝.

2. 明君臣之義

40.

禮記曰, 將適公所, 宿齊戒, 居外寢, 沐浴. 史進象笏, 書思對命.
旣服, 習容觀玉聲, 乃出.

外寢 : 바깥채에 있는 방
象笏 : 상아로 만든 홀(笏). 홀은 관리가 기록에 대비해 조정에 나갈 때 꽂는 것
容觀 : 몸가짐의 예절
玉聲 : 패옥의 소리

41.

曲禮曰, 凡爲君使者, 已受命, 君言, 不宿於家. 君言至, 則主人,
出拜君言之辱, 使者歸, 則必拜送于門外. 若使人於君所, 則必朝
服而命之. 使者反, 則必下堂而受命.

出拜 : 문밖으로 나가서 절하고 받는다
朝服 : 조정(朝廷)에 나아갈 때 입는 관복

42.

論語曰, 君召使擯, 色勃如也. 足躩如也. 揖所與立, 左右手. 衣前後襜如也. 趨進, 翼如也. 賓退, 必復命曰, 賓不顧矣.

擯 : 임금이 시켜서 빈객(賓客)과의 연락, 또는 빈객 접대의 임무를 맡은 사람

色勃如也 : 발(勃)은 갑작스럽게 얼굴빛이 변하는 모양

襜如 : 가지런해 흐트러짐이 없는 모습

賓不顧矣 : 빈객이 만족해 뒤도 돌아보지 않고 갔다는 뜻

43.

入公門, 鞠躬如也, 如不容. 立不中門, 行不履閾. 過位, 色勃如也. 足躩如也. 其言, 似不足者. 攝齊升堂, 鞠躬如也, 屏氣, 似不息者. 出降一等, 逞顏色, 怡怡如也. 沒階趨, 翼如也. 復其位, 踧踖如也.

過位 : 위는 비어 있는 임금의 자리, 비어 있는 임금의 자리를 지나가는 것을 말한다

攝齊 ; 옷자락을 잡아 거두어 드는 것을 말한다

屏氣 : 숨을 죽이는 것을 말한다

踧踖 : 공손하고 삼가는 모습

44.

禮記曰, 君賜車馬, 乘以拜賜, 衣服, 服以拜賜. 君未有命, 弗敢卽乘服也.

45.

曲禮曰, 賜果於君前, 其有核者, 懷其核.

46.

御食於君, 君賜餘, 器之漑者, 不寫, 其餘, 皆寫.

賜餘 : 먹고 남은 음식을 내려 주는 것
寫 : 딴 그릇에 옮기는 것을 말한다

47.

論語曰, 君賜食, 必正席先嘗之, 君賜腥, 必熟而薦之, 君賜生, 必畜之.

48.

侍食於君, 君祭, 先飯

祭 : 음식의 일부를 덜어 신에게 제사 지내는 의식
先飯 : 먼저 밥을 먹는 것

49.

疾, 君視之, 東首, 加朝服拖紳

東首 : 머리를 동쪽으로 두다
拖紳 : 몸 위에 띠를 걸치다

50.

君命召, 不俟駕行矣.

51.

吉月, 必朝服而朝

52.

孔子曰, 君子事君, 進思盡忠, 退思補過, 將順其美, 匡救其惡.
故, 上下能相親也.

53.

君使臣以禮, 臣事君以忠

54.

大臣, 以道事君, 不可則止.

55.

子路問事君, 子曰, 勿欺也, 而犯之.

犯 : 임금의 얼굴이 노여움으로 변해도 곧고 바른 말을 함

56.

鄙夫, 可與事君也與哉. 其未得之也, 患得之. 既得之, 患失之.
苟患失之, 無所不至矣.

鄙夫 : 비열하고 좀스러운 남지
患得之 : 얻을 것을 걱정한다
無所不至 : 어떤 일도 할 수 있다는 뜻

57.

孟子曰, 責難於君, 謂之恭. 陳善閉邪, 謂之敬. 吳君不能, 謂之賊.

陳善閉邪 : 임금에게 진실한 도리를 말해 사악한 일을 미리 막는다

58.

有官守者, 不得其職則去, 有言責者, 不得其言則去.

59.

王蠋曰, 忠臣, 不事二君. 烈女, 不更二夫.

3. 明夫婦之別

60.

曲禮曰, 男女非有行媒, 不相知名. 非受幣, 不交不親. 故日月以
告君, 齊戒以告鬼神, 爲酒食以召鄕黨僚友. 以厚其別也. 取妻, 不
取同姓, 故, 買妾, 不知其姓則卜之.

行媒 : 중매하는 사람이 신랑과 신부의 집을 왕래하다
受幣 : 약혼할 때에 신랑이 신부로부터 선물을 받는 일
告鬼神 : 혼인한다는 사실을 조상신에게 알림

61.

士昏禮曰, 父醮子, 命之曰, 往迎爾相, 承我宗事, 勗帥以敬, 先
妣之嗣. 若則有常. 子曰, 諾, 唯恐不堪, 不敢忘命. 父送女, 命之
曰, 戒之敬之, 夙夜無違命. 母施衿結帨曰, 勉之敬之, 夙夜無違宮
事, 庶母及門內, 施鞶, 申之以父母之命, 命之曰, 敬恭聽, 宗爾父
母之言, 夙夜無愆, 視諸衿鞶.

親迎 : 신부집으로 가서 아내를 맞이하는 일
勗帥以敬 : 경건한 태도로 정성껏 아내를 인도하다

有常 : 하던 일을 변함없이 이어가다

施衿 : 작은 띠를 매어주다

結帨 : 수건을 채워주다

夙夜無愆 : 아침부터 저녁까지 허물이 없다

62.

禮記曰, 夫昏禮, 萬世之始也. 取於異姓, 所以附遠厚別也. 幣必誠, 辭無不腆, 告之以直信. 信, 事人也, 信, 婦德也. 一與之齊, 終身不改, 故, 夫死不嫁. 男子親迎, 男先於女, 剛柔之義也. 天先乎地, 君先乎臣, 其義一也. 執摯以相見, 敬章別也. 男女有別然後, 父子親, 父子親然後, 義生, 義生然後, 禮作, 禮作然後, 萬物安. 無別無義, 禽獸之道也.

63.

取婦之家, 三日不擧樂, 思嗣親也.

擧樂 : 음악을 연주하다

嗣親 : 부모의 뒤를 잇는 일

64.

昏禮不賀, 人之序也.

人之序 : 한 세대가 교체되는 일

65.

內則曰, 禮始於謹夫婦, 爲宮室, 辨內外, 男子居外, 女子居內,
深宮固門, 閽寺守之, 男不入, 女不出. 男女不同椸枷, 不敢縣於夫
之楎椸, 不敢藏於夫之篋笥, 不敢共湢浴, 夫不在, 斂枕篋, 簟席
襡, 器而藏之. 少事長, 賤事貴, 咸如之. 雖婢妾, 衣服飮食, 必後
長者. 妻不在, 妾御, 莫敢當夕.

辨內外 : 안과 밖을 구분하다
閽寺 : 혼은 중문에서 출입을 금지하는 사람
咸如之 : 모두 이와 같이 하다

66.

男不言內, 女不言外. 非祭非喪, 不相授器.其相授則女受以篚, 其
無篚則皆坐奠之而後取之. 外內不共井, 不共湢浴, 不通寢席, 不通
乞假, 男女不通衣裳. 男子入內, 不嘯不指, 夜行以燭, 無燭則止. 女子
出門, 必擁蔽其面, 夜行以燭, 無燭則止. 道路, 男子由右, 女子由左.

不嘯不指 : 휘파람을 불거나 손가락질 하지 않는다
擁蔽其面 : 얼굴을 가리다

67.

孔子曰, 婦人, 伏於人也. 是故, 無專制之義, 有三從之道, 在家
從父, 適人從夫, 夫死從子, 無所敢自遂也. 敎令, 不出閨門, 事在
饋食之間而已矣. 是故, 女及日乎閨門之內, 不百里而奔喪, 事無
擅爲, 行無獨成, 叅知而後動, 可驗而後言, 晝不遊庭, 夜行以火,
所以正婦德也. 女有伍不取, 逆家子, 不取, 亂家子, 不取, 世有刑
人, 不取, 世有惡疾, 不取, 喪父長子, 不取. 婦有七去, 不順父母
去, 無子去, 淫去, 妬去, 有惡疾去, 多言去, 竊盜去. 有三不去,
有所取, 無所歸, 不去, 與更三年喪,不去. 前貧賤後富貴, 不去. 凡
此, 聖人, 所以順男女之際, 重婚姻之始也.

伏於人 : 다른 사람에게 순종한다

專制 : 다른 사람의 의견을 듣지 않고 자기 마음대로 일을 결정하고 처리하다

自遂 : 마음대로 일을 처리하다

獨成 : 단독으로 일을 처리하다

無所歸 : 돌아갈 곳이 없음, 즉 친정이나 친척집이 없다는 것을 말한다

順男女之際 : 성인 남자와 여자 사이의 관계를 순조롭게 하다

68.

曲禮曰, 寡婦之子非有見焉, 弗與爲友.

4. 明長幼之序

69.

孟子曰, 孩提之童, 無不知愛其親, 及其長也, 無不知敬其兄也.

孩提之童 : 웃고 있는 두세 살쯤 된 아이

70.

徐行後長者, 謂之弟. 疾行先長者, 謂之不弟.

71.

曲禮曰, 見父之執, 不謂之進, 不敢進. 不謂之退, 不敢退, 不問,
不敢對.

72.

年長以倍, 則父事之, 十年以長, 則兄事之, 伍年以長, 則肩隨之.

肩隨之 : 어깨를 나란히 해서 걷되 조금 뒤쳐져서 걷다

73.

謀於長者, 必操几杖以從之. 長者問, 不辭讓而對, 非禮也.

74.

從於先生, 不越路而與人言, 遭先生於道, 趨而進, 正立拱手, 先生
與之言則對, 不與之言則趨而退. 從長者而上丘陵, 則必鄕長者所視.

越路 : 길을 건너서

拱手 : 두 손을 앞으로 모아 포개어 잡아 경의를 표시하는 자세

丘陵 : 언덕. 구(丘)는 높은 곳이고, 릉(陵)은 평평한 곳이다

長者 : 어른

75.

長者與之提携, 則兩手奉長者之手. 負劍辟咡詔之, 則掩口而對.

提携 : 손을 잡아 이끌어 주다

辟咡詔之 : 고개를 돌려 입을 가까이 대고 말하다

掩口而對 : 입김이 어른에게 닿지 않도록 입을 가리고 대답하다

76.

凡爲長者糞之禮, 必加帚於箕上. 以袂拘而退, 其塵不及長者,
以箕自鄕而扱之.

77.

將卽席, 容毋怍, 兩手摳衣, 去齊尺, 衣毋撥, 足毋蹶, 先生書策琴瑟, 前, 坐而遷之, 戒勿越. 坐必安, 執爾顔, 長者不及, 毋讒言. 正爾容, 聽必恭, 毋勦說, 毋雷同, 必則古昔, 稱先王.

去齊尺 : 옷자락이 땅에서 한 자쯤 떨어지도록 하다

衣毋撥 : 옷이 펄럭이지 않도록 하다

蹶 : 다급하게 걷는 모습

執爾顔 : 얼굴빛을 바르게 갖는다

勦說 : 남의 주장을 자신의 생각인 것처럼 말하다

78.

侍坐於先生, 先生問焉, 終則對, 請業則起, 請益則起.

79.

尊客之前, 不叱狗, 讓食不唾. 侍坐於君子, 君子欠伸, 撰杖屨, 視日蚤莫, 侍坐者請出矣.

欠伸 : 하품을 하고 기지개를 켜다

杖屨 : 지팡이와 신

蚤莫 : 날이 밝아지고 저무는 것

80.

侍坐於君子, 君子問更端, 則起而對.

81.

侍坐於君子, 若有告者曰, 少間, 願有復也, 則左右屛而待.

82.

侍飮於長者. 酒進則起, 拜受於尊所. 長者辭, 少者反席而飮. 長者擧未釂, 少者不敢飮.

尊所 : 준(尊)은 준(樽)과 같은 뜻으로, 술단지가 있는 곳
辭 : 그만두라고 말리는 것
擧未釂 : 술을 다 마시지 않은 것임

83.

長者賜, 少者賤者不敢辭.

84.

御同於長者. 雖貳, 不辭, 偶坐不辭.

85.

侍於君子, 不顧望而對, 非禮也.

86.

少儀曰, 尊長於己, 踰等, 不敢問其年. 燕見, 不將命, 遇於道, 見則面. 不請所之. 侍坐, 弗使, 不執琴瑟, 不畫地, 手無容, 不翣也, 寢則坐而將命. 侍射則約矢, 侍投則擁矢, 勝則洗而以請.

等 : 아버지나 할아버지 정도의 나이
燕見 : 중요하지 않은 일로 방문함
約矢 : 화살을 한꺼번에 모아서 손에 잡음
擁矢 : 화살을 한꺼번에 모아서 안음
翣 : 부채질하는 것

87.

王制曰, 父之齒, 隨行 ,兄之齒, 鴈行, 朋友, 不相踰. 輕任幷, 重任分, 頒白者不提挈. 君子耆老, 不徒行, 庶人耆老, 不徒食.

父之齒 : 아버지 연배 되는 사람
鴈行 : 기러기가 날아가듯이 조금 뒤떨어져 걸어가는 모습
頒白 : 머리가 반쯤 센 사람
提挈 : 짐을 들고 다니는 것을 말한다
徒行 : 수레 없이 걸어다니는 것을 말한다

88.

論語曰, 鄕人飮酒, 杖者出, 斯出矣.

杖者 : 지팡이를 짚은 사람, 60세 이상의 노인은 마을을 다닐 때 지팡이를 짚
   었다

斯出矣 : 곧바로 따라 나서는 것을 말한다

5. 明朋友之交

89.

曾子曰, 君子, 以文會友, 以友輔仁.

90.

孔子曰, 朋友, 切切偲偲, 兄弟, 怡怡.

切切偲偲 : 간절하게 상대방의 허물을 충고한다

怡怡 : 화목하고 기뻐하는 모습

91.

孟子曰, 責善, 朋友之道也.

92.

子貢, 問友, 孔子曰, 忠告而善道之, 不可則止, 毋自辱焉.

不可則止 : 충고하고 선도해도 듣지 않으면 그만두는 것

93.

孔子曰, 居是邦也, 事其大夫之賢者, 友其士之仁者.

94.

益者, 三友, 損者, 三友. 友直, 友諒, 友多聞, 益矣. 友便辟, 友善柔, 友便佞, 損矣.

諒 : 성실한 사람

便辟 : 겉은 화려하지만 정직하지 않은 사람

便佞 : 말은 그럴 듯하지만 실제적인 견문이 없는 사람

95.

孟子曰, 不挾長, 不挾貴, 不挾兄弟而友. 友也者, 友其德也. 不可以有挾也.

96.

曲禮曰, 君子不盡人之歡, 不竭人之忠, 以全交也.

不盡人之歡 : 남들이 자신을 극진하게 환대하지 못함

全交 : 사귐을 온전하게 유지하다

97.

凡與客入者, 每門讓於客, 客至寢門, 主人請入爲席, 然後出迎
客, 客固辭, 主人肅客而入. 主人, 入門而右, 客入門而左, 主人就
東階, 客就西階, 客若降等, 則就主人之階. 主人固辭然後, 客復就
西皆. 主人與客讓登, 主人先登, 客從之, 拾級聚足, 連步以上, 上
於東階則先右足, 上於西階則先左足,

爲席 : 손님이 앉을 자리를 만들다
拾級聚足 : 섭급(拾級)은 계단을 오르는 것이고, 취족(聚足)은 두 발을 모으는
　　　　　것이다
連步以上 : 걸음을 연속하여 위로 올라가는 것을 말한다

98.

大夫士相見, 雖貴賤, 不敵. 主人敬客, 則先拜客, 客敬主人, 則
先拜主人.

99.

主人, 不問, 客, 不先擧.

100.

孔子曰, 君子之事親, 孝, 故忠可移於君. 事兄, 弟, 故順可移於

長. 居家, 理, 故治可移於官. 是以行成於內而名立於後世矣.

101.

天子有爭臣七人, 雖無道, 不失其天下. 諸侯有爭臣伍人, 雖無
道, 不失其國. 大夫有爭臣三人, 雖無道, 不失其家. 士有爭友, 則
身不離於令名. 父有爭子, 則身不陷於不義. 故當不義, 則子不可
以弗爭於父, 臣不可以弗爭於君.

爭臣 : 직언하는 신하

爭友 : 잘못을 충고해 주는 벗

令名 : 아름다운 명성

102.

禮記曰, 事親, 有隱而無犯, 左右就養, 無方, 服勤至死, 致喪三
年. 事君, 有犯而無隱, 左右就養, 有方, 服勤至死, 方喪三年. 事
師, 無犯無隱, 左右就養, 無方, 服勤至死, 心喪三年.

左右就養 : 좌우로 가까이서 모시고 나아가 봉양하는 것을 말한다

無方 : 일정한 방법이 없음을 말한다

103.

欒共子曰, 民生於三. 事之如一, 父生之, 師敎之, 君食之. 非父,
不生, 非食, 不長, 非敎, 不知, 生之族也. 故 一事之, 唯其所在,
則致死焉. 報生以死, 報賜以力, 人之道也.

事之如一 : 부모와 임금과 스승을 한결같이 모셔야 한다는 말이다
報賜以力 : 나에게 보탬을 준 사람에 대해서는 힘으로써 보답하는 것을 말한다

104.

晏子曰, 君民令臣共, 父慈子孝, 兄愛弟敬, 夫和妻柔, 姑慈婦
聽, 禮也.君令而不遠, 臣共而不貳, 父慈而敎, 子孝而箴, 兄愛而
友, 弟敬而順, 夫和而義, 妻柔而正, 姑慈而從, 婦聽而매婉, 禮之
善物也.

105.

曾子曰, 親戚不說, 不敢外交. 近者不親, 不敢求遠. 小者不審,
不敢言大. 故, 人之生也, 百歲之中, 有疾病焉, 有老幼焉. 故, 君
子思其不可復者, 而先施焉. 親戚旣沒, 雖欲孝, 誰爲孝, 年旣耆
艾, 雖欲悌, 誰爲悌. 故, 孝有不及, 悌有不時. 其此之謂歟.

先施 : 서둘러 행하는 것
耆 : 60세 된 사람

艾 : 50세 된 사람

106.

官怠於宦成, 病加於小愈, 禍生於懈惰, 孝衰於妻子. 察此四者,
愼終如始, 詩曰 靡不有初, 鮮克有終.

107.

荀子曰, 人有三不祥, 幼而不肯事長, 賤而不肯事貴, 不肖而不
肯事賢, 是人之三不祥也.

不祥 : 불길한 것, 재앙의 동기가 되는 일을 말한다

108.

無用之辯, 不急之察, 棄而不治. 若夫君臣之義, 父子之親, 夫婦
之別, 則日切嗟而不舍也,

不急之察 : 찰(察)은 관찰(觀察)로 긴급하지 않은 일에 대한 관찰을 말한다
切嗟 : 인격을 끊임없이 갈고 닦아 인격을 도야하는 일을 말한다

三. 敬身

孔子曰, 君子無不敬也, 敬身爲大, 身也者, 親之枝也, 敢不敬與, 不能敬其身, 是, 揚其親, 是, 揚其本, 枝從而亡, 仰聖模, 景賢範, 述此篇, 以訓蒙士

1. 明心術之要

1.

丹書曰, 敬勝怠者, 吉. 怠勝敬者, 滅. 義勝欲者, 從. 欲勝義者, 凶.

2.

曲禮曰, 毋不敬, 儼若思, 安定辭, 安民哉. 敖不可長, 欲不可從, 志不可滿, 樂不可極. 賢者, 狎而敬之, 畏而愛之, 愛而知其惡, 憎而知其善, 積而能散, 安安而能遷. 臨財毋苟得, 臨難毋苟免, 狠毋求勝, 分毋求多. 疑事, 毋質, 直而勿有.

儼若思 : 단정하고도 엄숙하여 무엇을 생각하고 있는 듯한 모습

敖不可長 : 오만한 마음이 자라도록 내버려두어서는 안 된다

3.

孔子曰, 非禮勿視. 非禮勿聽. 非禮勿言. 非禮勿動.

4.

出門如見大賓, 使民如承大祭. 己所不欲, 勿施於人.

5.

居處恭, 執事敬, 與人忠, 雖之夷狄, 不可棄也.

夷狄 : 이(夷)는 동쪽 오랑캐, 적(狄)은 북쪽 오랑캐로 총칭해 오랑캐이다

6.

言忠信, 行篤敬, 雖蠻貊之邦, 行矣. 言不忠信, 行不篤敬, 雖州里, 行乎哉.

蠻貊 : 만(蠻)은 남쪽 오랑캐, 맥(貊)은 북쪽 오랑캐의 일부
州里 : 주(州)는 2천 5백집, 이(里)는 25집을 말한다

7.

君子 有九思. 視思明, 聽思聰, 色思溫, 貌思恭, 言思忠, 事思敬, 疑思問, 忿思難, 見得思義,

8.

曾子曰, 君子所貴乎道者, 三. 動容貌, 斯遠暴慢矣, 正顏色, 斯
近信矣, 出辭氣, 斯遠鄙倍矣.

鄙倍 : 비루하거나 도리에 어긋난 것을 말한다

9.

曲禮曰, 禮, 不踰節, 不侵侮, 不好狎. 修身踐言, 謂之善行.

踰節 : 적절한 절도를 넘어서다
侵侮 : 남의 영역을 침범하다
踐言 : 말한 것을 실천하다

10.

樂記曰, 君子姦聲亂色, 不留聰明, 淫樂慝禮, 不接心術, 惰慢邪
辟之氣, 不設於身體, 使耳目鼻, 心知百體, 皆由順正, 以行其義.

聰明 : 총(聰)은 귀가 밝다는 말이며, 명(明)은 눈이 밝다는 말이다
慝禮 : 사특한 예절, 바르지 않은 예절을 말한다

11.

孔子曰, 君子, 食無求飽, 居無求安, 敏於事而愼於言, 就有道而

正焉. 可謂好學也已.

12.

管敬仲曰, 畏威如疾, 民之上也. 從懷如流, 民之下也. 見懷思威, 民之中也.

威 : 하늘의 위엄
懷 : 은혜로써 남을 자신에게 복종시키는 것을 말한다

2. 明威儀之則

13.

冠義曰, 凡人之所以爲人者, 禮義也. 禮義之始, 在於正容體, 齊
顔色, 順辭令. 容體正, 顔色齊, 辭令順而後, 禮義備. 以正君臣,
親父子, 和長幼. 君臣正, 父子親, 長幼和而後, 禮義立.

齊顔色 : 낯빛을 부드럽게 하다

14.

曲禮曰, 毋側聽, 毋噭應, 毋淫視, 毋怠荒, 遊毋倨, 立毋跛, 坐
毋箕, 寢毋伏, 斂髮毋髢, 冠毋免, 勞毋袒, 暑毋褰裳.

噭應 : 고함쳐서 대답하다

淫視 : 곁눈으로 간사하게 쳐다보다

怠荒 : 게으르고 나태하다

斂髮毋髢 : 머리채를 다리처럼 늘어뜨리지 말라

褰裳 : 하의를 걷어올리다

15.

登城不指, 城上不呼. 將適舍, 求毋固. 將上堂, 聲必揚. 戶外,
有二屨, 言聞則入, 言不聞則不入. 將入戶, 視必下, 入戶奉局, 視
瞻毋回, 戶開亦開. 戶闔亦闔, 有後入者, 闔而勿遂. 毋踐屨, 毋踖
席, 摳衣趨隅, 必愼唯諾.

求毋固 : 굳이 무엇을 요구하지 말라

奉局 : 받들 듯이 문빗장을 잡는다

遂 : 문을 꼭 닫는 것을 말한다

踖席 : 남의 자리를 밟는다

趨隅 : 빠른 걸음으로 구석에 가서 앉는다

16.

禮記曰, 君子之容, 舒遲. 見所尊者, 齊遫. 足容重, 手容恭, 目
容端, 口容止, 聲容靜, 頭容直, 氣容肅, 立容德, 色容莊.

舒遲 :여유 있고 고요한 모습

齊遫 : 공경하고 조심스러운 모습

足容重 : 발걸음을 신중하게 움직인다

止 : 망령스럽고 해이해지지 않는 것을 말한다

直 : 머리를 기울여 돌아보지 않는다

17.

曲禮曰, 坐如尸, 立如齊

18.

少儀曰, 不窺密, 不旁狎, 不道舊故, 不戲色, 毋拔來, 毋報往, 毋瀆神, 毋循枉, 毋測未至, 毋訾衣服成器, 毋身質言語.

窺密 : 남의 은밀한 곳을 엿보다

旁狎 : 예의에 벗어나는 행동을 하는 것을 말한다

拔來報往 : 갑자기 오거나 갑자기 떠나는 것을 말한다

毋測未至 : 확실치 않은 일을 의심하지 말라

19.

論語曰, 車中, 不內顧, 不疾言, 不親指.

內顧 : 여기저기 돌아보다

親指 : 직접 손가락으로 가리키다

20.

曲禮曰, 凡視, 上於面則敖, 下於帶則憂, 傾則姦.

21.

論語曰, 孔子於鄕黨, 恂恂如也, 似不能言者. 其在宗廟朝廷, 便便言, 唯謹爾. 朝, 與下大夫言, 侃侃如也. 與上大夫言, 誾誾如也.

恂恂如也 : 신실한 모습

便便言 : 사리를 분별해 분명하게 말하다

侃侃如 : 강직한 모습

誾誾如 : 온화하고 즐거운 모습

22.

孔子, 食不語, 寢不言.

23.

士相見禮曰, 與君言, 言使臣. 與大人言, 言事君. 與老者言, 言使弟子. 與幼者言, 言孝悌于父兄. 與衆言, 言忠信慈祥. 與居官者言, 言忠信.

弟子 : 아우와 아들

幼者 : 남의 자제

居官者 : 상사로부터 서인에 이르기까지 관직에 있는 사람

24.

論語曰, 席不正,不坐.

25.

子見齊衰者, 雖狎, 必變. 見冕者與瞽者, 雖褻, 必以貌, 凶服者, 式之. 式負版者.

褻：사사로운 자리에서 만나는 것을 말한다

凶服：상복

26.

禮記曰, 若有疾風迅雷甚雨, 則必變, 雖夜, 必興, 衣服冠而坐.

疾風：빠르고 사납게 부는 바람

迅雷：심한 천둥

27.

論語曰, 寢不尸, 居不容.

28.

子之燕居, 申申如也, 夭夭如也.

燕居 : 한가롭게 있을 때

申申 : 여유가 있는 모습

夭夭 : 얼굴빛이 즐거운 모습

29.

曲禮曰, 竝坐不橫肱, 授立不跪, 授坐不立.

橫肱 : 팔을 옆으로 뻗는 것을 말한다

授立 : 서 있는 사람에게 물건을 주다

授坐 : 앉아 있는 사람에게 물건을 주다

30.

入國不馳, 入里必式.

31.

少儀曰, 執虛, 如執盈, 入虛, 如有人.

如執盈 : 가득 차 있는 그릇을 잡는 듯이 조심스럽다

32.

禮記曰, 古之君子, 必佩玉. 右徵角, 左宮羽. 趨以采齊, 行以肆夏. 周還中規, 折還中矩. 進則揖之, 退則揚之. 然後, 玉玉將 鳴也. 故君子, 在車則聞鸞和之聲, 行則鳴佩玉. 是以非辟之心, 無自入也.

周還 : 빙 돌아서 가다

折還 : 방향을 꺾어서 돌아가다

中矩 : 구는 모난 것을 만드는 그림쇠, 그림쇠에 맞춘 것처럼 직각을 이룸을 말한다

鸞和 : 수레의 멍에에 다는 방울과 수레 앞의 가로막이 나무에 다는 방울이 서로 조화 를 이루며 나는 방울소리

33.

射義曰, 射者, 進退周還, 必中禮. 內志正, 外體直, 然後, 持弓矢審固, 持弓矢審固, 然後 可以言中. 此可以觀德行矣.

進退周還 : 마루에 오르고 내리며 읍하고 사양하는 예절

審固 : 정확하고 단단함

3. 明衣服之制

34.

士冠禮, 始加. 祝曰, 令月吉日, 始加元服, 棄爾幼志, 順爾成德.
壽考維祺, 介爾景福. 再加. 曰, 吉月令辰, 乃申爾服, 敬爾威儀,
淑愼爾德, 眉壽萬年, 永受胡福. 三加. 曰, 以歲之正, 以月之令,
咸加爾服. 兄弟具在, 以成厥德, 黃耇無疆, 受天之慶.

介爾景福 : 개와 경은 모두 크다는 말로 큰 복을 받을 것이다라는 말이다
申 : 거듭
眉壽 : 노인의 눈썹이 늘어지도록 장수할 징조
黃耇無疆 : 얼굴빛이 누런 배빛으로 변하는 것처럼 장수한다는 의미

35.

曲禮曰, 爲人子者, 父母存, 冠衣, 不純素, 孤子當室, 冠衣, 不純采.

不純素 : 흰색 선을 두르지 않는다
孤子 : 부모를 여읜 자식을 말한다
采 : 빛깔 있는 색

36.

論語曰, 君子, 不以紺緅, 飾. 紅紫, 不以爲褻服. 當暑, 袗絺綌,
必表而出之.

絺綌 : 칡으로 만든 베 중에 고운 것을 치, 거친 것을 격이라 한다
表而出之 : 겉에 드러나게 입는다

37.

去喪, 無所不佩.

38.

孔子, 羔裘玄冠, 不以弔.

39.

禮記曰 童子, 不裘不帛, 不屨絇.

不裘 : 갖옷을 입지 않는다
不屨絇 : 구(絇)는 신을 꾸미는 것을 말하는 것으로 어린이의 신코를 꾸미지 않
    는다 는 말이다

40.

孔子曰, 士志於道, 而恥惡衣惡食者, 未足與議也.

惡衣惡食 : 누추한 옷과 거친 음식

4. 明飮食之節

41.

曲禮曰, 共食不飽, 共飯不澤手, 毋搏飯, 毋放飯, 毋流歠, 毋咤食, 毋齧骨, 毋反魚肉, 毋投與狗骨, 毋固獲, 毋揚飯, 飯黍毋以箸, 毋嚃羹, 毋絮羹, 毋刺齒, 毋歠醢. 客, 絮羹, 主人, 辭不能亨, 客, 歠醢, 主人, 辭以窶. 濡肉, 齒決, 乾肉, 不齒決, 毋嘬炙.

共食 : 다른 사람과 함께 음식을 먹는다

毋搏飯 : 밥을 뭉치지 말아야 한다 (남과 함께 밥을 먹으면서 밥을 뭉쳐서 먹으면 이
　　　　것은 다른 사람보다 많이 먹으려는 욕심스런 행동이 된다)

放飯 : 밥을 많이 뜨는 것을 말한다 (먹기를 탐내는 것임)

流歠 : 물을 마시듯 들이마시다

毋齧骨 : 뼈를 깨물어 씹지 말라

毋刺齒 : 이를 쑤셔서는 안 된다

齒決 : 이로 물어뜯어 고기를 끊어서 먹지 않는다

毋嘬炙 : 구운 고기를 한입에 넣어 먹어서는 안 된다

42.

少儀曰, 侍食於君子, 則先飯而後已. 毋放飯, 毋流歠, 小飯而亟之, 數噍, 毋爲口容.

先飯 : 군자보다 먼저 밥을 먹는 것을 말한다

小飯而亟之 : 밥을 적게 먹고 빨리 먹는다

數嚼 : 음식을 여러 번 씹는 것

口容 : 입을 크게 벌려서 씹는 모습

43.

論語曰, 食不厭精, 膾不厭細.食饐而餲, 魚餒而肉敗, 不食. 色惡不食. 臭惡不食. 失飪不食. 不時不食. 割不正, 不食. 不得其醬, 不食. 肉雖多, 不使勝食氣. 唯酒無量, 不及亂. 沽酒市脯, 不食. 不撤薑食, 不多食.

食饐而餲 : 맛이 변한 밥

餒 : 썩어 문드러진 음식

失飪 : 제대로 요리되지 못한 음식

44.

禮記曰, 君無故, 不殺牛. 大夫無故, 不殺羊. 士無故, 不殺犬豕. 君子, 遠庖廚, 凡有血氣之類, 弗身踐也.

庖廚 : 포는 도살장, 주는 주방

凡有血氣之類 : 살아 있는 동물

弗身踐 : 자신이 직접 죽이지 않는다

45.

樂記曰, 豢豕爲酒, 非以爲禍也. 而獄訟益繁, 則酒之流, 生禍也. 是故, 先王, 因爲酒禮, 一獻之禮, 賓主百拜, 終日飲酒, 而不得醉焉. 此先王之所以備酒禍也.

豢豕 : 돼지를 기르다

爲酒 : 술을 빚다

酒之流 : 술로 인한 병폐

46.

孟子曰, 飲食之人, 則人賤之矣. 爲其養小以失大也.

飲食之人 : 음식을 밝히는 사람

四. 稽古

孟子道性善, 言必稱堯舜. 其言曰, 舜, 爲法於天下, 可傳於後世, 我, 猶未免爲鄉人也. 是則可憂也. 憂之如何, 如舜而已矣. 摭往行, 實前言, 述此篇, 使讀者, 有所興起.

爲法於天下 : 그 행실이 천하 사람의 본이 되는 것을 말한다

摭 : 모으다, 수집하다

1. 立敎

1.

太任, 文王之母. 摯任氏之中女也. 王季, 娶以爲妃. 太任之性,
端一誠莊, 惟德之行. 及其娠文王, 目不視惡色, 耳不聽淫聲, 口不
出敖言. 生文王而明聖, 太任, 敎之以一而識百. 卒爲周宗. 君子謂
太任, 爲能胎敎.

中女 : 둘째 딸을 말한다

明聖 : 총명하고 사물의 이치를 통달함

周宗 : 덕이 있고 공로가 커 신주를 영원히 종묘에서 옮기지 않는 것을 종이라
고 한다

2.

孟軻之母, 其舍近墓, 孟子之少也, 嬉戱, 爲墓間之事, 踊躍築
埋, 孟母曰, 此, 非所以居子也. 乃去舍市. 其嬉戱, 爲賈衒, 孟母
曰, 此, 非所以居子也. 乃徙舍學宮之旁. 其嬉戱, 乃設俎豆, 揖讓
進退, 孟母曰, 此, 眞可以居子矣. 遂居之. 孟子幼時, 問東家殺猪,
何爲. 母曰, 欲啖汝. 旣而悔曰, 吳聞古有胎敎. 今適有知而欺之,
是, 敎之不信. 乃買猪肉, 以食之. 旣長就學, 遂成大儒.

3.

孔子嘗獨立, 鯉趨而過庭. 曰, 學詩乎. 對曰, 未也. 不學詩, 無
以言. 鯉退而學詩. 他日, 又獨立, 鯉趨而過庭. 曰, 學禮乎, 對曰,
未也. 不學禮, 無以立. 鯉退而學禮.

趨 : 빠른 걸음으로 걸어가는 것을 말한다

無以立 : 바로 세울 수 없다 (배우지 않으면 몸을 바로 세울 수 없다는 의미)

4.

孔子謂伯魚曰, 女爲周南召南矣乎. 人而不爲周南召南, 其猶正
墻面而立也與.

2. 明倫

5.

虞舜, 父頑母嚚, 象午, 克諧以孝, 烝烝乂, 不格姦.

象：순임금의 배다른 동생

烝烝乂：점차 바로잡아 나가다

6.

萬章, 問曰, 舜往于田, 號泣于旻天. 何爲其號泣也. 孟子曰, 怨慕也. 我竭力耕田, 共爲子職而已矣. 父母之不我愛, 於我, 何哉. 帝使其子九男二女, 百官牛羊倉廩, 備, 以事舜於畎畝之中. 天下之士多就之者, 帝將胥天下而遷之焉. 爲不順於父母,如窮人無所歸. 天下之士悅之, 人之所欲也. 而不足以解憂, 好色, 人之所欲, 妻帝之二女, 而不足以解憂, 富人之所欲, 富有天下, 而不足以解憂, 貴, 人之所欲, 貴爲天子, 而不足以解憂. 人悅之, 好色, 富貴, 無足以解憂者, 惟順於父母, 可以解憂. 人, 少則慕父母, 知好色則慕少艾, 有妻子則慕妻子, 仕則慕君, 不得於君則熱中. 大孝, 終身慕父母. 伍十而慕者, 予於大舜, 見之矣.

號泣 : 소리치며 우는 것

共 : 공(恭)과 같은 뜻으로 공경한다는 말이다

畎畝 : 견(畎)은 밭 사이의 도랑, 묘(畝)는 밭이랑으로 농사짓는 들판을 의미한다

少艾 : 아름다운 여인

大孝 : 큰 효도를 하는 사람

7.

揚子曰, 事父母, 自知不足者, 其舜乎. 不可得而久者, 事親之謂
也. 孝子愛日.

8.

文王之爲世子, 朝於王季, 日三. 鷄初鳴而衣服, 至於寢門外, 問
內竪之御者曰, 今日安否, 何如. 內竪曰, 安, 文王, 乃喜. 及日中
又至, 亦如之. 及莫又至, 亦如之. 其有不安節, 則內竪, 以告文王,
文王, 色憂, 行不能正履. 王季復膳然後, 亦復初. 食上, 必在視寒
暖之節, 食下, 問所膳, 命膳宰曰, 末有原, 應曰, 諾然後, 退.

朝 : 아침 문안인사

內竪 : 임금 곁에서 시중드는 신하

日中 : 한낮, 대낮

莫 : 날이 저무는 저녁

正履 : 발걸음을 제대로 딛지 못하는 것

復膳 : 선은 식사란 말로 식사를 평상시대로 회복하는 것을 말한다

膳宰 : 궁중의 음식을 맡은 요리사

9.

文王有疾, 武王不說冠帶而養. 文王一飯, 亦一飯, 文王再飯, 亦
再飯.

10.

孔子曰, 武王周公, 其達孝矣乎. 夫孝者, 善繼人之志, 善述人之
事者也. 踐其位, 行其禮, 奏其樂, 敬其所尊, 愛其所親, 事死如事
生, 事亡如事存, 孝之至也.

達孝 : 세상사람들이 공통적으로 말하는 효
繼 : 선왕의 뜻을 이어받다
亡 : 이미 장사지낸 후를 말한다

11.

淮南子曰, 周公之事文王也, 行無專制, 事無由己, 身若不勝衣,
言若不出口. 有奉持於文王, 洞洞屬屬, 如將不勝, 如恐失之. 可謂
能子矣.

由己 : 자기 생각대로 행하다

言若不出口 : 말을 꺼내기를 매우 조심하는 모양

洞洞屬屬 : 겁내고 조심하는 모습

12.

孟子曰, 曾子養曾晳, 必有酒肉. 將徹, 必請所與. 問有餘, 必曰有. 曾晳, 死, 曾元, 養曾子, 必有酒肉. 將徹, 不請所與, 問有餘, 曰亡矣. 將以復進也. 此所謂養口體者也, 若曾子則可謂養志也. 事親, 若曾子者, 可也.

徹 : 식사를 끝내고 밥상을 물리는 것을 말한다

養口體 : 입과 몸만을 봉양하다

養志 : 부모의 뜻을 봉양해 기쁘게 해드리다

13.

孔子曰, 孝哉, 閔子騫. 人不間於其父母昆弟之言.

間 : 비방하고 이간질하다

14.

老萊子, 孝奉二親, 行年七十, 作嬰兒戲, 身著伍色斑爛之衣. 嘗取水上堂, 詐跌仆臥地. 爲小兒啼. 弄雛於親側, 欲親之喜.

上堂 : 마루에 오르다

詐 : 일부러, 거짓으로

跌仆 : 넘어지다

弄雛 : 새새끼를 희롱하다

15.

樂正子春, 下堂而傷其足, 數月不出, 猶有憂色. 門弟子曰, 夫子之足, 瘳矣. 數月不出, 猶有憂色, 何也. 樂正子春曰 善 如爾之問也. 善如爾之問也. 吳聞諸曾子, 曾子聞諸夫子. 曰, 天之所生, 地之所養, 惟人, 爲大. 父母全而生之. 子全而歸之, 可謂孝矣, 不虧其體, 不辱其身, 可謂全矣. 故, 君子 頃步而不敢忘孝也. 今予忘孝之道. 予是以有憂色也. 一擧足而不敢忘父母. 是故, 道而不徑, 舟而不游, 不敢以先父母之遺體, 行殆, 一出言而不敢忘父母. 是故, 惡言, 不出於口, 忿言, 不反於身. 不辱其身, 不羞其親, 可謂孝矣.

瘳 : 병이 모두 나음

頃步 : 발을 한 번 드는 것을 규(頃), 두 번 드는 것을 보(步)라고 한다

道而不徑 : 큰길로 다니지 지름길로 다니지 않는다

行殆 : 위태로운 일을 하지 않는다

不反於身 : 자신에게 되돌아오지 않는다

16.

伯兪有過, 其母笞之, 泣. 其母曰, 他日笞子, 未嘗泣, 今泣, 何也. 對曰兪, 得罪, 笞常痛. 今母之力, 不能使痛. 是以泣. ,故曰, 父母怒之, 不作於意. 不見於色, 深受其罪, 使可哀憐, 上也. 父母怒之, 不作於意, 不見於色, 其次也. 父母怒之, 作於意, 見於色, 下也.

不作於意 : 마음속으로 반발하지 않는다
不見於色 : 원망하는 얼굴빛을 드러내지 않는다
深受其罪 : 깊이 뉘우치는 마음으로 죄를 받아들인다

17.

公明宣, 學於曾子, 三年, 不讀書. 曾子曰, 宣, 而居參之門, 三年, 不學, 何也. 公明宣曰, 安敢不學. 宣見夫子居庭. 親在, 叱咤之聲, 未嘗至於犬馬, 宣說之, 學而未能, 宣見夫子之應賓客. 恭儉而不懈惰, 宣說之, 學而未能, 宣見夫子之居朝廷. 嚴臨下而不毀傷, 宣說之, 學而未能. 宣說此三者, 學而未能. 宣安而居夫子之門乎.

叱咤 : 성내어 꾸짖음
懈惰 : 나태하고 게으름

18.

少連大連, 善居喪, 三日不怠, 三月不解, 期悲哀, 三年憂. 東夷
之子也.

期 : 기년, 즉 1주년이 되는 때를 말한다
東夷 : 동쪽 오랑캐. 중국은 우리 나라도 동이라고 불렀다

19.

高子皐之執親之喪也, 泣血三年, 未嘗見齒. 君子以爲難.

泣血 : 소리 없이 울어 피눈물이 나는 듯하다
見齒 : 이빨을 드러내 웃는 모습

20.

顔丁, 善居喪, 始死, 皇皇焉如有求而弗得. 旣殯, 望望焉如有從
而弗及, 旣葬, 慨然如不及其反而息.

皇皇焉 : 마음이 급해 허둥지둥하는 모습
望望焉 : 뚫어지게 앞을 쳐다보는 모습

21.

曾子有疾, 召門弟子曰, 啓予足啓予手. 詩云, 戰戰兢兢, 如臨深

淵, 如履薄冰. 而今而後, 吾知免夫. 小子.

22.

箕子者, 紂, 親戚也. 紂始爲象箸, 箕子嘆曰, 彼爲象箸, 必爲玉杯. 爲玉杯, 則必思遠方珍怪之物, 而御之矣. 輿馬宮室之漸, 自此始, 不可振也. 紂爲淫泆, 箕子諫. 紂不聽而囚之. 人或曰, 可以去矣. 箕子曰, 爲人臣, 諫不聽而去, 是, 彰君之惡, 而自說於民. 吾不忍爲也. 乃被髮佯狂而爲奴, 遂隱而鼓琴, 以自悲. 故, 傳之曰, 箕子操. 王子比干者, 亦紂之親戚也. 見箕子諫不聽, 而爲奴, 則曰, 君有過而不以死爭, 則百姓, 何辜. 乃直言諫紂, 紂怒曰, 吾聞聖人之心, 有七竅, 信有諸乎. 乃遂殺王子比干, 刻視其心. 微子曰, 父子, 有骨肉, 而臣主, 以義屬. 故父有過, 子三諫而不聽, 則隨而號之. 人臣三諫而不聽, 則其義可以去矣. 於是, 遂行. 孔子曰, 殷有三仁焉.

象箸 : 상아(象牙) 젓가락
淫泆 : 음란하고 방탕함
被髮 : 머리를 풀어헤치다
隨而號之 : 따라다니면서 울부짖다

23.

武王, 伐紂, 伯夷叔齊叩馬而諫. 左右欲兵之. 太公曰, 此義人也. 扶而去之. 武王已平殷亂. 天下宗周, 而伯夷叔齋恥之, 義不食周粟. 隱於首陽山, 採薇而食之, 遂餓而死.

24.

衛靈公, 與夫人夜坐., 聞車聲轔轔, 至關而止, 過闕復有聲. 公問夫人曰, 知此爲誰. 夫人曰, 此, 蘧伯玉也. 公曰, 何以知之. 夫人曰, 妾聞, 禮, 下公門, 式路馬, 所以廣敬也. 夫忠臣與孝子, 不爲昭昭信節, 不爲冥冥惰行. 蘧伯玉, 衛之賢大夫也. 仁而有智, 敬於事上. 此其人, 必不以闇昧, 廢禮. 是以知之. 公, 使人視之, 果伯玉也.

轔轔 : 수레가 굴러갈 때에 나는 소리

式路馬 : 임금이 타는 노거에 예의를 표하다

惰行 : 나태하게 행동하다

闇昧 : 어두운 때

25.

趙襄子, 殺智伯, 漆其頭, 以爲飮器. 智伯之臣豫讓, 欲爲之報仇, 乃詐爲刑人, 挾匕首, 入襄子宮中塗厠, 左右欲殺之. 襄子曰, 智伯死無後, 而此人, 欲爲報仇, 眞義士也. 吾謹避之耳. 讓又漆身爲癩, 吞炭爲啞, 行乞於市, 其妻不識也. 其友識之, 爲之泣曰, 以子之才, 臣事趙孟, 必得近幸. 子乃爲所欲爲, 顧不易邪. 何乃自苦如此. 讓曰, 委質爲臣, 而求殺之, 是, 二心也. 吾所以爲此者, 將以愧天下後世之爲人臣而懷二心者也. 後又伏於橋下, 欲殺襄子, 襄子殺之.

飮器 : 술을 마시는 그릇

刑人 : 형벌을 받은 죄인

塗厠 : 화장실의 벽을 칠하다

漆身爲癩 : 몸에 옻칠을 해서 문둥이처럼 꾸미다

委質爲臣 : 무릎을 꿇고 신하가 되는 것을 말한다

26.

王孫賈事齊閔王. 王出走, 賈失王之處. 其母曰, 女朝去而晚來, 則吾倚門而望, 女莫出而不還, 則吾倚閭而望. 女今事王, 王出走, 女不知其處, 女尙何歸王. 孫賈乃入市中. 曰, 淖齒亂齊國, 殺閔王. 欲與我誅齒者, 袒右. 市人從之者, 四百人. 與誅淖齒, 刺而殺之.

倚閭而望 : 문에 기대어 오는 것을 기다리다

淖齒 : 초나라의 장수, 제왕을 죽이고 연나라와 땅을 나누었다

袒右 : 오른쪽 팔의 옷을 벗어 어깨를 드러내다

27.

臼季使過冀, 見冀缺耨, 其妻饁之, 敬相待如賓, 與之歸, 言諸文
公曰,敬德之聚也. 能敬必有德. 德以治民. 君請用之. 臣聞, 出門
如賓, 承事如祭, 仁之則也. 文公以爲下軍大夫.

相待如賓 : 서로 손님을 대하는 것처럼 공경한다

28.

公父文伯之母, 季康子之從祖叔母也. 康子往焉, 門而與之言,
皆不踰閾. 仲尼聞之, 以爲別於男女之禮矣.

從祖叔母 : 조부의 형제의 아내
門 : 문을 열다
閾 : 문지방

29.

衛共姜者, 衛世子共伯之妻也. 共伯, 蚤死, 共姜, 守義. 父母欲
奪而嫁之, 共姜, 不許, 作柏舟之誥, 以死自誓.

30.

蔡人妻宋人之女也. 旣嫁而夫有惡疾, 其母將改嫁之. 女曰 , 夫

之不幸, 乃妾之不幸也. 奈何去之. 適人之道, 一與之醮, 終身不
改, 不幸遇惡疾, 彼無大故, 又不遣妾, 何以得去. 終不聽.

適人之道 : 남에게 시집가는 도리
醮 : 초례(醮禮), 혼례를 말한다

31.

萬章問曰, 象日以殺舜爲事, 立爲天子則放之, 何也. 孟子曰, 封
之也, 或曰放焉. 仁人之於弟也, 不藏怒焉, 不宿怨焉. 親愛之而已
矣.

放 : 어느 한 곳에 살도록 해 다른 곳으로 가지 못하게 한다
封 : 제후로 봉하는 것을 말한다

32.

伯夷叔齊, 孤竹君之二子也. 父欲立叔齊, 及父卒, 叔齊讓伯夷,
伯夷曰, 父命也. 遂逃去. 叔齊亦不肯立而逃之, 國人, 立其中子.

33.

虞芮之君, 相與爭田, 久而不平. 乃相謂曰, 西伯仁人也. 盍往質
焉. 乃相與朝周. 入其境, 則耕者讓畔, 行者讓路. 入其邑, 男女異

路, 斑白不提挈. 入其朝, 士讓爲大夫, 大夫讓爲卿. 二國之君, 感
而相謂曰, 我等, 小人. 不可以履君子之庭. 乃相讓, 以其所爭田,
爲閒田而退. 天下聞而歸之者四十餘國.

西伯 : 주문왕이 서백 지역에 제후로 봉해졌기 때문에 붙은 말
質 : 물어서 일을 바로잡는 것을 말한다
斑白不提挈 : 머리가 반쯤 센 사람은 물건을 들고 다니지 않는다
閒田 : 농사짓지 않고 비워 두는 땅

34.

曾子曰, 以能問於不能, 以多問於寡, 有若無. 實若虛, 犯而不
校. 昔者, 吳友嘗從事於斯矣.

35.

孔子曰, 晏平仲, 善與人交. 久而敬之.

3. 敬身

36.

孟子曰, 伯夷, 目不視惡色, 耳不聽惡聲.

37.

子游爲武城宰. 子曰, 女得人焉爾乎. 曰, 有擔臺滅明者. 行不由徑, 非公事, 未嘗至於偃之室也.

宰 : 고을을 다스리는 벼슬아치, 수령(守令)을 말한다

38.

高柴自見孔子, 足不履影, 啓蟄不殺, 方長不折, 衛輒之難, 出而門閉. 或曰, 此有徑. 子羔曰, 吳聞之, 君子不徑. 曰, 此有竇. 子羔曰, 吳聞之, 君子不竇. 有間, 使者至, 門啓而出.

衛輒之難 : 위나라 괴외가 일으킨 난리
不徑 : 지름길을 가지 않는다
不竇 : 구멍으로 다니지 않는다

39.

南容, 三復白圭. 孔子以其兄之子, 妻之.

40.

子路, 無宿諾.

41.

孔子曰, 衣敝縕袍, 與衣狐貉者, 立而不恥者, 其由也與.

衣敝縕袍 : 해진 헌 솜옷이나 떨어진 솜옷을 입다

狐貉 : 여우나 담비 가죽으로 만든 좋은 옷

42.

鄭子臧, 出奔宋. 好聚鷸冠, 鄭伯, 聞而惡之, 使盜殺之. 君子曰, 服
之不衷, 身之災也. 詩曰, 彼己之子, 不稱其服. 子臧之服, 不稱也夫.

聚鷸冠 : 물총새의 깃털을 모아서 장식한 관(冠)

43.

公父文伯, 退朝, 朝其母. 其母方績. 文伯曰, 以歜之家而主猶

績乎. 其母嘆曰, 魯其亡乎. 使僮子, 備官, 而未之聞邪. 居. 吳語
女. 民勞則思, 思則善心生, 逸則淫, 淫則忘善, 忘善則惡心生. 沃
土之民, 不材, 淫也. 瘠土之民, 莫不嚮義, 勞也. 是故王后親織玄
紞, 公侯之夫人, 加以紘綖, 卿之內子, 爲大帶, 命婦成祭服, 列士
之妻加之以朝服, 自庶士以下, 皆衣其夫. 社而賦事, 烝而獻功, 男
女效績, 愆則有辟, 古之制也. 吳冀而朝夕修我曰, 必無廢先人. 爾
今日, 胡不自安. 以是, 承君之官, 予懼穆伯之絶嗣也.

方績 : 막 길쌈을 하고 있음

僮子 : 동자(童子)와 같은 의미로 철없는 아이를 말한다

未之聞 : 아직도 벼슬아치로서 알아야 할 올바른 도리조차 알도록 하지 못함

不材 : 사람 재목이 되지 못함, 쓸모 없음

嚮義 : 의리의 길로 향함, 의리를 행함

烝 : 증제(烝祭), 겨울에 지내는 제사

命婦 : 대부의 아내

44.

孔子曰, 賢哉, 回也. 一簞食, 一瓢飮, 在陋巷, 人不堪其憂. 回
也不改其樂, 賢哉, 回也.

4. 通論

45.

衛莊公, 娶于齊東宮得臣之妹. 曰, 莊姜 美而無子. 其娣戴嬀生桓公, 莊姜, 以爲己子. 公子州吁, 嬖人之子也. 有寵以好兵, 公, 弗禁. 莊姜, 惡之. 石碏, 諫曰, 臣聞愛子, 敎之以義方, 弗納扵邪. 驕奢淫泆, 所自邪也. 四者之來, 寵祿過也. 夫寵而不驕, 驕而能降, 降而不憾, 憾而能眕者, 鮮矣. 且夫賤妨貴, 少陵長, 遠間親, 新間舊, 小加大, 淫破義, 所謂六逆也. 君義臣行, 父慈子孝, 兄愛弟敬, 所謂六順也. 去順效逆, 所以速禍也. 君人者將禍, 是務去, 而速之. 無乃不可乎.

東宮 : 태자가 기거하는 궁전, 여기서는 태자를 말한다

好兵 : 싸움을 좋아함

將禍 : 앞으로 닥칠 재앙

所自邪 : 스스로 사악한 일을 행하다

46.

劉康公, 成肅公, 會晉候, 伐秦. 成子受脤于社, 不敬. 劉子曰, 吾聞之, 民受天地之中, 以生. 所謂命也. 是以, 有動作禮義威儀之則, 以定命也. 能者, 養之以福, 不能者, 敗以取禍. 是故, 君子,

勤禮, 小人, 盡力. 勤禮, 莫如致敦敬, 盡力, 莫如敦篤. 敬在養神,
篤在守業. 國之大事, 在祀與戎. 祀有執膰, 戎有受脈, 神之大節
也. 今成子惰. 棄其命矣. 其不反乎.

天地之中 : 천지의 중정한 기운

養神 : 신을 봉양하는 것

執膰 : 번은 종묘의 제사에 쓰는 고기를 말하는데, 제사가 끝난 뒤에 번육을 받
　　　는 일

47.

衛侯在楚, 北宮文子見令尹圍之威儀. 言於衛侯曰, 令尹, 其將
不免. 詩云, 敬愼威儀, 維民之則. 令尹, 無威儀. 民無則焉. 民所
不則. 以在民上, 不可以終. 公曰, 善哉. 何謂威儀. 對曰, 有威而
可畏, 謂之威. 有儀而可象, 謂之儀. 君, 有君之, 威儀其臣, 畏而
愛之, 則而象之故 能有其國家, 令聞長世, 臣有臣之威儀, 其下畏
而愛之. 故能守其官職, 保族宜家. 順是以下皆如是. 是以, 上下能
相固也. 衛詩曰, 威儀棣棣, 不可選也. 言君臣上下父子兄弟內外
大小, 皆有威儀也. 周詩曰, 朋友所攝攝以威儀. 言朋友之道, 必
相敎訓以威儀也. 故君子, 在位可畏, 施舍可愛, 進退可度, 周旋可
則, 容止可觀, 作事可法, 德行可象, 聲氣可樂, 動作有文, 言語有
章, 以臨其下. 謂之有威儀也.

不可以終 : 목숨을 온전하게 마칠 수 없다

令聞 : 훌륭한 명성

棣棣 : 위엄있는 행동거지

施舍 : 쓰고 버림

容止 : 용모와 행동거지

聲氣 : 말소리와 기운

五. 嘉言

詩曰, 天生烝民, 有物有則. 民之秉彝, 好是懿德. 孔子曰, 爲此
詩者, 其知道乎. 故, 有物必有則, 民之秉彝也. 故, 好是懿德. 歷
傳記, 接見聞, 述嘉言, 紀善行, 爲小學外篇.

烝民 : 뭇 사람들
懿德 : 아름다운 덕

1. 廣立敎

1.

橫渠張先生曰, 敎小兒, 先要安詳恭敬. 今世, 學不講, 男女從幼便驕惰壞了, 到長盒凶狠. 只爲未嘗爲子弟之事. 則於其親, 已有物我, 不肯屈下, 病根常在, 又隨所居而長, 至死只依舊. 爲子弟則不能安灑掃應對, 接朋友則不能下朋友, 有官長則不能下官長, 爲宰相則不能下天下之賢. 甚則至於循私意, 義理都喪也. 只爲病根不去, 隨所居所接而長也.

驕惰壞了 : 교만하고 태만해졌다
子弟之事 : 자식으로서 부모에게 해야 할 도리
灑掃 : 물뿌리고 쓰는 일
物我 : 남과 나를 구별하는 마음

2.

楊文公家訓曰, 童稚之學, 不止記誦. 養其良知良能. 當以先入言, 爲主. 日記故事, 不拘今古, 必先以孝弟忠信禮義廉恥等事. 如黃香扇枕, 陸績懷橘, 叔敖陰德, 子路負米之類, 只如俗說, 便曉此道理. 久久成熟, 德性, 若自然矣.

童穉之學 : 동치(童穉)는 어린아이라는 뜻. 어린아이가 배워야 할 학문을 말한다

良能 : 타고난 재주

俗說 : 어려운 문장이나 유식한 말이 아닌 세속적인 이야기

久久成熟 : 오래도록 해 습관이 되고 익숙해지다

3.

明道程先生曰, 憂子弟之輕俊者, 只敎以經學念書. 不得令作文字. 子弟凡百玩好皆奪志, 至於書札, 於儒者事, 最近, 然, 一向好著, 亦自喪志.

經學 : 유교 경전에 관한 학문

玩好 : 즐기고 좋게 여기다

書札 : 서(書)는 글씨를 쓰는 것을 말하고, 찰(札)은 편지 쓰는 것을 말한다

一向 : 줄곧, 내내

好著 : 좋아함

4.

伊川程先生曰, 敎人, 未見意趣, 必不樂學. 且敎之歌舞. 如古詩三百篇, 皆古人作之. 如關雎之類, 正家之始. 故, 用之鄕人, 用之邦國, 日使人聞之. 此此等詩, 其言, 簡娛, 今人, 未易曉, 別欲作詩, 略言敎童子灑掃應對事長之節, 令朝夕歌之. 似當有助.

正家之始 : 집안을 바로잡는 시초

簡奧 : 말이 간략하면서도 심오하다

似當有助 : 마땅히 도움이 될 것 같다

5.

陳忠肅公曰, 幼學之士, 先要分別人品之上下. 何者是聖賢所爲之事, 何者是下愚所爲之事, 向善背惡, 去彼取此, 此幼學所當先也. 顏子孟子, 亞聖也. 學之雖未至, 亦可爲賢人. 今學者若能知此, 則顏孟之事, 我亦可學. 言溫而氣和, 則顏子之不遷, 漸可學矣. 過而能悔, 又不憚改, 則顏子之不貳, 漸可學矣. 知埋鬻之戲, 不如俎豆, 念慈母之愛, 至於三遷, 自幼至老, 不厭不改, 終始一意, 則我之不動心, 亦可以如孟子矣. 若夫立志不高, 則其學, 皆常人之事. 語及顏孟, 則敢不當也. 其心, 必曰, 我爲孩童. 豈敢學顏孟哉. 此人, 不可以語上矣. 先生長者, 見其卑下, 豈肯與之語哉. 先生長者, 不肯與之語, 則其所與語, 皆下等人也. 言不忠信, 下等人也. 行不篤敬, 下等人也. 過而不知悔, 下等人也. 悔而不知改, 下等人也. 聞下等之語, 爲下等之事, 譬如坐於房舍之中, 四面, 皆墻壁也. 雖欲開明, 不可得矣.

幼學之士 : 어린 나이에 배우는 선비

下愚 : 인품이 낮고 어리석은 사람

亞聖 : 아(亞)는 버금간다는 말로, 성인 다음가는 현인들을 지칭한다

埋鬻之戲 : 시체를 매장하고 물건을 파는 놀이

不動心 : 마음이 굳건해 외물에 흔들리지 않는다

6.

馬援, 兄子嚴敦, 並喜譏議而通輕俠客. 援, 在交趾, 還書誠之曰, 吳欲汝曹, 聞人過失, 如聞父母之名, 耳可得聞, 口不可得言也. 好議論人長短, 妄是非政法, 此吳所大惡也. 寧死, 不願聞子孫有此行也. 龍伯高, 敦厚周愼, 口無擇言, 謙約節儉, 廉公有威. 吳愛之重之, 願汝曹效之. 杜季良, 豪俠好義, 憂人之憂, 樂人之樂, 淸濁無所失, 父喪致客, 數郡, 畢至, 吳愛之重之, 不願汝曹效也. 効伯高不得, 猶爲謹敕之士. 所謂刻鵠不成, 尙類鶩者也. 効季良不得, 陷爲天下輕薄子. 所謂畫虎不成, 反類狗者也.

譏議 : 비난하고 악평을 하다
交趾 : 지명으로 현재의 베트남을 말한다
寧死 : 차라리 죽을 지언정
口無擇言 : 입에서 나오는 대로 말해도 모두 선하다는 말
謹敕之士 : 근신하고 스스로 조심하는 선비

7.

漢昭烈, 將終, 勅後主曰, 勿以惡小而爲之, 勿以善小而不爲.

8.

諸葛武侯戒子書曰, 君子之行, 靜以修身, 儉以養德. 非澹泊, 無以明志, 非寧靜, 無以致遠. 夫學, 須靜也. 才, 須學也. 非學, 無

以廣才. 非靜, 無以成學. 慆慢則不能硏精, 險躁則不能理性. 年與
時馳, 意與歲去, 遂成枯落, 悲歎窮廬, 將復何及也.

澹泊 : 욕심이 없어 마음이 담박함

致遠 : 원대한 이치를 연구하여 알다

硏精 : 이치를 깊이 연구하다

慆慢 : 게으르고 해이함

將復何及也 : 장차 어떻게 할 수 있겠는가

9.

柳玭, 嘗著書, 戒其子弟曰, 壞名災己, 辱先喪家, 其失尤大者,
伍, 宜深誌之. 其一, 自求安逸, 靡甘澹泊, 苟利於己, 不恤人言.
其二, 不知儒術, 不悅古道, 懵前經而不恥, 論當世而解頤, 身旣寡
知, 惡人有學. 其三, 勝己者, 厭之, 佞己者, 悅之, 唯樂戲談, 莫
思古道, 聞人之善, 嫉之, 聞人之惡, 揚之, 浸漬頗僻, 銷刻德義,
簪楊徒在, 厮養何殊. 其四, 崇好優游, 耽嗜麯蘗, 以啣盃, 爲高
致, 以勤事, 爲谷流. 習之易荒. 覺已難悔. 其伍, 急於名宦, 匿近
權要, 一資半級, 雖或得之, 衆怒羣猜, 鮮有存者. 余見名門右族,
莫不由祖先, 忠孝勤儉, 以成立之, 莫不由子孫, 頑率奢午, 以覆墜
之. 成立之難, 如升天覆墜之易, 如燎毛. 言之痛心, 爾宜刻骨.

壞名 : 명예를 훼손시키다

靡甘澹泊 : 맑고도 깨끗한 생활을 달갑게 여기지 않다

不恤人言 : 남의 비방도 두려워하지 않는 것

厮養 : 땔나무를 해오고 밥을 짓는 천한 종

麯蘗 : 누룩으로 만든 술

高致 : 높고도 맑은 운치(韻致)

覆墜 : 밀어서 떨어뜨리다

俗流 : 세상의 비속한 무리

10.

范魯公質, 爲宰相. 從子杲嘗求奏遷秩, 質作詩曉之. 其略曰,

戒爾學立身, 莫若先孝悌. 怡怡奉親長, 不敢生驕易.

戰戰復兢兢, 造次必於是. 戒爾學干祿, 莫若勤道藝.

嘗聞諸格言, 學而優則仕. 不患人不知, 惟患學不至.

戒爾遠恥辱, 恭則近乎禮. 自卑而尊人, 先彼而後己.

相鼠與茅鴟, 宜鑑詩人刺. 戒爾勿放曠, 放曠非端士.

周孔垂名敎, 齋梁尙淸議. 南朝稱八達, 千載穢靑史.

戒爾勿嗜酒, 狂樂非佳味. 能移謹厚性, 化爲凶險類.

古今傾敗者, 歷歷皆可記. 戒爾勿多言, 多言衆所忌.

苟不愼樞機, 災厄從此始. 是非毀譽間, 適足爲身累.

擧世重交游, 擬結金蘭契. 忿怨容易生, 風波當時起.

所以君子心, 汪汪淡如水. 擧世好承奉, 昂昂增意氣.

不知承奉者, 以爾爲玩戲. 所以古人疾, 籧篨與戚施.

擧世重游俠, 俗呼爲氣義. 爲人赴急難, 往往陷囚繫.

所以馬援書, 殷勤戒諸子. 擧世賤淸素, 奉身好華侈.

肥馬衣輕裘, 揚揚過閭里. 雖得市童憐, 還爲識者鄙.

我本覇旅臣, 遭逢堯舜理. 位重才不充, 戚戚懷憂畏.

深淵與薄冰, 蹈之唯恐墜. 爾曹當憫我, 勿使增罪戾.

閉門斂蹤跡, 縮首避名勢. 勢位難久居, 畢竟何足恃.

物盛則必衰, 有隆還有替. 速成不堅牢, 亟走多顚躓.

灼灼園中花, 早發還先萎. 遲遲澗畔松, 鬱鬱含晚翠.

賦命有疾徐, 靑雲難力致. 寄語謝諸郎, 躁進徒爲耳.

驕易 : 교만해 남을 업신여기다

造次 : 황급하고 구차한 때

先彼 : 남부터 먼저 대우하라는 의미

放曠 : 예의나 규범 같은 것에 구애받지 않고 제 마음대로 행동하다

名敎 : 명분에 관한 도덕의 가르침

八達 : 여덟 명의 세상 이치에 통달한 선비

狂藥 : 사람을 미치게 하는 약

承奉 : 뜻을 받아서 섬김

籧篨 : 아래를 내려다볼 수 없는 병, 새가슴

戚施 : 아래만 보고 위를 올려다볼 수 없는 병, 곱사등이

11.

康節邵先生, 誡子孫曰, 上品之人, 不敎而善. 中品之人, 敎而後善. 下品之人, 敎亦不善. 不敎而善, 非聖而何. 敎而後善, 非賢而何. 敎亦不善, 非愚而何. 是知善也者, 吉之謂也. 不善也者, 凶之謂也. 吉也者, 目不觀非禮之色, 耳不聽非禮之聲, 口不道非禮之言, 足不踐非禮之地, 人非善不交, 物非義不取, 親賢如就芝蘭, 避惡如畏蛇蠍. 或曰, 不謂之吉人, 則吾不信也.凶也者, 語言詭譎, 動止陰險, 好利飾非, 貪淫樂禍, 疾良善如讐隙, 犯刑憲如飮食, 小則隕身滅性, 大則覆宗絶嗣. 或曰, 不謂之凶人, 則吾不信也. 傳, 有之. 曰, 吉人爲善, 惟日不足, 凶人, 爲不善, 亦惟日不足. 汝等, 欲爲吉人乎. 欲爲凶人乎.

詭譎 : 간사한 속임수

飾非 : 잘못된 것을 바른 것처럼 꾸미다

隕身滅性 : 몸을 몰락시키고 생명을 잃다

絶嗣 : 후손이 끊어지다

12.

康節邵先生, 誡子孫曰, 上品之人, 不敎而善. 中品之人, 敎而後善. 下品之人, 敎亦不善. 不敎而善, 非聖而何. 敎而後善, 非賢而何. 敎亦不善, 非愚而何. 是知善也者, 吉之謂也. 不善也者, 凶之謂也. 吉也者, 目不觀非禮之色, 耳不聽非禮之聲, 口不道非禮之言, 足不踐非禮之地, 人非善不交, 物非義不取, 親賢如就芝蘭, 避惡如畏蛇蠍. 或曰, 不謂之吉人, 則吾不信也. 凶也者, 語言詭譎, 動止陰險, 好利飾非, 貪淫樂禍, 疾良善如讐隙, 犯刑憲如飮食, 小則隕身滅性, 大則覆宗絶嗣. 或曰, 不謂之凶人, 則吾不信也. 傳, 有之. 曰, 吉人爲善, 惟日不足, 凶人, 爲不善, 亦惟日不足. 汝等, 欲爲吉人乎. 欲爲凶人乎.

13.

胡文定公, 與子書曰, 立志, 以明道希文, 自期待. 立心, 以忠信
不欺, 爲主本. 行己, 以端莊淸愼, 見操執. 臨事, 以明敏果斷, 辨
是非. 又謹三尺, 考求立法之意而操縱之, 斯可爲政, 不在人後矣.
汝勉之哉. 治心修身, 以飮食男女, 爲切要. 從古聖賢, 自這裏做工
夫. 其可忽乎.

果斷 : 과단성 있게 결단한다

三尺 : 옛날에는 삼척의 죽간에다 법률을 썼기 때문에 법률을 삼척이라고 한다

操縱 : 법을 적절하게 운용하다

不在人後 : 남에게 뒤지지 않는 것을 말한다

切要 : 절실하고 요긴하다

14.

古靈陳先生, 爲仙居令, 敎其民曰, 爲吳民者, 父義母慈, 兄友弟
恭, 子孝, 夫婦有恩, 男女有別, 子弟有學, 鄕閭有禮, 貧窮患難,
親戚相救, 婚姻死喪, 隣保相助, 無墮農業, 無作盜賊, 無學賭博,
無好爭訟, 無以惡陵善, 無以富呑貧, 行者讓路, 耕者讓畔, 斑白者
不負戴於道路, 則爲禮義之俗矣.

仙居令 : 영은 고을을 다스리는 관리

隣保 : 이웃

以富呑貧 : 부자가 가난한 사람의 재산을 차지하다

2. 廣明倫

15.

司馬溫公曰, 凡諸卑幼, 事無大小, 毋得專行, 必咨稟於家長.

卑幼 : 항렬이 낮거나, 나이가 어린 사람

咨稟 : 자(咨)는 묻는 것이고, 품(稟)은 여쭙는 것이다

16.

凡子受父母之命, 必籍記而佩之, 時省而速行之, 事畢則返命焉.
或所命, 有不可行者, 則和色柔聲, 具是非利害而白之, 待父母之
許然後, 改之, 若不許, 苟於事, 無大害者, 亦當曲從. 若以父母之
命爲非, 而直行己志, 雖所執皆是, 猶爲不順之子, 況未必是乎.

籍記 : 책자(冊子)에 기록하다

事畢則返命 : 일이 끝나면 보고한다

曲從 : 자신의 생각을 굽히고 부모의 생각에 따른다

17.

橫渠先生曰, 舜之事親, 有不悅者, 爲父頑母嚚, 不近人情. 若中人之性, 其愛惡若無害理, 必姑順之. 若親之故舊所喜, 當極力招致, 賓客之奉, 當極力營辦, 務以悅親爲事, 不可計家之有無. 然又須使之不知其勉强勞苦. 苟使見其爲而不易, 則亦不安矣.

中人之性 : 보통사람의 성품

悅親 : 부모님을 기쁘게 하다

賓客之奉 : 손님에게 대접할 술과 안주

18.

羅仲素, 論瞽瞍底豫, 而天下之爲父子者定, 云只爲天下, 無不是底父母. 了翁聞而善之曰, 唯如此而後, 天下之爲父子者定. 彼臣弑其君, 子弑其父, 常始於見其有不是處耳.

底豫 : 저(底)는 이룬다는 말이고, 예(豫)는 기뻐한다는 뜻. 기쁨을 이룬다는 말이다

19.

伊川先生曰, 病臥於牀, 委之庸醫, 比之不慈不孝. 事親者, 亦不可不知醫.

20.

橫渠先生嘗曰, 事親奉祭, 豈可使人爲之.

21.

伊川先生曰, 冠昏喪祭, 禮之大者. 今人都不理會豺獺, 皆知報本, 今士大夫家多忽此. 厚於奉養而而薄於先組. 甚不可也. 某嘗修六禮大略, 家必有廟, 廟必有主, 月朔必薦新, 時祭用仲月, 冬至祭始祖, 立春祭先祖, 季秋祭禰, 忌日遷主, 祭於正寢. 凡事死之禮, 當厚於奉生者. 人人家能存得此等事數件, 雖幼者, 可使漸知禮義.

都不理會 : 도무지 이해하지 못하다

月朔 : 매월 초하루

時祭 : 계절마다 제사

薦新 : 새로 나온 제물을 신에게 바치다

季秋 : 늦가을에 해당하는 시기

22.

司馬溫公曰, 冠者, 成人之道也. 成人者, 將責爲人子, 爲人弟, 爲人臣, 爲人少者之行也. 將責四者之行於人, 其禮, 可不重與. 冠禮之廢久矣. 近世以來, 人情尤爲輕薄, 生子猶飮乳, 已加巾帽, 有官者, 或爲之製公服而弄之. 過十歲猶總角者, 蓋鮮矣. 彼責以四

者之行, 豈能知之. 故往往自幼至長, 愚騃如一, 由不知成人之道
故也. 古禮雖稱二十而冠, 然世俗之弊, 不可猝變. 若敦厚好古之
君子, 俟其子年十伍以上, 能通孝經論語, 粗知禮義之方, 然後冠
之, 斯其美矣.

成人之道：성인으로서 지켜야 할 도리

愚騃：어리석고 미련하다

猝變：갑작스럽게 변경하다

粗知：대강 아는 것

23.

古者父母之喪, 旣殯食粥, 齊衰疏食水飮, 不食菜果. 父母之喪,
旣虞卒哭, 疏食水飮, 不食菜果. 期而小祥, 食菜果, 又期而大祥,
食醯醬. 中月而禫, 禫而飮醴酒. 始飮酒者, 先飮醴酒, 始食肉者,
先食乾肉. 古人居喪, 無敢公然食肉飮酒者.

漢昌邑王昭帝之喪, 居道上不素食, 雲光數其罪而廢之. 晉阮籍負
才放誕, 居喪無禮, 何曾面質籍於文帝坐曰, 卿敗俗之人, 不可長
也, 因言於帶曰, 公方以孝治天下, 而聽阮籍以重哀, 飮酒食肉於
公座, 宜四裔諦, 無令汚染華夏.

宋廬陵王義眞, 居武帝憂, 使左右, 買魚肉珍羞, 於齋內, 別立廚
帳. 會長史劉湛入, 因命暖酒炙車螯, 湛正色曰, 公當今, 不宜有此
設. 義眞曰, 且甚寒, 長史事同一家, 望不爲異. 酒至, 湛起曰, 旣
不能以禮自處, 又不能以禮處人.

隋煬帝爲太子, 居文獻皇后喪. 每朝令進二溢米, 而私令外, 取肥肉脯鮓, 置竹筒中, 以蠟閉口, 衣襆裹而納之. 湖南楚王馬希聲, 葬其父武穆王之日, 猶食雞臛, 其官屬潘起譏之曰, 昔阮籍居喪, 食蒸豚, 何代無賢.

然則伍代之時, 居喪食肉者, 人猶以爲異事, 是流俗之弊, 其來甚近也. 今之士大夫, 居喪食肉飮酒, 無異平日, 又相從宴集, 靦然無愧, 人亦恬不爲怪, 禮俗之壞, 習以爲常, 悲夫.

乃至鄙野之人, 或初喪未斂, 親賓則齎酒饌往勞之, 主人亦自備酒饌, 相與飮啜, 醉飽連日, 及葬亦如之, 甚者初喪, 作樂以寤尸, 及殯葬, 則以樂導輀車, 而號泣隨之, 亦有乘喪卽嫁娶者. 噫, 習俗之難變, 愚夫之難曉, 乃至此乎.

凡居父母之喪者, 大祥之前, 皆未可飮酒食肉. 若有疾, 暫須食飮, 疾止, 亦當復初. 必若素食, 不能下咽, 久而羸憊, 恐成疾者, 可以肉汁及脯醢或肉少許, 助其滋味, 不可恣食珍羞盛饌, 及與人燕樂. 是則雖被衰麻, 其實不行喪也. 唯伍十以上, 血氣旣衰, 必資酒肉扶養者, 則不必然耳. 其居喪, 聽樂及嫁娶者, 國有正法, 此不復論.

疏食 : 거친 밥, 변변치 않은 밥

放誕 : 예의 도덕 같은 것에 구애받지 않고 마음대로 행동하다

素食 : 고기 반찬이 없는 밥

四裔 : 사방 오랑캐, 먼 오랑캐를 말한다

炙車螯 : 적(炙)은 굽는 것, 차오(車螯)는 바다조개, 즉 바다조개를 굽는다는 말이다

何代無賢 : 어느 시대인들 현인이 없을까

24.

父母之喪, 中門外, 擇樸陋之室, 爲丈夫喪次. 斬衰寢苫枕塊, 不脫絰帶, 不與人坐焉. 婦人次於中門之內別室, 撤去帷帳衾褥華麗之物. 男子無故, 不入中門, 婦人不得輒至男子喪次. 晉陳壽遭父喪, 有疾, 使婢丸藥. 客往見之, 鄕黨以爲貶議. 坐是沈滯, 坎坷終身. 嫌疑之際, 不可不愼

樸陋 : 인공을 가하지 않은 소박한 것
坐是沈滯 : 이 일이 허물이 되어 승진하지 못하다
嫌疑之際 : 혐의를 받기 쉬운 경우

25.

父母之喪, 不當出. 若爲喪事及有故, 不得已而出, 則乘樸馬, 布裹鞍轡.

26.

世俗信浮屠誑誘, 凡有喪事, 無不供佛飯僧, 云爲死者, 滅罪資福, 使生天堂, 受諸快樂, 不爲者, 必入地獄, 剉燒舂磨, 受諸苦楚. 殊不知死者形旣朽滅, 神亦飄散, 雖有剉燒舂磨, 且無所施. 又況佛法, 未入中國之前, 人固有死而復生者. 何故都無一人, 誤入地獄, 見所謂十王者耶. 此其無有, 而不足信也, 明矣.

浮屠 : 부처. 범어(Buddha)의 음역

誑誘 : 속이고 유혹하다

十王 : 불교에서 말하는 지옥에서 죄를 다스리는 열 명의 왕

27.

顔氏家訓曰, 吳家巫覡符章, 絕於言議, 汝曹所見, 勿爲妖妄.

28.

伊川先生曰, 人無父母, 生日當倍悲痛. 更安忍置酒張樂,以爲
樂. 若具慶者可矣.

置酒張樂 ; 술잔치를 벌이고, 음악을 연주하다

具慶 : 부모가 모두 살아 있음

29.

呂氏童蒙訓曰, 事君如事親, 事官長如事兄, 與同僚如家人, 待
群吏如奴僕, 愛百姓如妻子, 處官事如家事, 然後能盡吳之心. 如
有毫末不至, 皆吳心有所未盡也.

30.

或問, 簿佐令者也. 簿所欲爲, 令或不從, 奈何. 伊川先生曰, 當以誠意動之, 今令與簿不和, 只是爭私意. 令是邑之長, 若能以事父兄之道事之, 過則歸己, 善則惟恐不歸於令, 積此誠意, 豈有不動得人.

簿 : 현령을 보좌하는 벼슬아치

過則歸己 : 잘못이 있으면 자신의 탓으로 돌린다

31.

明道先生曰, 一命之士, 苟存心於愛物, 於人必有所濟.

一命之士 : 한번 명을 받은 제구품에 있는 낮은 벼슬아치

愛物 : 물건을 사랑하다

所濟 : 혜택을 주는 것

32.

劉安禮問臨民, 明道先生曰, 使民各得輸其情. 問御史, 曰正己以格物.

輸其情 : 자신의 생각을 윗사람에게 말하다

格物 : 남을 바르게 하다

33.

伊川先生曰, 居是邦, 不非其大夫, 此理最好.

34.

童蒙訓曰, 當官之法, 唯有三事. 曰淸, 曰愼, 曰勤. 知此三者, 則知所以持身矣.

35.

當官者, 凡異色人, 皆不宜與之相接. 巫祝尼嫗之類, 尤宜疎絶, 要以淸心省事爲本.

凡異色人 : 정상적인 일에 종사하지 않는 모든 사람
省事 : 무익한 일을 덜어버리다

36.

後生少年, 乍到官守, 多爲猾吏所餌, 不自省察, 所得毫末, 而一任之間, 不復敢擧動. 大抵作官嗜利, 所得甚少, 而吏人所盜, 不貲矣. 以此被重譴. 良可惜也.

乍 : 갑자기
毫末 : 터럭만큼 아주 작은 것을 말한다

一任之間 : 재임기간 동안

37.

當官者, 先以暴怒爲戒, 事有不可, 當詳處之. 必無不中. 若先暴
怒, 只能自害, 豈能害人.

詳處之 : 자세히 살펴서 이치에 맞게 처리하다
豈能害人 : 어떻게 남을 해칠 수 있겠는가

38.

當官處事, 但務著實. 如塗才祭文字, 追改日月, 重易押字, 萬一
敗露, 得罪反重. 亦非所以養誠心事君不欺之道也.

追改 : 추후에 고침
重易押字 : 여러 번 서명을 고치다
敗露 : 드러나다, 탄로나다

39.

王吉上疏曰, 夫婦人倫大綱, 夭壽之萌也. 世俗嫁娶太蚤, 未知
爲人父母之道而有子. 是以敎化不明而民多夭.

40.

文中子曰, 婚娶而論財, 夷虜之道也. 君子不入其鄕. 古者, 男女
之族, 各擇德焉, 不以財爲禮.

41.

早婚少聘, 敎人以偸, 妾媵無數, 敎人以亂. 且貴賤有等, 一夫一
婦, 庶人之職也.

聘 : 아내를 맞이하다
貴賤有等 : 귀하고 천한 신분에 따라 첩과 잉첩 수에 차이가 있다

42.

司馬溫公曰, 凡議婚姻, 當先察其婿與婦之性行, 及家法何如.
勿苟慕其富貴. 壻苟賢矣, 今雖貧賤, 安知異時, 不富貴乎. 苟爲不
肖, 今雖富盛, 安知異時, 不貧賤乎. 婦婦者家之所由盛衰也. 苟慕
一時之富貴而娶之, 彼挾其富貴, 鮮有不輕其夫而午其舅姑, 養成
驕妬之性, 異日爲患, 庸有極乎. 借使因婦財以致富, 依婦勢以取
貴, 苟有丈夫之志氣者, 能無愧乎.

家法 : 집안의 법도. 대대로 전해오는 가풍
借使 : 가령, 만약

43.

安定胡先生曰, 嫁女必須勝吾家者. 勝吾家, 則女之事人, 必欽
必戒. 娶婦必須不若吾家者. 不若吾家, 則婦之事舅姑, 必執婦道.

舅姑 : 시아버지와 시어머니
必執婦道 : 반드시 며느리의 법도를 지킨다

44.

或問, 孀婦於理, 似不可取, 如何. 伊川先生曰, 然. 凡取以配身也.
若取失節者, 以配身, 是己失節也. 又問, 或有孤孀, 貧窮無託者, 可再
嫁否. 曰只是後世, 怕寒餓死, 故有是說. 然餓死事極小, 失節事極大.

45.

顏氏家訓曰, 婦主中饋, 唯事酒食衣服之禮耳. 國不可使五政,
家不可使幹蠱. 如有聰明才智識達古今, 正當輔佐君子, 勸其不足.
必無牝鷄晨鳴, 以致禍也.

幹蠱 : 간(幹)과 고(蠱)는 모두 일을 주관한다, 일을 잘 처리한다는 뜻
預政 : 정치에 참여하는 것
勸其不足 : 부족한 면을 보충하는 것
牝鷄晨鳴 : 암탉이 새벽에 울다. 우는 일은 수탉의 일이므로 남의 일을 침해한
　　　　　다는 것을 비유했다

46.

　江東婦女, 略無交遊, 其婚姻之家, 或十數年間, 未相識者. 唯以
信命贈遺, 致慇懃焉. 鄴下風俗, 專以婦持門戶, 爭訟曲直, 造請逢
迎, 代子求官, 爲夫訴屈. 此乃恒代之遺風乎.

信命 : 신은 서신, 명은 전해 주는 말

致慇懃焉 : 간곡한 정을 표시하다

造請逢迎 : 밖에 나가서 사람을 만나고 집에서 손님을 만나다

訴屈 : 억울한 일을 호소하다

遺風 : 남아 있는 풍속

47.

　夫有人民而後有夫婦, 有夫婦而後有父子, 有父子而後有兄弟.
一家之親, 此三者而已矣. 自玆以往, 至于九族, 皆本於三親焉. 故
於人倫爲重也, 不可不篤. 兄弟者, 分形連氣之人也. 方其幼也, 父
母左提右挈, 前襟後裾, 食則同案, 衣則傳服, 學則連業, 遊則共
方. 雖有悖亂之人, 不能不相愛也. 及其壯也, 各妻其妻, 各子其
子, 雖有篤厚之人, 不能不少衰也. 娣姒之比兄弟, 則疎薄矣. 今使
疎薄之人, 而節量親厚之恩. 猶方底而圓蓋, 必不合矣. 唯友悌深
至, 不爲傍人之所移者免夫.

同案 : 밥상을 같이해 식사를 한다

方底而圓蓋 : 네모난 바닥에 둥근 뚜껑을 덮는다는 말로 서로 맞을 수 없음을
　　　　　　　뜻함

48.

柳開仲塗曰, 皇考治家, 孝且嚴. 朝望弟婦等, 拜堂下畢, 卽上手
低面, 聽我皇考訓誡. 曰人家兄弟無不義者, 盡因娶婦入門, 異姓
相聚, 爭長競短, 漸漬日聞, 偏愛私藏, 以致背戾, 分門割戶, 患若
賊讐, 皆汝婦人所作. 男子剛腸者幾人, 能不爲婦人言所惑, 吾見
多矣. 若等寧有是耶. 退則懦懦, 不敢出一語爲不孝事. 開輩抵此
賴之, 得全其家云.

皇考 : 돌아가신 선친

爭長競短 : 길고 짧은 것을 다투다, 여기서는 잘하고 못하는 것을 다투는 것을
　　　　　 말한다

背戾 : 정이 어그러지게 된다

抵此 : 오늘에 이르기까지

若等 : 약(若)은 여(汝)와 같은 의미, 너희들

49.

伊川先生曰, 今人多不知兄弟之愛. 且如閭閻小人得一食, 必先
以食父母, 夫何故. 以父母之口, 重於己之口也. 得一衣, 必先以衣
父母, 夫何故. 以父母之體, 重於己之體也. 至於犬馬, 亦然. 待父
母之犬馬, 必異乎己之犬馬也. 獨愛父母之子, 却輕於己之子, 甚
者至若仇敵, 擧世皆如此, 惑之甚矣.

50.

橫渠先生曰, 斯干詩言, 兄及弟矣, 式相好矣, 無相猶矣. 言兄弟
宜相好, 不要相學. 猶, 似也. 人情大抵, 患在施之不見報則輟. 故
恩不能終. 不要相學, 己施之而已.

無相猶矣 : 형제는 나쁜 점을 서로 닮지 말아야 한다는 의미

不要相學 : 무상유의(無相猶矣)와 비슷한 의미. 서로 나쁜 점을 배우지 말아야
　　　　　한다

51.

伊川先生曰, 近世淺薄, 以相歡狎, 爲相與, 以無圭角, 爲相歡
愛. 如此者, 安能久. 若要久, 須是恭敬. 君臣朋友, 皆當以敬爲主
也.

歡狎 : 아무런 거리낌없이 지내다

圭角 : 옥의 뾰족한 모서리. 말과 행동이 모나서 남과 충돌하는 것을 말한다

52.

橫渠先生曰, 今之朋友, 擇其善柔, 以相與, 拍肩執袂, 以爲氣
合, 一言不合, 怒氣相加. 朋友之際, 欲其相下不倦. 故於朋友之
間, 主其敬者, 日相親與, 得效最速.

善柔 : 부드러운 태도로 남에게 아첨하다

拍肩執袂 : 어깨를 치고 소매를 잡아당기다

相下不倦 : 서로 몸을 낮추어서 겸손한 태도를 게을리 하지 않는다

得效 : 벗과의 사귐에서 효과를 얻는다

53.

童蒙訓曰, 同僚之契, 交承之分, 有兄弟之義. 至其子孫, 亦世講
之. 前輩專以此爲務. 今人知之者蓋少矣. 又如舊擧將, 及嘗爲舊
任按察官者, 後己官雖在上, 前輩皆辭避, 坐下坐.風俗如此, 安得
不厚乎.

同僚之契 : 한 관청에 있으면서 서로 사귐

世講之 : 대대로 강론해 그것을 밝히다

擧將 : 자신의 처음 관직에 추천해 준 사람

54.

范文正公, 爲參知政事時, 告諸子曰, 吾貧時, 與汝母, 養吾親,
汝母躬執爨, 而吾親甘旨未嘗充也. 今而得厚祿, 欲以養親, 親不
在矣. 汝母亦已早世, 吾所最恨者. 忍令若曹, 享富貴之樂也. 吾吳
中宗族甚衆. 於吾固有親疎, 然吾祖宗視之, 則均是子孫, 固無親
疎也. 苟祖宗之意, 無親疎, 則饑寒者, 吾安得不恤也. 自祖宗來,
積德百餘年, 而始發於吾, 得至大官. 若獨享富貴, 而不恤宗族, 異
日何以見祖宗於地下, 今何顔入家廟乎. 於是恩例俸賜, 常均於族
人, 幷置義田宅云.

躬執爨 : 몸소 불을 때어 밥을 짓다

무世 : 일찍 세상을 떠나다

恩例俸賜 : 은례는 임금이 은전을 내려 금품을 내려주는 것이며, 봉사는 녹봉
으로 주는 것이다

55.

司馬溫公曰, 凡爲家長, 必謹守禮法, 以御群子弟及家衆. 分之
以職, 授之以事, 而責其成功. 制財用之節, 量入以爲出, 稱家之有
無, 以給上下之衣食, 及吉凶之費, 皆有品節, 而莫不均一, 裁省冗
費, 禁止奢華, 常須稍存贏餘, 以備不虞.

吉凶之費 : 길사와 흉사에 사용되는 비용

品節 : 절도에 맞는 규정

冗費 : 쓸데없는 비용

不虞 : 뜻밖의 일

3. 廣敬身

56.

董仲舒曰, 仁人者, 正其誼, 不謀其利, 明其道, 不計其功.

57.

孫思邈曰, 膽欲大而心欲小, 智欲圓而行欲方.

58.

古語云, 從善如登, 從惡如崩.

59.

孝友先生朱仁軌, 隱居養親, 嘗誨子弟曰, 終身讓路, 不枉百步, 終身讓畔, 不失一段.

60.

濂溪周先生曰, 聖希天, 賢希聖, 士希賢. 伊尹顔淵, 大賢也. 伊
尹恥其君不爲堯舜, 一夫不得其所, 若撻于市. 顔淵不遷怒不貳過,
三月不違仁. 志伊尹之所志, 學顔淵之所學, 過則聖, 及則賢, 不及
則亦不失於令名.

聖希天 : 성인은 하늘과 같아지기를 바란다

不遷怒 : 분노를 다른 사람에게 옮기지 않는다

不貳過 : 같은 잘못을 두 번 저지르지 않는다

61.

聖人之道, 入乎耳存乎心, 蘊之爲德行, 行之爲事業. 彼以文辭
而已者, 陋矣.

62.

仲由喜聞過, 令名無窮焉. 今人有過, 不喜人規. 如護疾而忌醫,
寧滅其身而無惡也, 噫.

喜聞過 : 자신의 잘못을 지적해 주는 것을 기뻐하다

63.

明道先生曰, 聖賢千言萬語, 只是欲人, 將已放之心約之, 使反
復入身來. 自能尋向上去, 下學而上達也.

已放之心 : 이미 놓아 버린 마음
下學而上達 : 아래로 사람의 일을 배워 위로 하늘의 이치를 통달한다

64.

心, 要在腔子裏.

65.

伊川先生曰, 只整齊嚴肅, 則心便一, 一則自無非辟之干.

66.

伊川先生, 甚愛表記, 君子莊敬日彊, 安肆日偸之語. 蓋常人之
情, 繼放肆, 則日就曠蕩, 自檢束, 則日就規矩.

安肆 : 안일하고 방자하다
常人之情 : 보통 사람의 마음
曠蕩 : 제멋대로 행동하다
檢束 : 자신을 억제해 방종하지 않도록 한다

67.

人於外物奉身者, 事事要好, 只有自家一箇身與心, 却不要好.
苟得外物好時, 却不知道自家身與心, 已自先不好了也.

外物 : 내 몸에 있는 것이 아니라 외부에 있는 물건, 이를테면 의복이나 음식,
　　　집 같은 것을 말한다
要好 : 좋기를 바란다

68.

伊川先生曰, 顔淵問克己復禮之目, 孔子曰, 非禮勿視, 非禮勿
聽, 非禮勿言, 非禮勿動. 四者身之用也. 由乎中而應乎外. 制乎
外, 所以養其中也. 顔淵事斯語, 所以進於聖人. 後之學聖人者, 宜
服膺而勿失也. 因箴以自警.

其視箴曰,

心兮本虛, 應物無迹. 操之有要, 視爲之則.

蔽交於前, 其中則遷. 制之於外, 以安其內.

克己復禮, 久而誠矣.

其聽箴曰,

人有秉彝, 本乎天性. 知誘物化, 遂亡其正.

卓彼先覺, 知止有定. 閑邪存誠, 非禮勿聽.

其言箴曰,

人心之動, 因言以宣. 發禁躁妄, 內斯靜專.

矧是樞機, 興戎出好. 吉凶榮辱, 惟其所召.

傷易則誕, 傷煩則支. 己肆物忤, 出悖來違.

非法不道, 欽哉訓辭.

其動箴曰,

哲人知幾, 誠之於思, 志士勵行, 守之於爲.

順理則裕, 從欲惟危. 造次克念, 戰兢自持.

習與性成, 聖賢同歸.

四者 : 보고, 듣고, 말하고, 움직이는 몸의 작용

視箴 : 보는 것에 대해 경계하는 말

己肆物忤 : 내 말이 방자하면 남의 말도 내 뜻을 거스르게 된다

出悖來違 : 가는 말이 도리에 어긋나면 오는 말도 도리에 위배된다

守之於爲 : 행실에 있어 행동이 도리를 지킴

戰兢自持 : 두려워하고 조심하면서 자신의 마음을 보존한다

習與性成 : 습관이 천성과 함께 성장한다

69.

伊川先生言, 人有三不幸. 少年登高科, 一不幸, 席父兄弟之勢
爲美官, 二不幸, 有高才能文章, 三不幸也.

70.

橫渠先生曰, 學者捨禮義, 則飽食終日, 無所猷爲, 與下民一致.
所事不踰衣食之間, 燕遊之樂耳.

無所猷爲 : 계획하고 억지로 하는 일이 없다
燕遊 : 잔치를 열어 술마시고 놀다

71.

范忠宣公戒子弟曰, 人雖至愚, 責人則明, 雖有聰明, 恕己則昏.
爾曹但常以責人之心責己, 恕己之心恕人, 不患不到聖賢地位也.

恕己則昏 : 자기를 용서하는 데는 어둡다. 즉 자신의 잘못을 모르는 것을 말한다

72.

呂滎公嘗言, 後生初學, 且須理會氣象. 氣象好時, 百事是當. 氣
象者, 辭令容止輕重疾徐, 足以見之矣. 不惟君子小人, 於此焉分.
亦貴賤壽夭之所由定也.

氣象 : 기품이 밖으로 드러난 상태
容止 : 몸가짐, 기거동작

73.

攻攻攻其惡, 無攻人之惡. 蓋自攻其惡, 日夜且自點檢, 絲毫不
盡, 則慊於心矣. 豈有工夫點檢他人耶.

且自點檢 : 스스로 하나하나 검사해 점검해 보다

絲毫 : 실오라기와 터럭. 조금이라도

慊於心 : 마음에 부끄러움

74.

大要前輩作事, 多周詳, 後輩作事, 多闕略.

大要 : 대체로

周詳 : 주도면밀하고 치밀함

闕略 : 빠뜨리고 소략하다

75.

恩讎分明此四字, 非有道者之言也. 無好人三字, 非有德者之言
也. 後生戒之.

恩讎分明 : 은혜와 원수를 분명히 하라는 의미

無好人 : 세상에 좋은 사람이 없다

76.

張思叔座右銘曰, 凡語必忠信, 凡行必篤敬, 飮食必愼節, 字畫
必楷正, 容貌必端莊, 衣冠必肅整, 步履必安詳, 居處必正靜, 作事
必謀始, 出言必顧行, 常德必固持, 然諾必重應, 見善如己出, 見惡

如己病. 凡此十四者, 我皆未深省. 書此當坐隅, 朝夕視爲警.

楷正 : 글씨를 반듯하고 바르게 쓰다
步履 : 걸음걸이
居處 : 한가하게 있는 것을 말한다
正靜 : 자세를 바르게 하고 고요하게 있는 것
然諾 : 무슨 일을 승낙하다
見善如己出 : 선을 보면 자신이 한 것처럼 기뻐하다

77.

胡文定公曰, 人須是一切世味, 淡薄方好, 不要有富貴相. 孟子謂堂高數仞, 食前方丈, 侍妾數百人, 我得志不爲. 學者須先除去此等, 常自激昂, 便不到得墜墮. 嘗愛諸葛孔明, 當漢末, 躬耕南陽, 不求聞達. 後來雖應劉先主之聘, 宰割山河, 三分天下, 身都將相, 手握重兵, 亦何求不得, 何欲不遂. 乃與後主言, 成都有桑八百株, 薄田十伍頃. 子孫衣食, 自有餘饒. 臣身在外, 別無調度. 不別治生, 以長尺寸. 若死之日, 不使廩有餘粟, 庫有餘財, 以負陛下. 及卒, 果如其言, 如此輩人, 眞可謂大丈夫矣.

食前方丈 : 1장이나 되는 상에 음식이 가득하다
不求聞達 : 세상에 알려지기를 구하지 않는다
調度 : 경영하고 계획하다
陛下 : 황제에 대한 경칭

78.

范益謙座右戒曰, 一不言朝廷利害邊報差除. 二不言州縣官員長短得失. 三不言衆人所作過惡. 四不言仕進官職趨時附勢. 伍不言財利多少厭貧求富. 六不言淫媟戲慢評論女色. 七不言求覓人物干索酒食. 又曰, 一人附書信, 不可開拆沈滯. 二與人並坐, 不可窺人私書. 三凡入人家, 不可看人文字. 四凡借人物, 不可損壞不還. 伍凡喫飲食, 不可揀擇去取. 六與人同處, 不可自擇便利. 七見人富貴, 不可歎羨詆毁. 凡此數事, 有犯之者, 足以見用意之不肖. 於存心修身, 大有所害. 因書以自警.

趨時附勢 : 시세를 좇고 권세에 아부하다

淫媟 : 남녀의 정사에 관한 음란한 말

自擇便利 : 자신에게 편한 것만을 가려서 택하다

79.

胡子曰, 今之儒者, 移學文藝干仕進之心, 以收其放心而美其身, 則何古人之不可及哉. 父兄以文藝令其子弟, 朋友以仕進相招, 往而不返, 則心始荒而不治, 萬事之成, 咸不逮古先矣.

80.

顔氏家訓曰, 夫所以讀書學問, 本欲開心明目, 利於行耳. 未知養親者, 欲其觀古人之先意承顔, 怡聲下氣, 不憚劬勞, 以致甘軟,惕然慙懼, 起而行之也. 未知事君者, 欲其觀古人之守職無侵, 見危授命, 不忘誠諫, 以利社稷, 惻然自念, 思欲效之也. 素驕奢者, 欲其觀古人之恭儉節用, 卑以自牧, 禮爲敎本, 敬者身基, 瞿然自失, 斂容抑志也. 素鄙悋者, 欲其觀古人之貴義輕財, 少私寡慾, 忌盈惡滿, 賙窮恤匱, 赧然悔恥, 積而能散也. 素暴悍者, 欲其觀古人之小心黜己, 齒弊舌存, 含垢藏疾, 尊賢容衆, 茶然沮喪, 若不勝衣也. 素怯懦者, 欲其觀古人之達生委命, 强毅正直, 立言必信, 求福不回, 勃然奮厲, 不可恐懼也. 歷玆以往, 百行皆然. 縱不能淳, 去泰去甚, 學之所知, 施無不達. 世人讀書, 但能言之, 不能行之. 武人俗吏, 所共嗤詆, 良由是耳. 又又有讀數十卷書, 便自高大, 凌忽長者, 輕慢同列, 人疾之如讐敵, 惡之如鴟梟. 如此以學求益, 今反自損, 不如無學也.

明目 : 사물에 대한 안목을 높이다

惕然 : 근심하고 두려워하는 모양

鄙悋 : 재물에 비루하고 인색하다

赧然 : 얼굴을 붉히며 뉘우치고 부끄러워하는 모양

沮喪 : 기운을 잃다

賙窮恤匱 : 궁핍한 사람을 구휼하다

達生委命 : 죽고 사는 도리에 통달해서 이를 천명에 맡기다

鴟梟 : 솔개와 올빼미. 모두 나쁜 새로 알려져 있다

81.

伊川先生曰, 大學孔氏之遺書, 而初學入德之門也. 於今可見古人爲學次第者, 獨賴此篇之存, 而其他則未有如論孟者. 故學者必由是而學焉, 則庶乎其不差矣.

初學入德之門：초학자들이 덕에 들어가는 문
爲學次第：학문을 하는 순서

82.

凡看語孟, 且須熟讀玩味, 將聖人之言語切己, 不可只作一場話說. 看得此二書切己, 終身儘多也.

玩味：뜻을 깊이 생각하다
切己：자신의 절실한 문제로 생각하다

83.

讀論語者, 但將弟子問處, 便作己問, 將聖人答處, 便作今日耳聞, 自然有得. 若能於論孟中, 深求玩味, 將來涵養, 成甚生氣質.

84.

橫渠先生曰, 中庸文字輩, 直須句句理會過, 使其言互相發明.

直須：모름지기 ～해야 한다

互相發明 : 서로서로 뜻을 밝혀내야 한다

85.

六經, 須循環理會. 儘無窮, 待自家長得一格, 則又見得別.

六經 : 「시경」, 「서경」, 「역경」, 「악기」, 「예기」 「춘추」를 말한다

長得一格 : 한층 더 높은 격으로 성장한다

見得別 : 높은 견해를 갖게 됨

86.

呂舍人曰, 大抵後生爲學, 先須理會所以爲學者何事. 一行一住
一語一黙, 須要盡合道理. 學業則須是嚴立課程, 不可一日放慢.
每日須讀一般經書, 一般子書, 不須多, 只要令精熟. 須靜室危坐,
讀取二三百遍, 字字句句, 須要分明. 又每日須連前三伍授, 通讀
伍七十遍, 須令成誦. 不可一字放過也. 史書每日須讀取一卷, 或
半卷以上, 始見功. 須是從人授讀, 疑難處, 便質問, 求古聖賢用
心, 竭力從之. 夫指引者, 師之功也. 行有不至, 從容規戒者, 朋友
之任也. 決意而往, 則須用己力, 難仰他人矣.

連前三五授 : 앞서 배운 3일 내지 5일분의 내용

放過 : 알지 못하고 그냥 지나치는 것을 말한다

指引 : 지도하고 바른 길로 인도하다

難仰他人 : 다른 사람에게 의지하기 어렵다

87.

呂氏童蒙訓曰, 今日記一事, 明日記一事, 久則自然貫穿. 今日辨一理, 明日辨一理, 久則自然浹洽. 今日行一難事, 明日行一難事, 久則自然堅固. 渙然冰釋, 怡然理順, 久自得之, 非偶然也.

浹洽 : 도리에 마음이 젖어들다

怡然 : 즐거운 마음

88.

前輩嘗說, 後生才性過人者, 不足畏, 惟讀書尋思推究者, 爲可畏耳. 又云讀書, 只怕尋思. 蓋義理精深. 惟尋思用意, 爲可以得之. 鹵莽厭煩者, 決無有成之理.

尋思 : 깊이 이치를 따지고 궁구하다

精深 : 정밀하고 깊다

鹵莽 : 소홀하고 거칠다

89.

顏氏家訓曰, 借人典籍, 皆須愛護, 先有缺壞, 就爲補治, 此亦士大夫百行之一也. 濟陽江祿, 讀書未竟, 雖有急速, 必待卷束整齊然後得起, 故無損敗, 人不厭其求假焉. 或有狼藉几案, 分散部秩, 多爲童幼婢妾 所點汚, 風雨蟲鼠所毀傷. 實爲累德. 吾每讀聖人書, 未嘗不肅敬對之, 其故紙有伍經詞義, 及聖賢姓名不敢他用也.

典籍 : 서적, 책
補治 : 보수하여 완전하게 만들다
狼藉 : 어지럽게 흩어져 있다

90.

明道先生曰, 君子敎人有序. 先傳以小者近者, 而後敎以大者遠者. 非是先傳以近小, 而後不敎以遠大也.

91.

明道先生曰, 道之不明, 異端害之也. 昔之害, 近而易知, 今之害, 深而難辨. 昔之惑人也, 乘其迷暗, 今之入人也, 因其高明. 自謂之窮神知化, 而不足以開物成務. 言爲無不周偏, 實則外於倫理, 窮深極微, 而不可以入堯舜之道. 天下之學, 非淺陋固滯, 則必入於此. 自지道之不明也, 邪誕妖妄之說競起, 塗生民之耳目, 溺天下於汚濁. 雖高才明智, 膠於見聞, 醉生夢死, 不自覺也. 是皆正路之蓁蕪, 聖門之蔽塞. 闢之而後, 可以入道.

深而難辨 : 불교의 교리는 심오해서 옳고 그름을 분별하기 힘들다
窮神知化 : 신묘한 이치를 밝히고 변화의 법칙을 이해한다
開物成務 : 알지 못하던 도리를 일깨우고 하고자 하는 일을 이뤄주다
膠於見聞 : 보고 듣는데 집착한다

醉生夢死 : 술에 취한 것처럼 정신을 못차리고 살다가 죽어간다

蓁蕪 : 잡초가 우거짐

六. 善行

1. 實立敎

1.

呂滎公, 名希哲, 字原明. 申國正獻公之長子. 正獻公居家, 簡重寡黙, 不以事物經心, 而申國夫人性嚴有法度, 雖甚愛公, 然敎公事事循蹈規矩. 甫十歲, 祈寒暑雨, 侍立終日, 不命之坐, 不敢坐也. 日必冠帶, 以見長者, 平居, 雖甚熱, 在父母長者之側, 不得去巾襪縛袴, 衣服唯謹. 行步出入, 無得入茶肆酒肆, 市井里巷之語, 鄭衛之音, 未嘗一經於耳, 不正之書, 非禮之色, 未嘗一接於目. 正獻公通判潁州, 歐陽公適知州事. 焦先生千之伯强, 客文忠公所, 嚴毅方正, 正獻公招延之, 使敎諸子. 諸生小有過差, 先生端坐, 召與相對, 終日竟夕, 不與之語, 諸生恐懼畏伏, 先生略降辭色. 時公方十餘歲. 內則正獻公與申國夫人敎訓, 如此之嚴, 外則焦先生化導, 如此之篤. 故公德器成就, 大異衆人. 公嘗言人生, 內無賢父兄, 外無嚴師友, 而能有成者, 少矣.

祈寒 : 큰 추위를 말한다

鄭衛之音 : 정나라와 위나라의 음악. 음란한 음악으로 유명하다

通判 : 송나라 때에 권지주사를 두고 그 일에 통판을 두어 보좌하도록 했다

畏伏 : 두려워하여 복죄(伏罪)함, 복죄는 '잘못했다고 빌다'는 뜻이다

終日竟夕 : 날이 다하고 밤이 새다

2.

呂榮公張夫人, 待制諱昷之之幼女也. 最鍾愛, 然居常, 至微細事, 敎之必有法度. 如飮食之類, 飯羹許更益, 魚肉不更進也. 時張公已爲待制河北都轉運使矣. 及夫人嫁呂氏, 夫人之母, 申國夫人姊也. 一日來視女. 見舍後有鍋釜之類, 大不樂, 謂申國夫人曰, 豈可使小兒輩, 私作飮食, 壞家法耶. 其嚴如此.

至微細事 : 세심한 일에 이르기까지
更益 : 다시 더 먹는 것을 말한다
私作飮食 : 일정한 식사 이외에 개인적으로 음식을 만들어 먹다

3.

唐陽城爲國子司業, 引諸生告之曰, 凡學者, 所以學爲忠與孝也. 諸生 有久不省親者乎. 明日謁城還養者二十輩. 有三年不歸侍者, 斥之.

省親 : 객지에 있다 집으로 돌아가 어버이를 뵙는다
斥之 : 내쫓아 버리다

4.

安定先生胡瑗, 字翼之. 患隋唐以來, 仕進尙文辭, 而遺經業, 苟趨祿利. 及爲蘇湖二州敎授, 嚴條約, 以身先之. 雖大暑, 必公服終

日, 以見諸生, 嚴師弟子之禮. 解經至有要義, 懇懇爲諸生, 言其
所以治己, 而後治乎人者. 學徒千數. 日月刮劘, 爲文章, 皆傳經
義, 必以理勝, 信其師說, 敦尙行實. 後爲太學, 四方歸之, 庠舍不
能容. 其在湖學, 置經義齋治事齋. 經義齋者, 擇疏通有器局者, 居
之, 治事齋者, 人各治一事, 又兼一事. 如治民治兵水利算數之類.
其在太學, 亦然. 其弟子散在四方, 隨其人賢愚, 皆循循雅飭, 其言
談擧止遇之. 不問可知爲先生弟子, 其學者相言, 稱先生, 不問可
知爲胡公也.

以身先之 : 나 자신이 먼저 모범이 되어 보이다

刮劘 : 마음의 때를 벗겨내다

器局 : 사람의 국량, 그릇됨

隨其人賢愚 : 현명한 사람은 현명한 대로 어리석은 사람은 어리석은 대로 모
　　　　　두 법도 를 따르다

循循雅飭 : 질서를 지켜 예법을 따르다

5.

明道先生, 言於朝曰, 治天下, 以正風俗得賢才, 爲本. 宜先禮
命近侍賢儒及百執事, 悉心推訪, 有德業充備, 足爲師表者. 其次
有篤志好學材良行修者, 延聘敦遣, 萃於京師, 俾朝夕, 相與講明
正學. 其道必本於人倫, 明乎物理. 其敎自小學灑掃應對以往, 修
其孝悌忠信, 周旋禮樂. 其所以誘掖激勵漸摩成就之道, 皆有節序.
其要在於擇善修身, 至於化成天下, 自鄕人而可至於聖人之道. 其
學行, 皆中於是者, 爲成德. 取材識明達可進於善者, 使日受其業,

擇其學明德尊者, 爲太學之師, 次以分敎天下之學. 擇士入學, 縣
升之州, 州賓興於太學. 太學聚而敎之, 歲論其賢者能者於朝. 凡
選士之法, 皆以性行端潔, 居家孝悌, 有廉恥禮讓, 通明學業, 曉達
治道者.

百執事 : 집사는 일을 맡아보는 사람. 여기서는 모든 관리를 지칭한다

周旋禮樂 : 예와 악에 맞게 행동을 한다

擇善修身 : 선한 일을 실천하고 자신의 몸을 수양함

漸摩 : 물이 스며들듯이, 옥을 다듬듯이 점차로 이루어짐

賓興 : 귀빈으로 대접하고 태학에 천거하다

曉達 : 이치를 밝게 알고 있다

6.

伊川先生, 看詳學制. 大槩以爲學校, 禮義相先之地, 而月使之
爭, 殊非敎養之道. 請改試爲課, 有所未至, 則學官召而敎之, 更不
考定高下. 制尊賢堂, 以延天下道德之士, 鐫解額, 以去利誘, 省繁
文, 以專委任, 勵行檢, 以厚風敎, 及置待賓吏師齋, 立觀光法. 如
是者亦數十條.

月使之爭 : 달마다 시험을 치러 경쟁함

解額 : 향시에 입학하는 정원

待賓齋 : 덕행이 높은 이가 머무르는 집

吏師齋 : 관리의 스승이 될만한 이가 머무르는 집

觀光法 : 국학의 훌륭한 교육제도를 시찰하는 규정

7.

藍田呂氏鄕約曰, 凡同約者, 德業相勸, 過失相規, 禮俗相交, 患難相恤. 有善則書于籍, 有過若違約者, 亦書之, 三犯而行罰, 不悛者絶之.

不悛者 : 잘못을 고치지 않는 사람

8.

明道先生敎人, 自致知, 至於知止, 誠意, 至於平天下, 灑掃應對, 至於窮理盡性, 循循有序. 病世之學者, 捨近而趨遠, 處下而闚高. 所以輕自大而卒無得也.

窮理盡性 : 이치를 궁구하고 본성을 모두 실현한다
輕自大 : 경솔하게 스스로 위대한 체하다

2. 實明倫

9.

江革少失父, 獨與母居, 遭天下亂, 盜賊竝起, 革負母逃難, 備經險阻, 常採拾以爲養. 數遇賊, 或劫欲將去. 革輒涕泣求哀, 言有老母. 辭氣愿款, 有足感動人者. 賊以是不忍犯之, 或乃指避兵之方. 遂得俱全於難. 轉客下邳, 貧窮裸跣, 行傭以供母, 便身之物, 莫不畢給.

備經險阻 : 온갖 험난하고 위태로운 일을 겪다
辭氣愿款 : 말씨와 기색이 정성스럽고 간곡하다
莫不畢給 : 넉넉하지 않은 것이 없다

10.

薛包好學篤行. 父娶後妻而憎包, 分出之, 包日夜號泣不能去. 至被毆杖, 不得已廬于舍外, 旦入而灑掃, 父怒又逐之. 乃廬於里門, 晨昏不廢. 積歲餘, 父母慚而還之. 後服喪過哀. 旣而弟子求分財異居, 包不能止, 乃中分其財. 奴婢引其老者曰, 與我共事久. 若不能使也. 田廬取其荒頓者曰, 吳少時所理, 意所戀也. 器物取其朽敗者曰, 我素所服食, 身口所安也. 弟子數破其産, 輒復賑給.

被毆杖 : 피는 입는다는 뜻으로 몽둥이로 얻어맞았다는 의미

中分其財 : 재산을 절반으로 나누다

荒頓 : 황(荒)은 땅이 거칠어진 것이며, 돈(頓)은 집이 황폐해진 것을 말한다

朽敗 : 썩고 부서진 것을 말한다

11.

王祥性孝, 蚤喪親, 繼母朱氏不慈, 數言譖之. 由是失愛於父, 每使掃除牛下, 祥愈恭謹, 父母有疾, 衣不解帶, 湯藥必親嘗. 母嘗欲生魚, 時天寒沐凍, 祥解衣, 將剖冰求之. 冰忽自解, 雙鯉躍出, 持之而歸. 母又思黃雀炙, 復有雀數十, 飛入其幕, 復以供母. 鄕里驚嘆, 以爲孝感所致. 有丹柰結實, 母命守之, 每風雨, 祥輒抱樹而泣, 其篤孝純至如此.

剖冰求之 : 얼음을 깨고 물고기를 잡다

孝感所致 : 효성이 하늘을 감동시켜서 그렇게 된 것이다

丹柰 : 과일 이름. 붉은 능금

12.

王裒, 字偉元. 父儀爲魏安東將軍司馬昭司馬. 東關之敗, 昭問於衆曰, 近日之事, 誰任其咎. 儀對曰, 責在元帥. 昭怒曰, 司馬欲委罪於孤耶. 遂引出斬之. 裒痛父非命. 於是隱居敎授, 三徵七辟, 皆不就, 廬于墓側, 旦夕常至墓所, 拜跪, 攀柏悲號, 涕淚著樹, 樹爲之枯. 讀詩, 至哀哀父母, 生我劬勞, 未嘗不三復流涕. 門人受業

者, 並廢蓼莪之篇. 家貧躬耕, 計口而田, 度身而蠶. 或有密助之
者, 袁皆不聽. 司馬氏簒魏, 袁終身未嘗西向而坐, 以示不臣于晉.

13.

晉西河人王延, 事親色養. 夏則扇枕席, 冬則以身溫被, 隆冬盛
寒, 體常無全衣, 而親極滋味.

14.

柳玭曰, 崔山南昆弟子孫之盛, 鄉族罕比. 山南曾祖王母長孫夫
人, 年高無齒, 祖母唐夫人, 事姑孝, 每旦櫛縱笄, 拜於階下, 卽升
堂, 乳其姑. 長孫夫人不粒食數年, 而康寧. 一日疾病, 長幼咸萃.
宣言無以報新婦恩. 願新婦有子有孫, 皆得如新婦孝敬, 則崔之門,
安得不昌大乎.

15.

南齊庾黔婁, 爲屛陵令, 到縣未旬, 父易在家遘疾. 黔婁忽心驚,

擧身流汗, 卽日棄官歸家. 家人悉驚其忽至. 時易疾始二日. 醫云,
欲知差劇, 但嘗糞甛苦. 易泄利, 黔婁輒取嘗之. 味轉甛滑, 心愈憂
苦, 至夕, 每稽顙北辰, 求以身代.

未旬 : 순(旬)은 열흘. 열흘도 되지 않아

忽至 : 갑작스럽게 귀가하다

嘗糞甛苦 : 똥이 쓴지 단지 맛보다

稽顙北辰 : 북극성을 향해 머리를 조아리며 절하다

身代 : 자신이 아버지의 병을 대신 앓기를 바라다

16.

海虞令何子平, 母喪去官, 哀毀踰禮, 每哭踊, 頓絶方蘇. 屬大明
末, 東土饑荒, 繼以師旅. 八年不得營葬, 晝夜號哭, 常如袒括之
日, 冬不衣絮, 夏不就淸凉, 一日以米數合爲粥, 不進鹽菜. 所居屋
敗, 不蔽風日, 兄子伯興, 欲爲葺理, 子平不肯曰, 我情事未申. 天
地一罪人耳. 屋何宜覆. 蔡興宗, 爲會稽太守, 甚加矜賞, 爲營塚
壙.

哀毀踰禮 : 슬픔이 지나쳐 예의 한계를 넘어서다

哭踊 : 발로 땅을 구르며 통곡하다

頓絶 : 갑자기 숨이 끊어지다

袒括之日 : 왼쪽 소매를 벗어 어깨를 드러내다. 부모상을 당했을 때에 행하던
　　　　　예법

葺理 : 지붕을 덮고 수리하다

17.

朱壽昌, 生七歲, 父守雍, 出其母劉氏, 嫁民間. 母子不相知者伍十年. 壽昌行四方, 求之不已, 飲食罕御酒肉, 與人言輒流涕. 熙寧初, 棄官入秦, 與家人訣, 誓不見母, 不復還. 行次同州, 得焉. 劉氏時年七十餘矣. 雍守錢明逸, 以事聞, 詔壽昌還就官. 繇是天下皆知其孝. 壽昌再爲郡守, 至是以母故, 通判河中府, 迎其同母弟妹以歸. 居數歲母卒, 涕泣幾喪明. 拊其弟妹盆篤, 爲買田宅居之, 其於宗族, 尤盡恩意, 嫁兄弟之孤女二人, 葬其不能葬者十餘喪. 蓋其天性, 如此.

求之不已 : 찾기를 그만두지 않음

行次 : 행(行)은 길을 가는 것이고, 차(次)는 숙소에 머무르는 것이다

喪明 : 실명하다. 소경이 되다

孤女 : 아버지를 여읜 딸

18.

伊川先生家治喪, 不用浮屠. 在洛, 亦有一二人家化之.

19.

霍光出入禁闥二十餘年, 小心謹愼, 未嘗有過. 爲人沈靜詳審, 每出入下殿門, 進止有常處. 郎僕射竊識視之, 不失尺寸.

20.

汲黯景帝時, 爲太子洗馬, 以嚴見憚. 武帝卽位, 召爲主爵都尉. 以數直諫, 不得久居位. 是時, 太后弟武安侯田蚡, 爲丞相. 中二千石, 拜謁, 蚡弗爲禮. 黯見蚡, 未嘗拜, 揖之. 上方招文學儒者, 上曰吳欲云云. 黯對曰陛下內多欲而外施仁義. 奈何欲效唐虞之治乎. 怒變色而罷朝. 公卿皆爲黯懼. 上退謂人曰, 甚矣. 汲黯之戇也. 群臣或數黯, 黯曰, 天子置公卿輔弼之臣, 寧令從諛承意, 陷主於不義乎. 且已在其位. 縱愛身, 奈辱朝廷, 何. 黯, 多病, 病且滿三月, 上常賜告者數, 終不痊. 最後, 嚴助, 爲請告, 上曰, 汲黯, 何如人也. 曰, 使黯, 任職居官, 亡以瘉人, 然, 至其輔少主守成, 雖自謂賁育, 弗能奪也. 上曰, 然. 古有社稷之臣, 至如汲黯, 近之矣. 大將軍靑, 侍中, 上踞厠視之, 丞相弘, 宴見, 上或時不冠, 至如見黯, 不冠不見也. 上嘗坐武帳, 黯, 前奏事. 上不冠, 望見黯, 避帷中, 使人可其奏. 其見敬禮如此.

21.

初魏遼東公翟黑子, 有寵於太武. 奉使幷州, 受布千疋. 事覺, 黑子謀於著作郎高允曰, 主上, 問我, 當以實告. 爲當諱之. 允曰, 公, 帷幄寵臣. 有罪首實, 庶或見原, 不可重爲欺罔也. 中書侍郎崔鑒公孫質曰, 若首實, 罪不可測. 不如姑諱之. 黑子怨允曰, 君奈何誘人就死地. 入見帝, 不以實對, 帝怒, 殺之. 帝使允, 授太子經. 及崔浩以史事被收, 太子謂允曰, 入見至尊, 吳自導卿. 脫至尊, 有問, 但依吳語. 太子見帝言, 高允, 小心愼密, 且微賤. 制由崔浩. 請救其死. 帝召允, 問曰, 國書皆浩所爲乎. 對曰臣與浩共爲之. 然浩所領事多, 總裁而已, 至於著述, 臣多於浩. 帝怒曰, 允罪甚於浩. 何以得生. 太子懼曰, 天威嚴重. 允, 小臣. 迷亂失次耳. 臣, 曏問. 皆云浩所爲. 帝問允, 信如東富所言乎. 對曰臣罪當滅族. 不敢虛妄. 殿下以臣侍講日久, 哀臣, 欲丐其生耳, 實不問臣, 臣亦無此言. 不敢迷亂. 帝顧謂太子曰, 直哉. 此, 人情所難, 以允, 能爲之. 臨死不易辭, 信也. 爲歷不欺君, 貞也. 宜特除其罪, 以旌之. 遂赦之. 他日, 太子讓允曰, 吳欲爲卿脫死, 而卿不從, 何也. 允曰, 臣與崔浩, 實同史事. 死生榮辱, 義無獨殊. 誠荷殿下再造之慈, 違心苟免, 非臣所願也. 太子動容稱嘆. 允, 退謂人曰, 我不奉東宮指導者, 恐負翟黑子故也.

帷幄 : 대장이 작전 계획을 세우는 진영 안의 군막. 조정의 중대한 기밀을 논의

하는 곳을 말한다

首實 : 사실대로 말하다

天威 : 천자(天子)의 위엄

再造 : 죽은 목숨을 살려 주다

嚮問 : 향(嚮)은 저번이라는 뜻. 저번에 물으니

22.

李君行先生, 名潛, 虔州人. 入京師. 至泗州, 留止. 其子弟請先往, 君行, 問其故. 曰, 科場, 近. 欲先至京師, 貫開封戶籍, 取應. 君行不許曰, 汝虔州人, 而貫開封戶籍, 欲求事君而先欺君, 可乎. 寧遲緩數年, 不可行也.

科場 : 과거보는 장소. 여기서는 과거보는 날을 말한다

取應 : 시험에 응시하는 자격을 얻다

遲緩 : 천천히 늦추다

23.

崔玄暐, 母盧氏嘗誡玄暐曰, 吾見姨兄屯田郎中辛玄馭. 曰, 兒子從宦者有人, 來云貧乏不能存. 此是好消息, 若聞貲貨充足, 衣馬輕肥此惡消息. 吾嘗以爲確論. 比見親表中, 仕宦者將錢物, 上其父母, 父母但知喜悅, 竟不問此物, 從何而來. 必是祿俸餘資, 誠亦善事, 如其非理所得, 此與盜賊何別. 縱無大咎, 獨不內愧於心, 玄暐遵奉敎誡, 以淸謹, 見稱.

姨兄 : 이모의 아들, 곧 이종사촌형을 말한다

親表中 : 친(親)은 같은 성의 친척, 표(表)는 다른 성의 친척을 말한다

縱無大咎 : 비록 큰 죄를 받지 않는다 해도

24.

劉器之待制初登科, 與二同年, 謁張觀參政. 三人, 同起身請敎.
張曰 某自守官以來, 常持四字, 勤謹和緩. 中間一後生, 應聲曰勤
謹和, 旣聞命矣. 緩之一字, 某所未聞. 張正色作氣曰, 何嘗敎賢緩
不及事. 且道世間甚事不因忙後錯了.

同年 : 같은 해에 과거에 합격한 사람

正色作氣 : 얼굴빛을 바르게 하고 기운을 엄숙하게 하다

緩不及事 : 일을 더디게 해서 제때에 처리하지 못함

甚事 : 무슨 일

25.

伊川先生曰, 安定之門人, 往往, 知稽古愛民矣. 則於爲政也, 何有.

何有 : 무슨 어려움이 있겠는가?(何難之有의 준말)

26.

呂滎公, 自少官守處, 未嘗干人擧薦. 其子舜從, 守官會稽, 人或

識其不求知者, 舜從對曰, 勤於職事, 其他6不敢不愼, 乃所以求知
也.

27.

漢陳孝婦, 年十六而嫁, 未有子. 其夫當行戍, 且行時, 屬孝婦
曰, 我生死, 未可知. 幸有老母. 無他兄弟備養. 吾不還, 汝肯養吾
母乎. 婦應曰, 諾. 夫果死不還, 婦養姑不衰, 慈愛愈固, 紡績織
紝, 以爲家業, 終無嫁意. 居喪三年, 其父母哀其少無子, 而早寡
也, 將取嫁之. 孝婦曰夫去時, 屬妾以供養老母, 妾旣許諾之. 夫養
人老母, 而不能卒, 許人以諾而不能信, 將何以立於世. 欲自殺, 其
父母懼, 而不敢嫁也, 遂使養其姑. 二十八年, 姑八十餘. 以天年
終, 盡賣其田宅財物, 以葬之, 終奉祭祀. 淮陽太守以聞, 使使者,
賜黃金四十斤, 復之, 終身無所與. 號曰孝婦.

行戍 : 국경 수비병으로 복무하러 가다

備養 : 봉양에 대비하다

將取嫁之 : 데려다가 시집보내려고 하다

使使者 : 사신을 보내다

復之 : 복호한다는 의미, 즉 충신, 효자, 절부의 집에 대해서는 부역을 면제시켜
　　　주었다

28.

漢鮑宣, 妻桓氏, 字少君. 宣嘗就少君父學, 父奇其淸苦, 以女妻

之, 裝送資賄甚盛, 宣不悅, 謂妻曰, 少君, 生富驕騎 習美飾, 而吳
實貧賤. 不敢當禮. 妻曰大人, 以先生修德守約, 故使賤妾侍執巾
櫛. 旣奉承君子, 惟命是從. 宣笑曰, 能如是, 是吳志也. 妻乃悉歸
侍御服飾, 更著短布裳. 與宣共挽鹿車. 歸鄕里, 拜姑禮畢, 提甕出
汲, 修行婦道. 鄕邦稱之.

裝送資賄 : 시집보낼 때 딸려 보내는 재물
鹿車 : 작은 수레, 사슴 한 마리를 실을 만하다 하여 나온 말이다
婦道 : 부인으로서의 해야 할 도리

29.

曹爽, 從弟文叔, 妻譙郡夏侯文寧之女. 名令女. 文叔蚤死, 服
闋, 自以年少無子. 恐家必嫁己, 乃斷髮爲信. 其後家果欲嫁之, 令
女聞, 卽復以刀截兩耳, 居止常依爽. 及爽被誅, 曹氏盡死, 令女叔
父上書, 與曹氏絶婚, 彊迎令女歸. 時, 文寧, 爲梁州. 憐其少執義,
又曹氏無遺類. 冀其意阻, 乃微使人風之, 令女嘆且泣曰, 吳亦惟
之. 許之是也. 家以爲信, 防之少懈, 令女於是, 竊入寢室, 以刀斷
鼻, 蒙被而臥, 其母呼與語, 不應, 發被視之. 血流滿牀席, 擧家驚
惶, 往視之, 莫不酸鼻. 或謂之曰, 人生世間, 如輕塵棲弱草耳. 何
辛苦乃爾. 且夫家夷滅已盡. 守此欲誰爲哉. 令女曰, 聞仁者, 不以
盛衰改節, 義者不以存亡易心. 曹氏全盛之時, 尙欲保終, 況今衰
亡, 何忍棄之. 禽獸之行, 吳豈爲乎.

執義 : 의리를 저버리지 않다. 절개를 지키다

無遺類 : 남은 피붙이가 없이 모두 죽어 버리다

風之 : 마음을 움직여 보다

輕塵棲弱草 : 가벼운 먼지가 약한 풀에 얹혀 있다

夷滅 : 멸족을 당하다

30.

唐鄭義宗, 妻盧氏, 略涉書史, 事舅姑, 甚得婦道. 嘗夜有强盜數十, 持杖鼓譟, 踰垣而入. 家人悉奔竄, 唯有姑自在室, 盧冒白刃, 往至姑側, 爲賊捶擊, 幾死. 賊去後, 家人問何獨不懼. 盧氏曰人所以異於禽獸者, 以其有仁義也. 隣里有急, 尙相赴救, 況在於姑而可委棄乎. 若萬一危禍, 豈宜獨生.

悉奔竄 : 모두 도망쳐 숨어 버리다

幾死 : 거의 죽을 지경에 이르다

豈宜獨生 : 어떻게 혼자만 살겠는가

31.

唐奉天竇氏二女生長草野, 幼有志操. 永泰中, 群盜數千人, 剽掠其村落, 二女皆有容色, 長者年十九. 幼者年十六. 匿巖穴間, 曳出之, 驅迫以前. 臨壑谷深數百尺, 其姊先曰, 吾寧就死, 義不受辱. 卽投崖下而死, 盜方驚駭. 其妹繼之自投, 折足破面流血, 群盜乃捨之而去. 京兆尹第伍琦嘉其貞烈, 奏之詔旌表門閭, 永蠲其家丁役.

容色 : 아름다운 용모

驅迫 : 핍박하여 몰고 가다

永蠲其家丁役 : 영원히 그 집에 부역을 면제시켜 주었다

32.

繆肜, 少孤, 兄弟四人, 皆同財業. 及各取妻, 諸婦遂求分異, 又
數有鬪爭之言, 肜深懷忿嘆, 乃掩戶自撾曰, 繆肜. 汝修身謹行, 學
聖人之法, 將以齊整風俗. 奈何, 不能正其家乎. 弟及諸婦聞之, 悉
叩頭謝罪, 遂更敦睦之行.

紛異 : 재산을 나누어 따로 살다

叩頭謝罪 : 머리가 땅에 닿도록 절하고 사죄하다

33.

蘇瓊, 除南淸河太守, 有百姓乙普明兄弟爭田, 積年不斷, 各相
援據. 乃至百人. 瓊召普明兄弟, 諭之曰天下難得者兄弟. 易求者
田也. 假令得田地, 失兄弟心, 如何. 因而下淚, 諸證人, 莫不灑泣.
普明兄弟叩頭, 乞外更思, 分異十年, 遂還同住.

34.

王祥, 弟覽, 母朱氏遇祥無道, 覽年數歲, 見祥被楚撻, 輒涕泣抱

持, 至于成童, 每諫其母. 其母少止凶虐. 朱屢以非理使祥, 覽與祥
俱, 又虐使祥妻, 覽妻亦趨而共之. 朱患之, 乃止.

楚撻 : 회초리로 매질하다

趨而共之 : 달려가서 함께 하다

成童 : 열 다섯 이상에서 스무 살 미만의 동자

35.

晉右僕射鄧攸, 永嘉末, 沒于石勒, 過泗水, 攸以牛馬, 負妻子而
逃, 又遇賊, 掠其牛馬, 步走, 擔其兒及其弟子綏. 度不能兩全, 乃
謂其妻曰, 吳弟早亡, 唯有一息. 理不可絶. 止應自棄我兒耳. 幸而
得存, 我後當有子. 妻泣而從之, 乃棄其子而去之. 卒以無嗣. 時
人, 義而哀之, 爲之語曰, 天道無知, 使鄧伯道, 無兒. 弟子綏, 服
攸喪三年.

沒于石勒 : 석륵에게 포로가 되다

理不可絶 : 도리상 후사를 끊을 수 없다

36.

晉咸寧中, 大疫. 庾袞二兄, 俱亡, 次兄毗, 復危殆, 癘氣方熾,
父母諸弟皆出次于外, 袞獨留不去, 諸父兄, 强之, 乃曰 袞性不畏
病. 遂親自扶持, 晝夜不眠, 其間, 復撫柩, 哀臨不輟. 如此十有餘

旬, 疫勢旣歇, 家人, 乃反. 毗病, 得差, 袞亦無恙. 父老咸曰異哉.
此子. 守人所不能守, 行人所不能行, 歲寒然後, 知松柏之後凋. 始
知疫癘之不能相染也.

37.

楊播家世純厚, 並敦義讓, 昆季相事, 有如父子. 椿津恭謙, 兄弟
旦則聚於廳堂, 終日相對, 未嘗入內, 有一美味, 不集不食. 廳堂
間, 往往, 幃幔隔障, 爲寢息之所, 時就休偃, 還共談笑. 椿年老曾
他處醉歸, 津, 扶持還室, 假寢閤前, 承候安否. 椿津年過六十, 並
登台鼎而津, 常旦莫參問, 子姪羅列階下. 椿不命坐, 津不敢坐. 椿
每近出, 或日斜不至, 津不先飯, 椿環然後, 共食. 食則津, 親授匙
箸, 味皆先嘗, 椿命食然後食. 津爲肆州, 椿在京宅. 每有四時嘉
味, 輒因使次, 附之, 若或未寄, 不先入口. 一家之內, 男女百口.
緦服同爨, 庭無間言.

昆季 : 형제를 말한다
寢息 : 옷을 입은 채로 잠시 자는 것을 말한다
台鼎 : 태(台)는 삼태성. 여기서는 삼공을 지칭한다
參問 : 뵙고 문안인사를 하는 것
緦服同爨 : 시마복을 입는 8촌까지 한 집안에 살다

38.

隋吏部尙書牛弘, 弟弼, 好酒而酗. 嘗醉, 射殺弘駕車牛, 弘還
宅, 其妻迎謂弘曰叔射殺牛. 弘聞無所怪問. 直答曰作脯. 坐定. 其
妻又曰叔射殺牛. 大是異事. 弘曰已知. 顔色若讀書不輟,

39.

唐英公李勣, 貴爲僕射, 其姊病, 必親爲然火煮粥. 火焚其鬚. 姊
曰 僕妾, 多矣. 何爲自苦如此. 勣曰豈爲無人耶. 顧今姊年老, 勣
亦老. 雖欲數爲姊煮粥, 復可得乎.

40.

司馬溫公, 與其只伯康, 友愛尤篤. 伯康, 年將八十. 公, 奉之如
嚴父, 保之如嬰兒, 每食少頃, 則問曰, 得無饑乎. 天少冷則拊其背
曰, 衣得無薄乎.

41.

近世故家, 惟晁氏因以道, 申戒子弟, 皆有法度. 群居相呼,外姓
尊長, 必曰, 某姓第幾叔若兄. 諸姑尊姑之夫, 必曰, 某姓姑夫某姓
尊姑夫. 未嘗敢呼字也, 其言父黨交遊, 必曰某姓幾丈. 亦未嘗敢
呼字也. 當時故家舊族, 皆不能若是.

故家 : 옛날부터 이름있는 집안

申戒 : 거듭 훈계하다

父黨交遊 : 아버지의 친구

呼字 : 자를 부르다. 옛날에는 이름을 소중하게 여겨 자를 불렀다

42.

包孝肅公, 尹京時, 民有自言, 以白金百兩寄我者, 死矣, 予其
子, 不肯受. 願召其子, 予之. 尹召其子, 辭曰, 亡父未嘗以白金委
人也. 兩人, 相讓久之. 呂滎公, 聞之曰, 世人, 喜言無好人三字者,
可謂自賊者矣. 古人言人皆可以爲堯舜, 蓋觀於此而知之.

尹京 : 수도를 다스리는 관원. 경조윤이라고도 부름

43.

萬石君石奮, 歸老于家. 過宮門闕, 必下車趨, 見路馬, 必軾焉.
子孫, 爲小吏, 來歸謁, 萬石君, 必朝服見之, 不名. 子孫, 有過失,
不誚讓, 爲便坐, 對案不食, 然後, 諸子相責, 因長老 肉袒, 固識罪
改之, 乃許. 子孫勝冠者, 在側, 雖燕, 必冠, 申申如也, 僮僕, 訢
訢如也, 唯謹. 上 時賜食於家, 必稽首俯伏而食, 如在上前, 其執
喪, 哀戚甚. 子孫, 遵敎, 亦如之. 萬石君家以孝謹, 聞乎郡國. 雖
齋魯諸儒, 質行, 皆自以爲不及也. 長子建, 爲郎中令, 少子慶, 爲
內史. 建, 老白首, 萬石君, 尙無恙. 每伍日洗沐, 歸謁, 親入子舍,

竊問侍者, 取親中帬 厠牏, 身自浣滌, 復與侍者言, 不敢令萬石君
知之, 以爲常. 內史慶, 醉歸, 入外門, 不下車, 萬石君, 聞之, 不
食, 慶恐, 肉袒謝罪, 不許, 擧宗及兄建, 肉袒, 萬石君讓曰, 內史,
貴人. 入閭里, 里中長老皆走匿, 而內史坐車中自如. 固當. 乃謝罷
慶, 慶及諸子入里門, 趨至家.

路馬 : 임금이 타는 수레를 끄는 말

軾 : 수레 앞의 가로막이 나무를 손으로 잡고 몸의 굽혀 경의를 표시하는 자세

申申如也 : 온화하고 부드러운 모습

肉袒 : 사죄의 표시로 웃옷을 벗어 윗몸을 드러내다

中 厠牏 : 중군(中帬)은 속옷이며, 칙유(厠牏)는 땀옷이다

44.

疏廣, 爲太子太傅. 上疏乞骸骨, 加賜黃金二十斤, 太子贈伍十
斤, 歸鄕里, 日令家, 供具設酒食, 請族人故舊賓客, 相與寤樂, 數
問其家, 金餘尙有幾斤. 趣賣以共具. 居歲餘, 廣, 子孫, 竊謂其昆
弟老人廣所信愛者, 曰, 子孫, 冀及君時, 頗立産業基址. 今日, 飮
食費且盡. 宜從丈人所, 勸說君, 置田宅. 老人, 卽以閒暇時, 爲廣
言此計, 廣曰, 吳豈老悖, 不念子孫哉. 顧自有舊田廬, 令子孫勤力
其中, 足以共衣食, 與凡人齊. 今復增益之, 以爲瀛餘, 但敎子孫怠
惰耳. 賢而多財則損其志, 愚而多財則益其過. 且夫富者, 衆之怨
也. 吳旣無以敎化子孫. 不欲益其過而生怨. 又此金者, 聖主所以惠
養老臣也. 故, 樂與鄕黨宗族, 共享其賜, 以盡吳餘日. 不亦可乎.

乞骸骨 : 나이가 많음을 이유로 벼슬을 그만두기를 청하다

老悖 : 늙어서 노망이 든 것을 말한다

瀛餘 : 잉여. 나머지

不亦可乎 : 또한 옳지 않겠는가

45.

龐公, 未嘗入城府, 夫妻相敬如賓. 劉表候之, 龐公, 釋耕於壟上, 而妻子耘於前, 表指而問曰, 先生苦居畎畝而不肯官祿. 後世, 何以遺子孫乎. 龐公曰, 世人, 皆遺之以危, 今獨遺之以安. 雖所遺不同, 未爲無所遺也. 表, 嘆息而去.

46.

陶淵明, 爲彭澤令, 不以家累自隨. 送一力, 給其子, 書曰, 汝旦夕之費, 自給, 爲難, 今遣此力, 助汝薪水之勞. 此亦人子也. 可善遇之.

旦夕之費 : 아침저녁으로 쓰는 비용. 그날 그날의 생활비

47.

崔孝芬兄弟, 孝義慈厚. 弟孝暐等, 奉孝芬, 盡恭順之禮, 坐食進退, 孝芬, 不命則不敢也, 鷄鳴而起, 且溫顏色, 一錢尺帛, 不入私

房, 吉凶有須, 聚對分給. 諸婦亦相親愛, 有無, 共之. 孝芬, 叔振,
旣亡後, 孝芬等, 承奉叔母李氏, 若事所生, 旦夕溫淸, 出入啓覲,
家事巨細, 一以咨決, 每兄弟出行, 有獲則尺寸以上, 皆入李之庫,
四時分賚, 李氏自裁之. 如此二十餘歲.

吉凶有須 : 길사와 흉사에 반드시 써야 할 물건
溫淸 : 온(溫)은 체온으로 이불을 덮히는 것이며, 청(淸)은 이부자리를 부채질로
　　　 시원하게 하는 것이다
尺寸以上 : 한 자 또는 한 치를 말하는 것으로, 극히 작은 것을 뜻한다

48.

王凝, 常居, 慄如也. 子弟非公服, 不見, 閨門之內, 若朝廷焉.
御家以四敎, 勤儉恭恕, 正家以四禮, 冠婚喪祭. 聖人之書, 及公服
禮器, 不假, 垣屋什物, 必堅朴, 曰, 無苟費也. 門巷果木, 必方列,
曰無苟亂也.

慄如也 : 엄숙하고 삼가는 모습
苟費 : 쓸데없는 비용

49.

張公藝, 九世同居. 北齊隋唐, 皆旌表其門. 麟德中, 高宗, 封泰
山, 幸其宅, 召見公藝, 問其所以能睦族之道, 公藝請紙筆以對, 乃
書忍字百餘, 以進. 其意以爲宗族所以不協, 由尊長衣食, 或有不

均, 卑幼禮節, 或有不備, 更相責望, 遂爲乖爭. 苟能相與忍之, 則
家道, 矣.

封泰山 : 봉(封)은 제단을 만들어 하늘에 제사지내는 것을 말한다

睦族 : 일족이 화목하다

尊長 : 항렬이 높은 사람과 나이가 많은 사람

乖爭 : 뜻이 맞지 않아 서로 다투다

50.

韓文公, 作董生行曰, 淮水出桐柏山, 東馳遙遙, 千里不能休, 泚
水出其側, 不能千里, 百里入淮流. 壽州屬縣有安豊, 唐貞元年時,
縣人董生召南, 隱居行義於其中. 刺史不能薦, 天子不聞名聲. 爵
祿不及門, 門外, 惟有吏 日來徵租更索錢. 嗟哉董生. 朝出耕, 夜
歸讀古人書. 盡日不得息, 或山而樵, 或水而漁. 入廚具甘旨, 上堂
問起居. 父母不慼慼, 妻子不咨咨. 嗟哉董生. 孝且慈, 人不識, 唯
有天翁知, 生祥下瑞無時期. 家有狗乳出求食, 鷄來哺其兒, 啄啄
庭中拾蟲蟻, 哺之不食鳴聲悲, 彷徨躑躅久不去, 以翼來覆待狗歸.
嗟哉董生. 誰將與儔. 時之人, 夫妻相虐, 兄弟爲讐, 食君之祿, 而
令父母愁. 亦獨何心. 嗟哉董生, 無與儔.

咨咨 : 원망하다

天翁 : 하느님

彷徨躑躅 : 갈 곳을 몰라 이리저리 돌아다니다

誰將與儔 : 누가 그대의 행실에 버금갈 수 있으리오

51.

唐河東節度使柳公綽, 在公卿間, 最名有家法. 中門東, 有小齋.
自非朝謁之日, 每平旦, 輒出至小齋, 諸子仲郢, 皆束帶, 晨省於中
門之北. 公綽, 決私事, 接賓客, 與弟公權及群從弟, 再會食, 自朝
至莫, 不離小齋, 燭至則命一人子弟, 執經史, 躬讀一過訖, 乃講議
居官治家之法, 或論文, 或聽琴, 至人定鍾, 然後, 歸寢. 諸子復昏
定於中門之北. 凡二十餘年, 未嘗一日變易. 其遇飢歲, 則諸子皆
蔬食. 曰, 昔吳兄弟侍先君爲丹州刺史, 以學業未成, 不聽食肉. 吳
不敢忘也. 姑姑 姊妹姪, 有孤婪者, 雖疏遠, 必爲擇婿嫁之, 皆用
刻木粧奩, 繢文絹, 爲資裝. 常言必待資粧豊備, 何如嫁不失時. 及
公綽卒, 仲郢, 一遵其法, 事公權, 如事公綽, 非甚病, 見公權, 未
嘗不束帶. 爲京兆尹鹽鐵使, 出遇公權於通衢, 必下馬端笏立, 候
公權過, 乃上馬, 公權, 莫歸, 必束帶迎候於馬首. 公權, 屢以爲言,
仲郢, 終不以官達, 有小改. 公綽, 妻韓氏, 相國休之曾孫. 家法,
嚴肅儉約, 爲搢紳家楷範. 歸柳氏三年, 無少長, 未嘗見其啓齒, 常
衣絹素, 不用綾羅錦繡, 每歸覲, 不乘金碧輿, 祇乘竹兜子, 二靑衣
步屜以隨. 常命粉苦參黃連熊膽, 和爲丸, 賜諸子, 每永夜習學, 含
之, 以資勤苦.

晨省 : 아침 문안인사

人定鍾 : 통행금지를 알리는 종. 10시 경에 울림

不聽食肉 : 고기먹는 것을 허락하지 않다

啓齒 : 이를 드러내 보이다

歸覲 : 친정으로 돌아가 부모를 뵙다

金碧輿 : 황금과 푸른 옥으로 꾸민 수레

竹兜子 : 나무로 얽어 만든 가마

步屧以隨 : 걸어서 따르는 것

52.

江州陳氏, 宗族, 七百口. 每食, 設廣席, 長幼以次坐而共食之.
有畜犬百餘, 共一牢食. 一犬, 不至, 諸犬, 爲之不食.

53.

溫公曰, 國朝公卿, 能守先法, 久而不衰者, 唯故李相家. 子孫,
數世, 至二百餘口, 猶同居共爨, 田園邸舍所收, 及有官者俸祿, 皆
聚之一庫, 計口日給餉, 婚姻喪葬所費, 皆有常數, 分命子弟, 掌其
事. 其規摸, 大抵出於翰林學士宗諤所制也.

田園邸舍 : 전원(田園)은 전지를 말하며, 저사(邸舍)는 집을 말한다

計口 : 식구 수를 계산하다

常數 : 일정한 액수

3. 實敬身

54.

或, 問第伍倫曰, 公, 有私乎, 對曰, 昔, 人有與吾千里馬者, 吾雖不受, 每三公, 有所選擧, 心不能忘, 而亦終不用也. 吾兄子嘗病, 一夜十往, 退而安寢, 吾子有疾, 雖不省視, 而竟夕不眠. 若是者 豈可謂無私乎.

55.

劉寬, 雖居倉卒, 未嘗疾言遽色. 夫人, 欲試寬令恚, 伺當朝會, 裝嚴已訖, 使侍婢, 奉肉羹, 翻汚朝服, 婢遽收之. 寬, 神色不異, 乃徐言曰, 羹爛汝手乎. 其性度如此.

倉卒 : 갑작스럽게 일을 당하다

翻汚 : 엎질러서 더럽히다

神色 : 얼굴빛, 안색

56.

張湛, 矜嚴好禮, 動止有則, 居處幽室, 必自修整, 雖遇妻子, 若嚴君焉. 及在鄕黨, 詳言正色. 三輔以爲儀表. 建武初, 爲左馮翊.
告歸平陵, 望寺門而步, 主簿進曰, 明府, 位尊德重. 不宜自輕. 湛
曰, 禮, 下公門, 軾路馬, 孔子於鄕黨, 恂恂如也. 父母之國, 所宜
盡禮. 何謂輕哉.

矜嚴 : 장엄하다. 근엄하다

幽室 : 남들이 보지 않는 그윽한 방

主簿 : 고을의 문서를 맡아 관리하는 벼슬아치

恂恂 : 삼가고 겸손한 모습

父母之國 : 부모가 사는 마을

57.

楊震, 所擧荊州茂才王密, 爲昌邑令. 謁見, 懷金十斤, 以遺震,
震曰, 故人, 知君, 君不知故人, 何也. 密曰, 莫夜. 無知者. 震曰,
天知神知我知子知, 何謂無知. 密, 愧而去.

茂才 : 재주가 뛰어난 사람

故人 : 예전부터 아는 사람

莫夜 : 늦은 밤

58.

茅容與等輩, 避雨樹下. 衆皆夷踞相對, 容獨危坐愈恭, 郭林宗,
行見之而奇其異, 遂與共言, 因請寓宿. 旦日, 容殺雞爲饌, 林宗謂

爲己設. 旣而以供其母, 自以草蔬, 與客同飯, 林宗起, 拜之曰, 卿
賢乎哉. 因勸令學, 卒以成德.

夷踞 : 쭈그리고 앉아 있는 자세

危坐 : 무릎을 세우고 앉아 있는 자세

草蔬 : 나물, 채소

59.

陶侃, 爲廣州刺史, 在州無事, 輒朝運百甓於齋外, 莫運於齋內.
人, 問其故, 答曰, 吾方致力中原. 過爾優逸, 恐不堪事. 其勵志勤
力, 皆此類也. 後爲荊州刺史. 侃性聰敏, 勤於吏職, 恭而近禮, 愛
好人倫. 終日斂膝危坐, 閫外多事, 千緒萬端, 罔有遺漏, 遠近書
疏, 莫不手答, 筆翰如流, 未嘗壅滯, 引接疏遠, 門無停客. 常語人
曰, 大禹, 聖人. 乃惜寸陰, 至於衆人, 當惜分陰. 豈可逸遊荒醉,
生無益於時, 死無聞於後. 是自棄也. 諸參佐或以談戲廢事者, 乃
命取其酒器蒱博之具, 悉投之于江, 吏將則加鞭扑, 樗蒲者, 牧猪
奴戲耳. 老莊浮華, 非先王之法言, 不可行也. 君子, 當正其衣冠,
攝其威儀. 何有亂頭養望, 自謂弘達耶.

手答 : 자신의 손으로 직접 답장을 쓰다

寸陰 : 극히 짧은 시간

荒醉 : 술에 취해 거칠게 행동하다

亂頭 : 머리를 빗지 않아 흐트러진 모습

養望 : 허황된 생각을 하다

弘達 : 널리 천지 자연의 도리에 통달한 것

60.

王勃, 楊炯, 盧照隣, 駱賓王, 皆有文名. 謂之四傑. 裵行儉曰,
士之致遠, 先器識而後文藝, 勃等, 雖有文才, 而浮躁淺露. 豈享爵
祿之器耶. 楊子, 沈靜, 應得令長. 餘得令終, 爲幸. 其後, 勃, 溺
南海, 照鄰, 投潁水, 賓王, 被誅, 炯, 終盈川令. 皆如行儉之言.

致遠 : 원대한 뜻을 이루다
器識 : 기국과 식견
令終 : 비명에 죽지 않고 천명을 누리고 죽다

61.

孔戡, 於爲義, 若嗜慾, 不顧前後, 於利與祿, 則畏避退怯, 如懦夫然.

62.

柳公綽, 居外藩. 其子每入境, 郡邑, 未嘗知, 旣至, 每出入, 常
於戟門外, 下馬, 呼幕賓爲丈, 皆許納拜, 未嘗笑語款洽.

外藩 : 변경. 절도사를 두어 다스리도록 했다
戟門 : 절도영의 정문
款洽 : 매우 친밀해 거리낌없이 대하다

63.

柳仲郢, 以禮律身, 居家無事, 亦端坐拱手, 出內齋, 未嘗不束帶. 三爲大鎭, 廐無良馬, 衣不薰香, 公退必讀書, 手不釋卷. 家法在官, 不奏祥瑞, 不度僧道, 不貸贓吏法, 凡理藩府, 急於濟貧卹孤, 有水旱, 必先期假貸, 廩軍食, 必精豊, 逋租, 必貰免, 舘傳, 必增飾, 宴賓犒軍, 必華盛, 而交代之際, 食儲帑藏, 必盈溢濫始至, 境內有孤貧衣纓家女及笄者, 皆爲選婿, 出俸金爲資裝, 嫁之.

拱手 : 공경한다는 뜻을 표시하기 위해 두 손을 마주잡는 자세
不度僧道 : 중이나 도사에 대해 도첩을 발행하지 않다
贓吏法 : 탐관오리를 다스리는 법
逋租 : 아직 납부하지 않은 세금
犒軍 : 군사들을 위로하기 위해 잔치를 열다

64.

柳玭曰, 王相國涯, 方居相位, 掌利權. 竇氏女歸請曰, 玉工貨一釵, 奇巧. 須七十萬錢. 王曰, 七十萬錢, 我一月俸金耳. 豈於女惜. 但一釵七十萬. 此妖物也. 必與禍相隨. 女子不得敢言. 數月女自婚姻會歸告王曰, 前時釵爲馮外郎妻首飾矣. 乃馮球也. 王嘆曰, 馮爲郎吏, 妻之首飾, 有七十萬錢. 其可久乎. 馮爲賈相餗, 門人最密. 賈有蒼頭, 頗張威福, 馮召而勗之, 未浹旬, 馮晨謁賈, 有二靑衣, 捧地黃酒, 出飮之, 食頃而終. 賈爲出涕, 竟不知其由. 又明年, 王賈皆遘禍. 噫, 王以珍玩奇貨, 爲物之妖. 信知言矣. 徒知物

之妖, 而不知恩權隆赫之妖, 甚於物耶. 馮以卑位, 貪寶貨, 已不能
正其家, 盡忠所事而不能保其身, 斯亦不足言矣. 賈之臧獲, 害門
客于牆廡之間, 而不知. 欲終始富貴, 其可得乎. 此雖一事, 作戒數
端.

蒼頭 : 종을 말한다. 머리에 푸른 수건을 썼기 때문에 창두라 불렀다
食頃 : 한 번 식사를 할 정도의 시간
門客 : 친밀하게 지내며 항상 드나드는 손님
作戒數端 : 여러 가지 훈계를 주다

65.

王文正公, 發解南省廷試, 皆爲首冠. 或戲之曰, 壯元試三場. 一
生喫著不盡. 公正廷色曰, 會平生之志不在溫飽.

首冠 : 수석으로 합격했음을 말한다
喫著不盡 : 따뜻하게 입고 배부르게 먹다

66.

范文正公, 少有大節. 其於富貴貧賤毀譽歡戚, 不一動其心, 而
慨然有志於天下. 嘗自誦曰, 士當先天下之憂而憂, 後天下之樂而
樂也. 其事上遇人, 一以自信, 不擇利害爲趨捨. 其有所爲, 必盡其
方, 曰, 爲之自我者, 當如是. 其成與否, 有不在我者. 雖聖賢, 不
能必. 吳豈苟哉.

慨然：탄식하는 모양

一以自信：한결같이 자신의 신념대로 행동한다

不能必：반드시 그렇다고 할 수 없다

67.

司馬溫公, 嘗言, 吳無過人者. 但平生所爲, 未嘗有不可對人言者耳.

68.

管寧嘗坐一木榻. 積伍十餘年, 未嘗箕股. 其榻上當膝處, 皆穿.

箕股：두 다리를 키 모양으로 쭉 뻗다

69.

呂正獻公, 自少, 講學, 卽以治心養性爲本, 寡嗜慾, 薄滋味, 無疾言遽色, 無窘步, 無惰容, 凡嬉笑俚近之語, 未嘗出諸口, 於世利紛華聲伎游宴, 以至於博奕奇玩, 淡然無所好.

嬉笑：희롱하며 웃는 웃음

奇玩：진귀한 구경거리

70.

明道先生, 終日端坐, 如泥塑人. 及至接人, 則渾是一團和氣.

泥塑人 : 진흙으로 빚어 만든 사람
一團和氣 : 한 덩어리의 온화한 기운

71.

明道先生, 作字時, 甚敬. 嘗謂人曰, 非欲字好. 卽此是學.

72.

劉忠定公, 見溫公, 問, 盡心行己之要, 可以終身行之者. 公曰, 其誠乎. 劉公問, 行之何先. 公曰, 自不妄語始. 劉公, 初甚易之. 及退而自檃栝日之所行, 與凡所言. 自相掣肘矛盾者, 多矣. 力行七年而後, 成. 自此, 言行一致. 表裏相應, 遇事坦然, 常有餘裕.

檃栝 : 나무가 굽은 것을 바로 펴는 것을 은(檃)이라 하고, 모난 것을 바로잡는
　　　 것을 괄(栝)이라 한다
掣肘 : 팔꿈치를 잡아당긴다는 뜻으로 서로 충돌한다는 뜻이다
坦然 : 마음이 편안한 것

73.

劉公, 見賓客, 談論踰時, 體無欹側, 肩背竦直, 身不少動, 至手足, 亦不移.

欹側 : 옆으로 기대다
竦直 : 꿋꿋하게 서 있다

74.

徐積仲車, 初從安定胡先生學. 潛心力行, 不復仕進, 其學以至
誠爲本, 事母至孝. 自言初見安定先生, 退頭容少偏. 安定忽厲聲
云, 頭容直, 某因自思, 不獨頭容直. 心亦要直也. 自此不敢有邪
心. 卒諡節孝先生.

潛心 : 온 마음을 학문에 기울이다
頭容 : 머리 모양
某 : 자기 이름을 대신하는 말

75.

文中子之服, 儉以潔, 無長物焉. 綺羅錦繡, 不入于室, 曰, 君子,
非黃白不御. 婦人則有靑碧.

長物 : 나머지, 여벌의 물건
綺羅錦繡 : 무늬가 있는 화려한 비단

76.

柳玭曰, 高侍郎兄弟三人, 俱居淸列. 非速客, 不二羹胾, 夕食,
乾蔔匏而已.

清列 : 깨끗하고 좋은 벼슬자리
不二羹胾 : 고기국과 고기산적을 모두 쓰지 않는다

77.

李文靖公, 治居第於封丘門外, 廳事前, 僅容旋馬. 或言, 其太
隘, 公笑曰, 居第, 當傳子孫. 此爲宰輔廳事, 誠隘, 爲太祝奉禮廳
事, 則已寬矣.

78.

張文節公, 爲相自奉, 如河陽掌書記時. 所親, 或規之曰, 今公,
受俸不少, 而自奉, 若此. 雖自信淸約, 外人頗有公孫布被之譏. 公
宜少從衆. 公嘆曰, 吳今日之俸, 雖擧家錦衣玉食, 何患不能. 顧人
之常情, 由儉入奢易, 由奢入儉難. 吳今日之俸, 豈能常有, 身豈能
常存. 一旦, 異於今日, 家人, 習奢已久. 不能頓儉, 必至失所. 豈
若吳居位去位身存身亡, 如一日乎.

宜少從衆 : 조금은 여러 사람들이 하는 대로 따라야 한다는 의미
習奢 : 사치한 생활에 젖어 있다

去位 : 벼슬 자리를 떠나다

79.

溫公曰, 先公, 爲羣牧判官, 客至, 未嘗不置酒. 或三行, 或伍行, 不過七行, 酒沽於市, 果止梨栗棗柿. 肴止脯醢菜羹, 器用 漆, 當時士大夫, 皆然. 人不相非也. 會數而禮勤, 物薄而情厚. 近日士大夫家, 酒非內法, 果非遠方珍異, 食非多品, 器皿, 非滿案, 不敢會賓友, 常數日營聚, 然後敢發書. 苟或不然, 人爭非之, 以爲鄙吝. 故, 不隨俗奢靡者, 鮮矣. 嗟乎, 風俗頹弊如是, 居位者, 雖不能禁, 忍助之乎.

營聚 : 계획을 세우고 물건을 모으다

80.

溫公曰, 吳家本寒族. 世以淸白相承, 吳性不喜華靡, 自爲乳兒時, 長者加以金銀華美之服, 輒羞赧棄去之. 年二十, 忝科名, 聞喜宴, 獨不戴花. 同年曰, 君賜. 不可違也. 乃簪一花. 平生, 衣取蔽寒, 食取充腹, 亦不敢服垢弊, 以矯俗干名. 但順吳性而已.

聞喜宴 : 새로 과거에 뽑힌 사람을 모아 나라에서 베풀어 주는 잔치
矯俗干名 : 교속(矯俗)은 일반적인 풍속을 어기는 것이며, 간명(干名)은 명예를 구하는 것을 말한다

81.

汪信民, 嘗言, 人常咬得菜根, 則百事, 可做. 胡康侯, 聞之, 擊節
嘆賞.

擊節嘆賞 : 무릎을 치면서 탄식하다

소학(小學)

제1쇄 인쇄일 2019년 11월 11일
제1쇄 발행일 2019년 11월 16일

엮은이 주희(朱熹) · 유청지(劉淸之)
옮긴이 윤호창
발행인 이승용

발행처 |주|홍익출판사
출판등록번호 제1-568호
출판등록 1987년 12월 1일
주소 [04043]서울 마포구 양화로 78-20(서교동 395-163)
대표전화 02-323-0421 **팩스** 02-337-0569
이메일 editor@hongikbooks.com
홈페이지 www.hongikbooks.com